한 권으로 끝내는
주식투자
펀드투자

한 권으로 끝내는

주식투자
펀드투자

김상범
지음

이코_북
Eco.BooK

한 권으로 끝내는 주식투자 펀드투자

초판 1쇄 인쇄   2008년 2월 22일
초판 1쇄 발행   2008년 2월 25일

지은이 김상범
펴낸이 박종홍
펴낸곳 이코북
기획편집 박윤희

주소 서울시 마포구 동교동 153-18 2층
전화 02)335-6936
팩스 02)335-0550
E-메일 ecobook@paran.com

ISBN 978-89-90856-27-2 （03320）

값 15,000원

이제 주식투자는
선택이 아니라 필수

화가는 평소처럼 그림이 잘 그려지지 않으면 일단 붓을 잡지 않는다. 안 되는 것을 억지로 해봐야 아무 소용이 없기 때문이다. 뭔가 잘 그려질 때 붓을 들어야 그림다운 그림이 나온다. 또히 이거다 싶은 영감이 떠오르지 않으면 차라리 여행을 떠난다. 그것도 귀찮으면 두문불출 칩거하면서 새로운 기운이 뻗칠 때까지 기다린다. 어떤 착상이 떠올라야 다시 붓을 잡고 멋지게 그려낸다. 훌륭한 작품은 몇 달 또는 몇 십 년 걸려 완성되는 것이다.

주식투자도 하고 싶을 때 해야 작품이 나온다. 이른바 '필'이 꽂힐 때 투자해야 한다. 뭔가 잘되지 않고 자신이 듯하는 대로 주가가 움직이지 않으면 시세 보는 일을 그만두고 멀리 여행을 떠나야 하고, 투자해도 좋을지 몰라 불안할 때는 새롭게 투자하는 것을 삼가야 한다. 매일 매일 돌아가는 주식시장은 '쉼' 즉, '휴식'이 없다. 투자자의 자금 사정이야 어찌되었건, 투자자의 기분이 어떻건 간에 아랑곳하지 않고 휴일을 제외하곤 어김없이 열린다. 주식시장이 자신이 원하는 방향으로 가기를 바라는 것은 한낱 욕심에 지나지 않는다.

주가는 경제 흐름의 영향을 받고 금리로부터 조정을 받으며 정책에 따라 춤춘다. 개인의 연약한 힘으로는 주식시장을 변화시킬 수 없다. 아무리 난다 긴다 하는 사람도 결국엔 '시장이 옳다'는 결론에 도달한다. 따라서 시장에 맞춰서 자신의 생각을 바꾸는 것이 살아남는 길이다.

시장의 큰 파도를 바꿀 힘이 없다면 투자자 자신이 상황에 따라 생각과 행동을 바꾸어야 한다. 투자하고 싶은 맘이 생기면 과감하게 뛰어들고, 시장이 마음에 들지 않으면 미련 없이 떠나야 한다. 마치 화가가 하나의 작품을 그려내듯이 말이다. 주식을 사서 자신의 뜻대로 되기를 바라는 것은 요행수다. 그러니 끊임없이 변화하는 시장에서 투자전략을 상황에 맞춰 항상 새롭게 세워나가야 한다.

그렇다면 주식에 투자하기 전에 무엇을 알아야 할까? 어떤 것을 몸에 익히고 배워야 할까? 투자의 적기가 언제인지 어떻게 알 수 있을까? 그것은 직간접 경험과 관심, 기본적인 학습으로 가능하다. 실전을 통해 실수하고 반성하고 손실을 뼈저리게 경험하면서 배우는 수밖에 없다. 그렇게 해서 쌓인 경험과 지식을 확실히 자기 것으로 만들 때 주식투자에 성공할 수 있다.

하지만 손해를 감수하고 도전하자니 걱정과 두려움이 앞선다. 어떤 분야에서 전문가가 되는 길은 멀고 힘들다. 주식거래는 단순하지만 기초지식이 반드시 필요하다. 게임의 룰 정도는 알아야 게임에 참여할 수 있는 것과 마찬가지다. 그러나 룰만 안다고 제대로 게임을 즐기기는 어렵다. 주식도 게임과 비슷하다. 규칙과 돌아가는 원리 정도는 최소한 완벽하게 알고 있어야 한다. 또 기본 지식을 익히고 경제의 흐름과 주식시장의 변화를 함께 공부해야 빨리 시장을 읽어낼 수 있다.

이 책을 통해서 그동안 몰랐던 것을 몇 가지라도 알게 된다면 큰 소득이다. 머니게임에서의 작은 정보와 지식은 다가올 손실을 미연에 방지해주기도 하고, 뜻하지 않은 큰 수익을 가져다주기도 한다. 당신이 주식 공부에 투자한 시간과 비용은 나중에 커다란 이익으로 돌아올 수 있으므로 공부하는 시간을 아까워해서는 안 된다. 세상에 공짜 점심은 없으니, 부지런히 배우고 익히기를 바란다.

이 책은 2004년에 출간된 필자의 졸저《은행 이자 10배 버는 왕초보의 주식투자》를 현재의 주식과 펀드시장의 움직임에 맞게 재구성, 보완한 것이다. 일부 이론적인 부분은 주식투자자가 반드시 알아두어야 할 내용이라 다시 인용했지만 최근의 차트와 그림으로 새롭게 설명하였다. 투자의 기본 접근방식은 변하지 않아도 적용 방법은 시장 상황에 따라 달라져야 하기 때문이다. 또한 이론적인 것보다 실제 현실에 적용하기 쉬운 '실용 이론'에 중점을 두었으므로 주식투자를 더 잘하고 싶은 독자들에게 주식투자 기본서로서뿐만 아니라 재테크와 경제의 흐름을 이해하는 데 큰 도움이 되리라 믿는다.

CONTENTS

1 주식투자에 돈 있다

앞으로 10년, 재테크의 중심은 주식투자

주식투자 십계명

주식을 사야 할 때

주식을 팔아야 할 때

INVEST IN STOCKS

앞으로 10년, 재테크의 중심은 주식투자

주식투자 직접 할까, 펀드에 맡길까

주식투자가 어려운 건 사실이지만 현재의 재테크 방법 중에서는 주식투자를 통하는 길이 가장 손쉽다. 부동산에 투자하자니 목돈이 필요하고, 은행에 조금씩 적금 붓자니 이자가 성에 차지 않는다. "주식투자는 망하는 지름길"이라는 말에 겁나서 안전한 방법만을 선호했더니 주식으로, 펀드로 수익이 났다는 사람들을 보면 정말 속 쓰리다.

과거에도 그랬지만 재테크의 큰 흐름은 주식투자다. 사실 주식이나 펀드나 모두 주식과 관련된 투자다. 주식과 펀드 중 주식투자가 확실히 큰 수익이 발생하는 것은 맞다. 펀드를 해야 하는가 주식투자를 해야 하는가를 물어보는 사람들이 많아졌다. 어느 쪽도 버릴 수 없다. 자신의 투자 성향과 스타일에 맞춰서 선택하면 된다. 빠른 시간에 더 많은 수익을 내고 싶은 성격 급한 사람은 펀드보다 직접투자하는 것이 적합하다. 적어도 위험을 감수할 용기를 가진 사람이라면 말이다. 느긋하게 적어도 6개월 이상 기다릴 줄 아는 사람은 펀드가 적합하다. 어느 쪽이 더 수익이 높다고 단정할 수 없다. 일반적으로 큰 수익은 주식투자로, 꾸준한 수익은 펀드로 낼 수 있다고 보면 된다.

아무래도 주식은 펀드보다 시원시원하다. 답이 금방 나오기 때문이다. 또 수익을 빨리 챙길 수 있어서 좋다. 우리나라 종합주가지수가 2005년 900포인트에서 2007년에는 2000포인트를 훌쩍 넘기며 2년 사이에 2배 이상 상승했는데, 실적이 좋은 종목만 가지고 있었다면 종합주가지수 상승률 이상의 이익을 낼 수 있었을 것이다.

그런데 이상하게도 내가 가진 주식이 수익을 내기란 만만치 않다. 보유하고 있으면 하락하고, 걱정돼서 팔면 다시 오른다. 인내심을 가지고 기다리지 못하니 주가의 움직임에 휘둘리게 마련이다.

주식투자란 참 묘하다. 실제로 영업점에서 겪어보면 고객들의 수익률은 천차만별이다. 소위 먹는 사람은 배 터지게 먹고, 반대로 막대한 손실을 보는 사람도 많다. 그러니 "주식투자를 하기에 적합한 사람이 있다"는 생각이 든다. 성격이나 상황을 대하는 태도에 따라서 수익이 나는 사람이 있는가 하면 매번 손실을 보는 사람이 있다. 높은 가격이라도 '사는 사람'이 있고 '파는 사람'이 존재하는 시장원리를 생각해보면 충분히 이해할 만하다.

주식투자는 '하고 싶은 사람'이 아니라 '할 수 있는 사람'이 해야 한다. 누구한테 물어보고 주위에서 괜찮다는 주식을 권유받아 매매하는 것은 구시대적인 투자법이다. 자신이 없다면 펀드를 통해 전문가의 지식을 빌리고, 리스크를 감수하고서라도 더 높은 수익을 올리겠다고 생각하면 본인이 열심히 공부해서 직접투자하는 것이 속 편하다.

지금 우리나라의 주식시장은?

　2007년 말 현재 우리나라 주식시장의 특징은 무엇일까? 가장 주목해야 할 것은 국내 기관투자가의 영향력이 갈수록 커지고 있다는 점이다. 외국인의 투자 비중이 44%(2006년 5월 기준)에서 35%(2007년 4월 기준)로 점차 줄면서 국내 기관투자가의 비중이 점차 확대되어가고 있다. 몇 년 전만 해도 한국의 주식시장은 분명 외국인이 지배하고 있었다. 외국인이 매수하면 주가는 오르고, 또 이를 따라서 매수하는 전략이 유효했다. 외국인은 사고 싶은 종목이 있으면 과감히 주가를 올리면서 물량을 확보하는 방법을 사용했다. 외국인의 선진 매매기법은 간단하게 '괜찮은 주식을 빠른 시간 내에 확보하는 것'이고, 그렇게 하자니 주가가 단기간에 급등할 수밖에 없었다.

　그러나 2006년부터 시작된 주가 상승의 주역은 외국인이 아니라 기관투자가였다. 외국인의 자금력이 국내 기관투자가의 자금력보다 뒤처지기 시작했다. 일례로 외국인 순매수일의 주가 상승률은 점차 줄어들고 있고 외국인 순매도일의 주가 하락률도 지속적으로 낮아지고 있다. 이는 외국인이 주식을 팔아도 국내 기관투자가들이 매물을 받아주었다는 뜻이다. 따라서 이제는 외국인보다 기관투자가가 어떤 스타일로 매매를 하는지, 무슨 종목을 사들이는지 알아야 한다.

　우리나라 펀드매니저들은 철저하게 실적이 좋은 주식과 미래의 수익 전망이 나쁜 주식을 골라내어, 좋은 주식은 상상하기 어려울 만큼 주가를 끌어올렸고 나쁜 주식은 잔인하리만큼 팔아버리면서 주가 하락을 부추겼다. 그렇다면 대한민국 주식시장을 쥐락펴락하던 외국인 투자자들은 어디로 갔을까? 대부분의 전문가들은 중국, 인도 등을 비롯한 매력적인 신흥시장으로 빠져나간 것으로 분석한다.

2007년 9월 말 기준으로 해외펀드에 투자된 자금은 대략 64조 원이라고 한다. 중국과 홍콩에만 20조 원이 몰렸다. 이유는 간단하다. 수익이 나기 때문이다. "돈은 이자율이 낮은 곳에서 이자율이 높은 곳으로 이동한다"는 원리를 단적으로 보여준 예다. 이제는 주식투자의 범위도 넓혀야 한다. 국내 종목에만 매달리던 시대는 가고 지금은 중국 주식과 같이 다른 나라 주식을 직접 매매할 수 있는 국제화 시대가 되었다. 해외펀드뿐 아니라 외국 주식도 직접 거래할 수 있으므로 시야를 좁혀서는 재테크에 성공할 수 없다.

　앞으로는 국내 경제 흐름뿐 아니라 세계경제를 주도하는 미국과 새롭게 떠오르는 중국, 인도, 브라질 같은 이머징마켓의 움직임도 눈여겨봐야 한다. 우리보다 못산다고 생각했던 러시아, 카자흐스탄, 베트남 등과 같은 나라의 정치 경제 상황에도 관심의 폭을 넓히고 투자하고 싶은 나라의 주가차트도 눈여겨봐야 한다. 귀 기울여 체크해야 할 항목도 늘었다. 뉴스에 심심치 않게 등장하는 미국의 다우지수, 나스닥지수에서 홍콩의 H시장, 중국의 상하이 시장, 심지어는 인도와 베트남·브라질·러시아 주식시장까지도 재테크의 사정거리에 들어왔다. 따라서 투자자도 글로벌해져야 하는 시대다.

　세계경제를 모르고서는 주식투자에 성공하기 어렵다. 이 모든 것을 다 알자니 머릿속이 복잡해질 수밖에 없다. 그러나 한편으론 과거 우리나라에만 국한해서 투자했던 때보다 다양한 경험을 할 수 있어 더 흥미롭다. 거리상의 이유로 해외 주식시장의 변화무쌍함을 직접 겪지 않아 오히려 해외시장을 객관적으로 바라보게 되는 측면도 있다.

　"신천지에 가야 부자가 될 수 있다"는 말이 있다. 후진국에서 선진국으로 발돋움하는 나라는 투자로 한몫 잡을 수 있는 기회의 땅이다. 신도시 개발이 확정된 지역의 땅 주인이 땅값 상승으로 막대한 이익을 얻듯이,

경제성장률이 높은 나라의 주식은 상승 폭이 크니 어쩌면 향후에는 국내 시장보다 더 눈독을 들여야 할지 모른다. 다만 신천지로 불리는 시장의 구체적인 정보를 획득하기도 어렵고 시장의 움직임에 민첩하게 대처하기도 힘드니 신중해야 한다. 해외투자는 수익이 난다고 덤벼들기 전에 반드시 조사가 필요하다.

주식투자를 해야 하는 이유

미래를 알 수 있다면 얼마나 좋을까? 주식시장이 어떻게 전개될지를 미리 안다면 투자 여부를 쉽게 결정할 수 있을 것이다. 그러나 미래의 일은 누구도 알 수 없으니 예측 능력이 필요하다. 그렇다면 어떤 가능성을 가지고 시장에 임해야 할까? 과거의 역사를 알면 앞으로의 일을 추측할 수는 있다. 반드시 일치하지는 않겠지만 국내 주식시장의 발전 과정을 과거 미국 시장의 발전 과정에 대입해보면 재미있다.

1 GDP와 주가의 상관관계

현재 우리나라의 종합주가지수는 2000포인트 정도다. 다우지수가 14000포인트 정도이니 7배 차이가 난다. 우리 시장이 10000포인트가 된다면 얼마나 좋을까. 그러나 두 시장을 자세히 들여다보면 미국과 20여 년의 차이를 두고 비슷하게 움직이고 있다는 보고서가 있어 무척 흥미롭다. 우리의 시장이 과거 미국 시장을 따라가고 있다면, 종합주가지수가 앞으로도 지속 상승한다는 뜻인데 과연 어느 정도나 상승할까? 생각만으로도 구미가 당긴다.

먼저 GDP(국내총생산)와 주가의 상관관계를 두고 분석한 것을 보면

닮은꼴인 한국과 미국의 주가지수와 GDP(한국경제신문 2007. 7. 27)		
주가지수	한국	미국
1000 첫 돌파	5,429달러 (1989년)	5,899달러 (1972년)
500~1000	10,016 달러 ('90~'04년 평균)	10,026달러 ('73~'82년 평균)
1000~2000	18,107달러 ('05~'07년 평균)	17,498달러 ('83~'87년 평균)
2000	19,485달러 (2007년 예상)	19,516달러 (1987년)
3000	24,000달러 (?)	24,000달러 (1991년)

한국과 미국의 주가 및 GDP 간 상관관계가 20여 년의 시차를 두고 '판박이'처럼 움직이고 있다. 이런 흐름이 계속된다면 2010년에는 코스피지수가 3000을 돌파할 것이란 분석이다. 한·미 주가 수준과 양국의 1인당 GDP는 쌍둥이처럼 '닮은꼴' 움직임을 보이고 있다. 코스피지수가 2000포인트를 돌파한 한국의 올해 1인당 GDP는 ¯9,485달러(예상)로 다우지수가 2000에 올랐던 1987년의 19,516달러와 비슷한 게 단적인 사례다. 유사성은 지수 2000 돌파 이전 20여 년 동안 지속적으로 관찰된다. 첫 1000포인트 돌파 당시 한국(1989년)의 1인당 GDP는 5,429달러로 미국(1972년) 5,899달러와 별 차이가 없다. 이후 500~1C00 사이를 오르내린 조정기도 마찬가지다. 조정기 한국(1990~2004년)의 1인당 평균 GDP는 10,C16달러로 미국 조정기(1973~1982년) 10,026달러와 동일한 수준이다. 또 1000~2000 등락기의 스득도 한국(2005~2007년) 18,107달러, 미국(1983~1987년) 17,498달러로 조사됐다. "경제발전이 소득 상승으로 이어지고 주가에 투영되는 유사성이 관찰된다"며 "국민소득 2만 달러 시대 진입이 주가지수 2000시대를 연 원동력"이라고 전문가들은 말하고 있다. 이에 따라 코스피지수 3000 돌다 시점은 2010년께가 될 것으로 예상된다. 미국의 경우 2000포인트 돌파 후 4년 뒤인 1991년 1인당 GDF가 24,000달러일 때 3000포인트를 넘었다. 한국도 5% 안팎의 성장세를 지속할 경우 2010년쯤 1인당 GDP가 24,000달러를 달성하고 주가도 3000에 도달할 것이란 분석이다.

2010년경에 3000포인트를 돌파한다는 예측이 있다.

우리나라의 GDP가 미국의 1980년 전후와 비슷하다고 하니 약 20년의 차이가 난다. 앞으로도 우리나라가 현재와 같은 경제성장을 지속한다고 가정하면 국내 주식시장도 미국처럼 14000포인트까지 가지 말라는 법은 없다. 하지만 몇 년 뒤 몇 십 년 뒤를 보고 주식투자를 한다는 것은 다소 어리석어 보인다. 향후 2~3년을 내다보는 것이 가장 현명하다.

2 투자 패러다임의 변화

다른 각도로 봐도 흥미롭다. 미국 증시 패러다임의 변화와 시대적인 차트를 비교해보아도 흥미로운 사실을 발견할 수 있다. 전문가들은 우리나라의 2000포인트 상승이 과거 미국의 20년 전의 주가 흐름과 비슷하게 진행되고 있다고 주장한다. 어떤 이유에서일까?

가장 큰 이유로 드는 것은 적립식 펀드 등의 시중 유동자금이 꾸준히 간접투자 상품으로 유입되었다는 점이다. 1980년대 미국은 경기 침체로 성장 탄력이 둔화된 시기였다. 기업들은 구조조정에 힘써 내실을 다지며 생존하기 위해 노력해야 했다. 또 저금리 상황에서 자금을 제대로 활용할 수단이 없던 차에 401K 연금제도가 시행되었는데, 개인들의 자금이 고수익을 추구하며 주식시장으로 자연스레 흘러 들어가면서 주식시장이 경기 상황과 무관하게 상승했다. 401K 연금제도가 간접투자 붐을 일으키면서 재테크 수단으로 주식시장을 새롭게 보기 시작했다. 이때 경기 활성화를 위한 금리 인하도 시행했는데, 401K 연금제도가 실시될 당시 미국의 다우지수는 1000포인트 정도였다. 이후 미국의 다우지수는 2년 6개월 만에 2700포인트까지 상승했다.

최근 우리나라의 펀드 붐과 비슷한 상황이라고 할 수 있는데, 당시 미국의 경제 상황보다 지금의 우리나라는 중국의 발전에 힘입어 훨씬 양호한 상태라고 할 수 있어 시장에 유입되는 펀드자금이 점차 위력을 발휘할 것으로 보인다. 그렇다면 향후 2~3년 동안 코스피지수도 3000포인트 이상 상승할 여력이 있다고 해석해도 되지 않을까?

국내 경기가 다소 완만한 상승을 보이는 가운데 주가가 급등한 상황은 미국 시장처럼 유동성 자금이 펀드로 유입될 것이 큰 힘을 발휘했다. 낮은 금리의 은행이자에 만족하지 못한 국내 투자자에게 펀드수익률은 매력적인 투자처로 등장한 것이다. 주가 상승으로 인해 펀드가 고수익을 창출하자 시중에 떠도는 자금이 펀드로 급속히 들어오고, 이 돈이 주가의 추가 상승을 불러오는 선순환이 지속되면서, 저금리하에서의 유동성 장세를 연출한 점도 미국의 20년 전과 유사하다고 볼 수 있다. 우연의 일치인지 몰라도 미국 시장은 1982년도에 1000포인트를 돌파한 후 1987년도에 2700포인트까지 상승했는데, 코스피지수가 1000포인트대에서 2000포인트를 돌파한 과정과 매우 흡사하다.

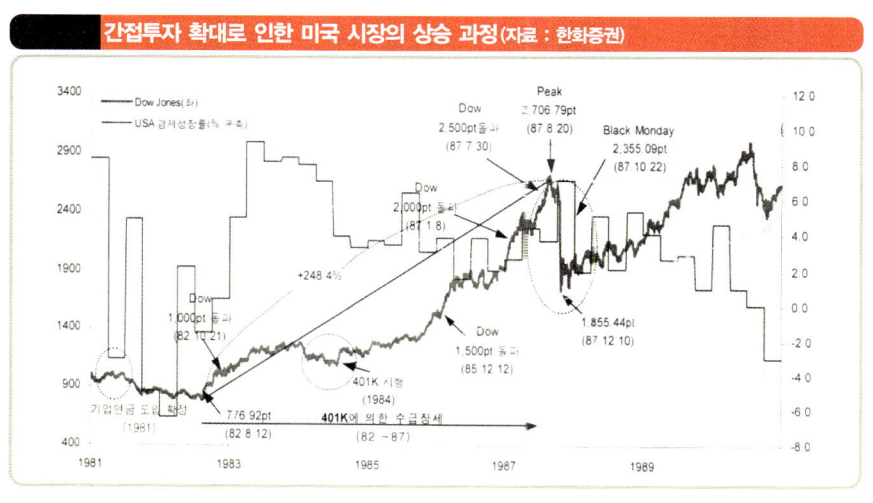

간접투자 확대로 인한 미국 시장의 상승 과정(자료 : 한화증권)

3 적당하게 싼 주식

말 한마디로도 우리나라 주식시장에 영향을 주는 워런 버핏 버크셔 헤서웨이 회장의 얘기를 들어봐도 국내 주식시장이 더 오를 것 같다는 믿음이 간다. 그가 처음 우리나라에 투자한 시기는 2002년이라고 한다. 국내 종합주가지수가 600포인트에서 900포인트 사이였을 때 관심을 가진 것인데, 현재 3배 이상 오른 것을 보면 엄청나게 쌀 때 투자한 것이다.

버핏은 900포인트대를 "이해가 안 갈 정도로(ridiculously) 주가가 쌌다"라고 말했고, "지금은 적당하게(moderately) 싸다"고 말하는데 일리 있게 들린다. 또 그는 현재 우리나라 주식시장에 대해 과열이 아니라고 평가했다. 그 이유는 "우수한 인력, 근면한 국민성 등에 힘입어 향후 10년 이상 한국 경제는 성장을 지속할 것"이기 때문이다. "주요국 시장에 비해 아직도 한국 시장은 매력적"이라는 말도 했는데, 신흥 개발국보다 상승 탄력성은 떨어질 수 있으나 미국이나 일본보다 나을 것이라고 해석하면 될 듯하다.

"2009년 하반기 큰 장 온다"

(머니투데이 2007. 11. 2)

김영익 하나대투증권 부사장은 …… "우리나라의 현재 경제 상황은 저성장에도 불구하고 1980년대 일본과 유사하다"며 "2010년까지 코스피지수 3000도 가능할 수 있다"고 말했다. 하지만 상승 과정에서 20% 이상의 조정도 피할 수 없을 것이라고 덧붙였다. 1980년대 일본과 유사한 상황으로 경상수지 흑자와 금리 하락, 환율 하락과 유동성 증가, 40대 인구비중의 증가를 꼽았다. 외환위기 이후 공적자금 투입과 구조조정이 이뤄졌고, 저축률이 투자율을 초과하며 거시경제가 안정화되고 있기 때문이다. 또한 저금리로 유동성이 강화돼 주식시장으로의 유입도 증가했다고 설명했다. 40대 인구비중이 증가함에 따라 노령화 경제보다는 소비의 증가를 그려해야 한다고 덧붙였다. 특히 세계경제 구도가 미국에서 아시아로 이동하고 있는 점을 주목해야 한다고 강조하면서 1990년대에는 미국이 세계 거대 소비자로 부상하며 중국이 생산자 역할을 해왔지만 2000년 들어 중국이 생산자와 소비자 역할을 함께 수행, 중국 시장의 상승이 세계경제를 이끌고 있다고 설명했다. 이에 따라 원자재 원유 산업의 호황이 지속돼왔고 앞으로도 이를 주목해야 한다는 것이다. 그는 주식투자를 위해 투자자들에게 경제지표를 주목할 것을 권했다. 특히 경기지수를 먼저 예측할 수 있는 경기선행지수를 참고해야 한다고 말했다.

주식투자
십계명

주식투자를 잘하기 위한 방법은 여러 가지가 있다. 그중 "어떤 것이 좋다"고 꼭 집어 말할 수 있는 것은 없다. 주식투자에는 정답이 없기 때문이다. '꿩 잡는 것이 매'라고 주식을 사서 비싼 가격에 팔면 그만이다. 그러나 무턱대고 허공에 대고 화살을 쏜다고 날아가는 꿩을 매번 제대로 맞히긴 어렵다. 조준하고 심호흡한 다음 정확히 쏴야 명중시킬 확률이 높지 않을까.

매매하는 방법만을 가르쳐달라는 사람이 많다. 그런데 기술적인 분석은 대부분 매매하는 방법을 요구한다.

기술적 분석은 총을 쏘는 기술이지 사냥을 하기 위한 기본은 아니다. 준비해야 할 사항과 자세를 먼저 익히고 나서 기술을 배워도 늦지 않다. 여기서 말하고자 하는 것은 기술적인 부분이 아니라 기본적인 접근 방법이다.

주식을 매수하기 전에는 항상 "미래에 그 회사가 좋아질 것인가?" 하는 의문을 가져야 한다. "그 회사는 어떤 식으로든 발전할 수 있다"는 믿음이 있다면 현재의 가격을 묻지 말고 매수하는 편이 맞다. 왜냐하면 현재가치에 대한 시세는 몇 달 혹은 몇 주 전부터 반영되어왔을 것이기 때문이다. 그래서 미래가치가 중요하다. 지금의 가치나 과거의 가치를 따지지 말고 미래가치를 봐야 한다. 또 종목을 잘 고르는 것 못지않게 중요한 게 자산을 잘 운용하는 것이다. 자산관리 중 가장 먼저 해야 할 일은 자금을 지키는 일임을 잊지 말자.

주식투자로 성공하기 위한 방법은 무엇일까? 워런 버핏은 자신의 투자 원칙에 대해 "제1원칙은 돈을 잃지 않는 것, 제2원칙은 제1원칙을 잊지 않는 것"이라 말했다. 이익을 추구하기에 앞서 잃지 않는 전략이 먼저라는 것을 잊지 말아야 한다. 1,000만 원이 500만 원으로 줄었을 때, 즉 50% 손실을 보았을 때 원금을 회복하려면 100%의 수익을 올려야 한다. 그만큼 잃는 것은 쉽고 회복하는 것은 훨씬 더 어렵다.

다음 10가지만 알아도 적어도 주식투자에 실패하지 않을 것이다.

❶ 손실을 최소화해야 한다

수익보다는 손실을 막는 것이 먼저다. 이익만 추구하다가는 큰코다친다. 일정한 승률을 가질 수 있도록 실력을 키워야 한다. 매년 20%의 지속적인 수익을 올린다면 5년이면 1,000만 원이 2,073만 원으로 불어난다. 수익을 올리는 것에 대한 기대를 버리지는 말자. 다만 손해가 실현되면 수익에 대한 꿈은 사라진다.

❷ 두 번째도 손실의 최소화다

이를 위해서는 위험을 회피해야 한다. 이는 아무리 강조해도 지나치지 않다. 손실을 최소화하려면 손절매 원칙을 정확히 지켜 주가 하락 시에 자산을 지킬 줄 알아야 한다. 이것은 주식투자로 성공하기 위한 필수조건이다. 작은 손실은 어쩔 수 없지만 크게는 안 깨진다는 생각을 가지고 투자에 임하자.

❸ 오를 거라는 확신이 없다면 주식을 매수하지 마라

사고 싶은 종목이 왜 오를 수 있는지 확신할 수 없다면 애착이 가질 않는다. 얼떨결에 급등하는 종목을 추격 매수했는데 얼마 안 돼 조정이 오면 불안해서 견딜 수가 없다. 반면에 확신이 있다면 하락 또는 조정을 견딜 수 있다. 하락 시에도 매수할 수 있는 용기가 생긴다. 가치 있는 종목을 골랐다면 걱정보다는 기회를 노리게 된다. '필'이 꽂힐 때까지 기다리자. 기회는 언제나 찾아온다.

❹ 집을 사는 것처럼 천천히 매수하라

매수는 곰처럼 해야 한다. 부동산을 매매할 때 꼼꼼히 따져보듯이 주식도 미리 검토하고 조사해보아야 한다. 자신이 동원할 수 있는 모든 채널을 통해서 알아보면 자연스레 확신이 생긴다. 매수하려는 주식이 어떤 회사인지 파악하는 것은 '기본 중의 기본'이다. 기업에 대한 정보는 모두 인터넷에서 구할 수 있다. 금융감독원 전자공시에 들어가면 모든 회사의 재무제표를 볼 수 있다. 워런 버핏 회장은 한국신용평가정보에서 제공하는 서비스인 키스라인(www.kisline.com)에서 모든 정보를 얻었다고 말해 화제가 되었다. 인터넷을 통해 얻는 한국 기업정보가 미국 증권감독위원회(SEC)에서 얻을 수 있는 정보와 동일한 수준이라고 하니 잘 활용해볼 일이다. 사고 싶은 주식을 조사하고 또 찾아보자. 알아야 확신이 생긴다.

❺ 반드시 자기 돈으로 투자하라

빌린 돈으로 주식을 산 사람은 성공하는 경우보다 쪽박을 차는 경우가 더 많다. 특히 증권회사에서 신용융자를 얻어 투자하는 행위는 금물이다. 잃어도 된다는 심정으로 기다릴 줄 알아야 주가 하락이나 조정기를 견딜 수 있다. 조바심 내면 되는 일이 없다.

신용융자는 절대 금물이지만 그래도 신용거래를 하고 싶다면 단기간에 승부를 내야 한다.

❻ 투자 일지를 쓰라

주식을 매수할 때 어떤 이유로 매수했는지, 왜 그 종목이 좋아 보였는지 기록하고 검토해보라. 실패 횟수와 성공했을 때의 매매의 특징을 기록해두었다가 다음 번 매매에 적극 활용하길 바란다. 잘하는 것은 계속 잘하게 된다. 다른 사람의 투자 일지를 통해서 배워도 좋다. 일지를 쓰면서 마음을 정리할 수 있다.

❼ 경제신문을 읽어라

경제신문에 답이 있다. 신문기자들의 얘기를 귀담아들을 필요가 있다. 그들은 전문가의 지식을 제공하는 역할을 한다. 한 가지 신문만 구독하지 말고 여러 가지 경제신문을 섭렵하면 시장의 맥을 잡아낼 수 있다. 경기의 흐름과 산업 동향 그리고 자신이 몰랐던 새로운 종목을 알게 된다. 신문의 행간의 의미를 살펴봐도 흥미롭다. 신문 외에도 증권전문 사이트나 방송도 유용하게 활용하자.

❽ 나눠서 사고 빨리 팔아라

사고 싶은 종목이 있으면 조금 사보고 가격의 변동을 본 다음 더 싸게 사는 노력을 해야 한다.

한꺼번에 투자금액을 쏟아부으면 그 다음에 싸게 살 기회를 놓치게 된다. 하루 중에도 나눠서 매수하는 습관을 가지면서 평균 단가를 낮춰가는 방법을 터득해야 한다. 팔고 싶다면 나눠서 파는 것보다 적당한 가격에 재빠르게 빠져나온다. 매도한 후 주가가 오르면 억울한 감은 있겠지만 급락할 경우 손실은 절대적으로 피할 수 있다. 또 사고 싶은 종목을 분산하되 세 가지 종목이 가장 적당하다. 너무 많은 종목은 관리하기 힘들다. 열 종목 이상 사고 싶은 사람은 주식형 펀드에 가입하라.

❾ 잘 아는 회사의 주식을 사라

자신이 근무하는 회사나 친구가 다니는 회사를 선택하는 방법이 가장 안전하다. 왜냐하면 회사가 어떻게 돌아가는지 정보를 쉽게 구할 수 있기 때문이다. 물건이 없어서 못 팔거나 공장가동률이 높은 회사를 선택하면 틀림없다. 자신이 사용하고 있는 생활용품 중 히트 친 회사부터 관심을 가져라. 미래의 수익이 보장되는 회사가 좋은데 잘 모르는 회사의 실정은 파악하기 힘들다.

❿ 전문가의 말에 귀 기울여라

주식은 혼자 하는 것이 아니다. 자신이 산 종목을 누군가 더 비싼 가격으로 매수를 해주어야 이익이 난다. 전문가들이 나쁘다고 하는데 비싼 가격을 주고 주식을 매수하는 사람은 돈 많은 바보가 아니면 없을 것이다. 자신의 생각보다는 다른 사람들이 시장을 어떻게 보는가에 관심을 가져야 한다. 주식시장에서도 다른 사람을 알아야 백전백승한다는 것을 잊지 말자. 펀드매니저나 애널리스트가 추천하는 종목만을 연구해도 좋다.

주식을 사야 할 때

1 적절한 타이밍

가치투자를 해야 하는 것은 맞다. 미래에 더 성장할 종목을 선택하는 것이 중요하다. 하지만 매매할 때 한 푼이라도 절약하려면 타이밍을 맞춰 조금이라도 싸게 사는 것이 이익이다. 적절한 매수 시기를 안다는 것은 말처럼 쉽지 않다. 그렇기 때문에 주식을 열심히 연구하고 관심을 가지는 것이 아닌가. 주식투자는 진입하는 타이밍이 중요하다. 좋은 주식도 비싸게 사면 수익을 내기 어렵다.

주식시장은 언제나 열리므로 매일 오르는 주식과 내리는 주식이 있게 마련이다. 지속적으로 상승하는 강세장에서는 오르는 종목이 내리는 종목보다 훨씬 많다. 그래서 오르는 종목을 잘 찍을 수 있다. 매매하여 수익 내기가 조정장보다 수월하다. 하락하는 약세장에서는 오르는 종목을 선택하기는 어렵지만 제대로 종목을 고른다면 강세장에서보다 매매가 집중되어 이익을 크게 낼 수 있다. 물론 그런 종목을 고를 확률은 확실히 떨어지지만. 강세장이나 약세장이나 상승 종목은 늘 존재한다. 시장 상황이야 어떻든 '상승할 수 있는 종목'을 찾는 것이 주식투자의 묘미이기도 하다.

주식을 매수한다는 것은 종목을 선정해서 돈을 투자했다는 뜻이다. 주식시장 전부를 매수하지 못할 바에는 종목 수를 한정해야 한다. 매수하고 싶은 관심 종목을 5개에서 10개가량 선정한 다음 여러 가지 비교 분석을 통해 그중 가장 될성싶은 종목을 추려내야 한다. 가능성 있는 종목 중 가장 사고 싶은 종목을 한두 종목 또는 두세 종목으로 줄여서 매수 타이밍을 엿봐야 한다. 업종별, 테마별로 종목을 선별하여 골고루 매수한다고 수익이 나는 것은 아니다. 기대 종목을 몇 개로 줄이고 줄여서 확신이 드는 종목만 매수할 때 성공할 경우 짭짤한 수익을 올릴 수 있다.

2 상승할 이유가 있다면

종목을 선정하기 전에 반드시 해야 할 일이 있다. 그 종목이 "앞으로 상승할 이유가 있는가?" 하는 질문을 스스로 던져보고 "그렇다"는 답이 나오면 관심 종목에 포함시킨다. "그냥 오를 것 같아서……", "왠지 느낌이 좋아서……"와 같이 뚜렷한 이유도 없이 종목을 선정하면 큰코다치기 십상이다.

주가가 상승할 수 있는 이유가 존재할 때만 매수에 가담하라. 왜 오르는지 모르고 주가가 급등한다고 따라하는 '묻지 마 투자' 시대는 지나갔다. 펀드매니저가 가치가 있다고 평가한 주식을 대량으로 매수할 경우에 그 종목이 큰 폭으로 상승하는 시대다. "펀드매니저에게 간택되어야 상승한다"는 말도 있는 만큼 요즘은 정석투자가 주식투자의 기본이 되었다.

꿈이 있는 주식

일반투자자도 펀드매니저의 입장에서 주식을 바라보고 선택하고 매수해야 한다. 주식을 고를 때는 '타당한 이유' 즉 '주가가 오를 만한 근거', 그것도 '확실하게 오를 만한 타당한 이유'가 있어야 한다. '꿈이 있는 주식'이 대박 주식이 된다고 하는데 여기서 '꿈'은 곧 타당한 이유라고 봐도 지나치지 않다. 이유가 발생할 때가 매수의 시기, 그 이유를 펀드매니저가 알고 일반투자자들은 아직 확신을 가지지 못할 때가 매수의 적기다. 예를 들면 어떤 회사가 매출액이 확실히 늘고 수익모델이 새로 생겼으며, 향후 크게 성장할 수 있는 비전이 생기는 경우나 신제품 또는 새로운 판로가 개척되는 경우가 바로 주식을 매수할 때다. 피상적인 효과보다는 가시적인 효과가 있어야 한다는 것이다. 수치로 이익 창출이 가능할 때 확실히 주가는 지속 상승하는데 이런 내용을 포함하고 있을 때 매수하면 주가 상승의 열매를 맛볼 수 있다. 이렇게 좋아질 거라는 '꿈이 있는 회사'의 주식이라면 매수해도 좋다. 그렇지 않고 별 이유 없이 주가가 오르내린다면 관심권 밖에 둬야 한다. 타이밍보다 상승할 이유를 다른 사람보다 먼저 찾아내고, 그런 종목을 탐색할 능력이 안 되면 상승하려고 하는 주식을 발견하고는 "이 주식이 왜 오를까?"를 생각해야 한다. 그때가 바로 매수할 시기다.

되도록 싸게 매수해야

매매하고자 할 때는 돈을 아껴야 한다. 즉 저가에 매수하려고 노력해야 한다. 큰맘 먹고 주식을 매수했는데 당일 종가가 자신이 매수한 가격보다 조금이라도 하락하면 왠지 불안하다. 자신의 투자 실력이 모자란 것 같기도 하고 주식한테 우롱당한 기분도 든다. 따라서 작은 것에서부터 이기는 연습이 필요하다. 즉 더 싸게 당일의 최저점에 매수하는 것이다. 최소한 매수하려고 한 날의 최종 종가보다는 낮은 가격에 매수하기 위해 심혈을 기울여야 한다. 그럴 자신이 없다면 차라리 당일 종가에 매수하는 것이 속 편하다.

주식을
팔아야 할 때

1 박수칠 때 떠나라

〈박수칠 때 떠나라〉는 영화가 있었다. 주식과 상관없는 살인사건을 다룬 영화지만 제목이 마음에 와닿는다. 또 어느 개그맨이 개그계를 떠나면서 한 말이기도 하다. 주식투자를 하는 사람은 주식과 만나는 일도 잘해야 하지만 주식과 이별하는 일을 더 잘해야 한다. 특히 남들이 박수치며 "좋아라" 하는 시점에 떠날 줄 알아야 오래 살아남는다. 이익을 실현한다는 뜻인데 모두가 오르는 주가에 정신 팔려 있을 때 주식을 팔고 유유히 사라지는 모습을 보일 수 있다면 진정한 고수다. 자신이 목표한 것을 얻으면 뒤도 돌아보지 않는 냉정함이 필요하다.

2 이익을 현실화시킬 때

주식을 팔아야 할 때는 두 가지 경우다. 첫 번째, 어느 정도 이익이 나서 주식을 팔아 이익을 현금화할 때이고, 두 번째는 매수한 종목이 하락하여 추가 손실을 막기 위해 손절매를 하는 경우다.

　주식을 사기 전에는 어떤 주식을 사야 하나 생각이 많지만 일단 주식을 매수하면 언제 팔아야 할지가 고민이다. 그래서 주식은 매수하기 전에도 고민, 매수하고 나서는 더 큰 고민을 하게 된다. 하지만 그 고민을 해결해 나가는 것이 주식투자다. 갖고 있는 주식이 크게 올라 이익을 극대화할 때도 기준을 세워놓고 매도 시점을 엿봐야 한다. "몇 퍼센트 이익이면 만족하겠다"라든지 "얼마 아래로 하락하면 매도하겠다", "거래량이 현재 거래량의 몇 배 이상이 되면 팔겠다" 또는 "당일 주가가 마이너스를 기록하면 팔겠다" 등 자신만의 기준을 세워놓고 과감하게 매도하는 방식이 가장 후회가 없다.

　가장 높은 가격에 매도하고 싶은 것이 모든 투자자의 마음이다. 그러나 하루 거래 중에도 가장 높은 가격은 순식간에 찍고 내려오기 때문에 "피크에서 주식을 팔 확률은 적다"는 점을 받아들이고 매도해야 한다. 그렇지 않으면 어느 정도 비싼 가격에 팔고도 꼭대기에 팔지 못한 것을 후회한다. 하지만 주가는 시간이 지나고 나서야 꼭대기가 형성되는 것이지 진행 중에는 결코 알 수 없다. 그러니 기준을 정해놓고 현재의 주가가 꼭대기인 것처럼 느껴지면 과감하게 팔고 떠나야 한다. 그리고 그 후의 주가가 어떻게 변하든 미련을 버리고 다른 종목을 찾는 시간을 가지는 것이 좋다. 투자자들 중에는 너무 억울한 나머지 다시 매수했다가 수익을 낸 것 이상으로 손해 보는 일도 비일비재하다. 한번 수익을 보고 매도한 것은 최소한 당일은 재매수하지 말고 2, 3일 지켜보는 편이 안전하다.

3 | 손절매는 기본이다

　손절매도 무척 중요하지만 손절매를 자주 할 경우 결코 수익을 낼 수 없다. 애초부터 주식을 매수할 때 손절하지 않을 종목을 선정하는 것이 가장 좋지만 어디 그게 쉬운 일인가. 주식을 매수하고 손해를 보았을 때, 또는 자신이 원하는 방향으로 주가가 움직이지 않을 때는 그 주식을 팔고 다른 종목으로 갈아타는 것이 현명하다.

손절매도 기준이 필요하다. "얼마 이하로 빠지면 팔겠다"거나 "지지선을 하향 돌파하면 매도하겠다"든가 "매수 가격보다 5% 이상 하락하면 종가로 무조건 팔아버린다" 등의 기준을 세우고 실천해야 한다. 주식은 순환한다. 테마별로도 단체로 상승하기도 하고 개별적으로 움직이기도 한다. 그러니 안 되는 종목을 끝까지 붙들고 있지 말고 자신이 세운 손절매 기준에 따라 미련 없이 그 주식과 헤어져야 한다.

2 펀드투자에 돈 있다

앞으로 10년, 재테크의 중심은 펀드투자

펀드투자 십계명

펀드에 돈을 묻어야 할 때

펀드에서 돈을 빼야 할 때

INVEST
IN STOCKS

펀드는 어떻게 가입하나?

　펀드에 가입하려면 우선 수익증권 계좌를 개설해야 한다. 증권회사에서 CMA통장을 개설하면 따로 수익증권 계좌를 만들지 않아도 CMA 통장 하나로 모든 펀드 거래가 이루어진다. 본인 명의로 개설할 때는 신분증(주민등록증이나 운전면허증 또는 여권 중 하나)을 지참해야 실명 확인을 할 수 있다. 자녀 명의로 통장을 개설할 경우에는 가족관계를 확인할 수 있는 서류(주민등록 등본 또는 호적등본)를 준비하되 동반하지 않아도 된다.

계좌개설을 위한 구비서류

　　본인 방문 시: 본인 실명 확인 증표, 거래인감(서명)

　　가족대리인: 가족관계 확인 서류, 대리인 실명 확인 증표, 거래 인감

일반대리인: 계좌주의 실명 확인 증표, 대리인 실명 확인 증표, 거래 인감, 계좌주의 인감증명서, 인감도장이 날인된 위임장

법인계좌: 사업자등록증, 대리인 실명 확인 증표, 거래 인감, 법인인 감증명서, 인감도장이 날인된 위임장

통장을 개설했다면 투자하고 싶은 자금을 입금하고 원하는 펀드에 가입 신청하면 된다.

펀드를 환매하려면 직접 방문하거나 전화로 신청할 수 있는데 이는 고객이 보유하고 있는 수익증권을 판매회사에 되파는 방법(환매 청구)으로, 저축재산을 현금화하는 것이다. 수익증권을 환매한 경우 수익자에게 지급되는 금액(출금 가능액)은 환매 대금에서 환매 수수료와 제세금을 공제한 금액이 된다.

환매대금 = 환매좌수×(환매 기준가격÷1,000)
출금 가능액 = 환매대금−환매 수수료−제세금

2 펀드 가입은 은행과 증권회사 중 어디가 좋을까?

결론부터 말하면 은행이나 증권회사 중 어디가 더 낫다고 말할 수 없다. 투자상담을 맡은 직원이 얼마나 유능하고 시장을 잘 파악하느냐에 달려 있다. 펀드의 운용은 은행이나 증권회사에서 운용하는 것이 아니라 별도의 펀드자산운용회사에서 하므로 어디에서 가입하건 펀드 수수료나 수익률에 별 차이가 없다. 펀드시황을 정확히 짚어내고 투자자에게 맞는 펀드를 골라줄 수 있는 상담자를 택하는 것이 중요하다.

주식형 펀드에 가입할 경우 둘을 비교하자면, 증권회사 직원은 단기적으로 민감하게 반응하고 은행 직원은 민첩하지 못하지만 중장기 관점에

매매기준가

매매기준가는 수익증권 매매의 기준이 되는 가격으로 수익증권 1좌당 신탁재산 가치를 말한다. 수익증권의 1좌당 순자산가액으로서 새로운 펀드는 1원=1좌로 시작되며 최초 설정 시에는 매매기준가가 1,000좌당 1,000원이나 운용 실적에 따라 매매기준가가 변한다. (일부 상장형 수익증권 등은 1좌당 5,000원 또는 10,000원의 경우도 있음) 펀드에 가입하면 '원'으로 표시되지 않고 '좌'로 표기되는데 매입 시의 좌수와 그 펀드의 당일 기준가를 곱한 것이 평가금액이 된다.

예) 100,000,000원 입금 시 기준가가 1,010.05원이었다면 입금 좌수는 100,000,000÷1,010.05 X 1,000 = 99,005,000좌를 매수한 것이 되는데, 이 기준가가 향후에 얼마가 되느냐에 따라 이익을 보았는지 손실을 보았는지가 결정된다. 기준가격은 매일 변하는데 펀드 투자대상, 예를 들어 주식형일 경우 주가가 상승하면 기준가가 상승하면서 평가금액이 늘어나게 된다.

환매 수수료

수익자가 수익증권을 환매할 때는 투자신탁 약관에 따른 소정의 수수료를 내야 한다. 이는 수익증권의 환매를 억제함으로써 투자신탁의 권익을 보호하기 위한 것으로 중도해지에 따른 위약금의 성격으로 볼 수 있다. 고객이 수시로 환매를 하게 되면 운용사 입장에선 투자자금을 운용하기 힘들다. 따라서 투자자가 환매를 원할 경우 최소 기간을 정해두고 제한하면서, 그 이전에 환매하면 적잖은 벌칙성 수수료를 물리고 있다. 통상 "3개월 이전에 찾아가면 수익금의 70%, 6개월 이전엔 수익금의 50%를 떼겠다"는 식이다.

서는 비슷하다고 할 수 있다. 따라서 투자자가 시장 상황에 맞춰서 펀드에 투자하고 싶다면 증권회사가 더 낫다. 정보도 빠르게 입수할 수 있다. 하지만 가장 중요한 것은 최적의 펀드 구성을 해줄 수 있는 파트너를 찾는 일이다.

나에게 맞는 펀드 검색 방법은?

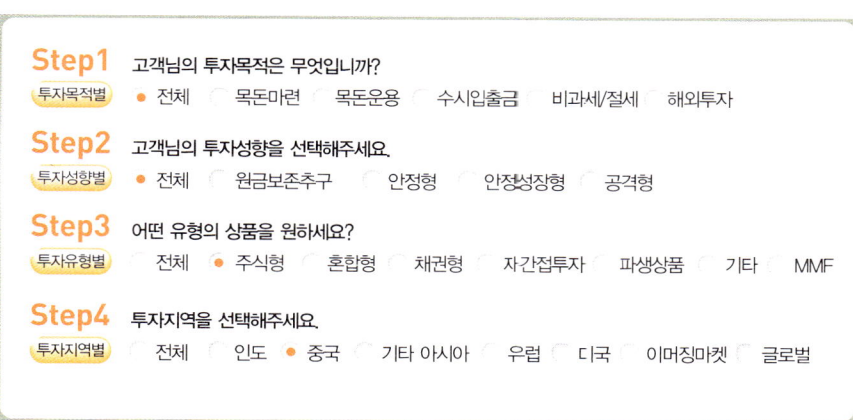

Step1 고객님의 투자목적은 무엇입니까?
투자목적별 ● 전체 ○ 목돈마련 ○ 목돈운용 ○ 수시입출금 ○ 비과세/절세 ○ 해외투자

Step2 고객님의 투자성향을 선택해주세요.
투자성향별 ● 전체 ○ 원금보존추구 ○ 안정형 ○ 안정성장형 ○ 공격형

Step3 어떤 유형의 상품을 원하세요?
투자유형별 ○ 전체 ● 주식형 ○ 혼합형 ○ 채권형 ○ 자간접투자 ○ 파생상품 ○ 기타 ○ MMF

Step4 투자지역을 선택해주세요.
투자지역별 ○ 전체 ○ 인도 ● 중국 ○ 기타 아시아 ○ 유럽 ○ 미국 ○ 이머징마켓 ○ 글로벌

직접 한번 펀드를 골라보자. 미리 어떤 펀드에 가입할 것인가를 정하고 증권회사를 방문하는 사람이 많지만, 증권회사 홈페이지나 펀드전문 사이트를 통해서도 직접 찾을 수 있다. 어떤 펀드가 좋은지 묻기 전에 자신이 직접 고른 펀드가 어떠냐고 상담받으면 더 구체적으로 알 수 있다. 먼저 펀드 검색은 대부분 유형별로 분류되어 있어 입맛에 맞게 찾을 수 있다. 공부하는 차원에서 자신이 원하는 펀드가 어떤 것들인지 검색해서 연구해보자.

현재 어떤 펀드가 수익률이 가장 높은가에 관심을 가지는 것도 좋지만 어떻게 투자할 것인가를 결정하기 위한 것이므로 자신의 성향과 투자 목적에 부합하는 펀드 중 투자하고 싶은 지역을 선택하고 검색하면 그 회사에서 판매되는 펀드의 종류와 최근 수익률 등을 쉽게 알 수 있다.

이렇게 해서 찾아낸 여러 개의 펀드 중 가장 마음에 들고 수익률이 높은 펀드에 관심을 가지면 된다. 펀드에 가입하기 전에는 반드시 해당 펀드의 상세 정보를 다시 확인해보고 어떻게 신탁자산이 운용되는지, 또

그 펀드의 특징과 수수료, 투자의 적정 기간 정도는 살펴보아야 한다.

투자 성향에 맞는 펀드투자

자신이 위험에 대해 어느 정도 적응할 수 있는지를 생각해보면 펀드를 고르기가 쉽다. 공격적인 투자자인가, 보수적인 투자자인가 스스로 질문을 던져보라. 39쪽 표에서 보면 원금보존 추구, 안정형, 안정성장형, 공격형 등으로 구분했지만 다르게 표현해보면 안정 추구형, 표준형, 고수익 추구형 등으로 바꿀 수 있다.

펀드를 처음 선택할 때는 손해 보지 않는 펀드가 좋다고 했다가도 다른 사람들이 펀드로 큰 수익을 올렸다고 하면 상당히 불쾌해하며 자신의 선택을 후회하는 경우를 많이 보았다. 공격적인 마인드를 가졌다면 주식형에 투자하되 해외펀드까지 눈을 돌리는 것이 좋다. 다소 보수적이라면 주식에 전부 투자하지 않는 채권 혼합형이 좋다. 주식형에 투자하고 싶어도 적립식으로 적은 금액부터 시작하면 맘 편하다. 주식연계증권(ELS)이나 주가연계펀드(ETF)에 나누어 투자하는 것도 안정을 추구하는 방법이다. ELS와 ETF에 대해서는 뒤에서 자세히 설명하였으므로 참조하기 바란다.

설문지 작성

▶ 고객투자 성향을 분석하기 위한 첫 단계로서 투자성향 분석을 위한 기초자료로 사용

투자 성향 결과

▶ 작성된 설문지를 토대로 고객의 자금계획, 투자 목표 및 기대수익률, 위험 수용도 등을 분석하여 투자성향 등급을 결정하는 단계

▶ 투자성향 등급은 이자소득형, 안정형, 중립형, 성장형, 공격형으로 분류

투자 성향 결과에 따른 펀드상품 제시

▶ 고객의 투자성향에 적합한 펀드상품을 추천하는 단계

국내 주식형 펀드에 투자하는 방법

펀드로 시장의 움직임에 민첩하게, 그것도 정확하게 바닥에서 매수하고 꼭지에서 매도하는 전략을 펴는 것은 사실상 불가능하다. 그렇다고 투자는 하고 싶은데 계속해서 기회만 엿보다가는 찬스를 놓치고 만다. 펀드 진입 시점은 언제가 좋을까?

국내 주식형 펀드는 종합주가지수가 대상이기도 하고 업종 대표주나 중소우량주 등 대상이 다양하다. 그러나 코스피지수가 오르면 대체로 펀드수익률이 상승하고 하락하면 수익률도 떨어진다. 펀드매니저가 매수하는 종목을 일일이 알아낼 수도 없다. 결국 투자자는 큰 흐름만을 보고 진입을 결정하면 되는데 코스피지수가 크게 하락했을 때 투자하면 된다.

1,000개가 넘는 주식형 펀드 중에서 어떤 펀드를 고를 것인가도 고민거리다.

돈이 몰리는 펀드

일반적인 방법으로는 돈이 가장 많이 몰린 펀드에 따라 들어가는 것이

좋다. 물론 어떤 펀드는 펀드운용 능력보다 펀드운용 자금을 모으는 마케팅 능력이 뛰어난 덕분일 수도 있지만 1년 정도 꾸준히 자산이 늘어났다면 신뢰해도 좋다. 게다가 펀드의 자산이 클수록 주식시장에 미칠 수 있는 영향력도 크기 때문에 시장의 큰 흐름에 역행하지는 않는다.

또 중소형 종목을 대상으로 하는 펀드는 3~6개월간의 수익률을 비교해보고 그 중 실적이 좋은 펀드를 선택하면 무난하다. 하지만 많은 돈을 한꺼번에 투자하지 말고 분산투자하는 의미에서 대형펀드에 70%, 소형펀드에 30%로 나누어서 투자하는 것이 좋다. 소형펀드의 단기 수익률이 높다고 무조건 따라가면 낭패를 볼 수 있다. 해당 펀드가 보유하고 있는 종목이 급등했다가 급락하게 되면 펀드수익률이 급격히 떨어질 수도 있기 때문이다.

인덱스펀드나 대형펀드에 더 세밀하게 분석해서 투자하고 싶으면 종합주가지수의 움직임을 중심으로 시기를 결정하면 되는데 하루하루의 움직임보다 큰 줄기, 즉 주봉이나 장기이동평균선(120일이나 200일선)을 기준으로 판단하면 좋다.

2 거치식과 적립식의 혼합

한꺼번에 투자하는 거치식이 걱정스럽다면 다른 방법을 택해야 한다. 거치식과 적립식을 혼합하는 방법으로, 기간을 나눠서 자금을 투자하는 것이다. 매달 같은 날짜에 일정액을 나눠 불입하는 적립식 투자와는 다소 차이가 나지만 원리는 유사하다.

예를 들어 1,000만 원을 국내 주식형 펀드에 투자하려면 어떤 방식이 안전할까?

월 100만 원씩 불입하는 적립식으로 할 수도 있지만 일단 500만 원을 기회를 봐서 한 번에 투자하고 그 다음에는 적립식으로 100만 원씩 5개

펀드 가입하기 전	펀드의 구조·종류, 펀드 선택 요령 등 기본 정보를 원한다면	금감원 홈페이지(www.fss.or.kr) 소비자 정보실 → 금융거래 시 유의사항 → 소비자 유의사항 → 검색 '알기쉬운펀드투자'
	펀드 보수비용이 가장 싼 펀드를 찾으려면	자산운용협회(www.amak.or.kr) 전자공시 → 기준가격 및 등락 → 보수 및 비용
	수수료가 저렴한 온라인 전용펀드를 찾으려면	자산운용협회(www.amak.or.kr) 전자공시 → 통계정보 → 회사별 통계 → 온라인 전용펀드 현황
펀드 가입한 후	가입한 펀드가 어떻게 운용되는지 알려면	자산운용협회(www.amak.or.kr) 전자공시 → 간접투자재산 → 자산운용보고서 (MMF)
	펀드 간 운용성과를 비교하려면	자산운용협회(www.amak.or.kr) 전자공시 → 운용실적 공시

월 동안 매달 같은 날짜에 분할 매수하는 방법이 적당하다. 이렇게 하면 단기간의 급등락에 대처할 수 있다. 오르면 투자금액의 절반 정도는 이익을 얻을 수 있고 하락할 경우에는 그만큼의 자금을 재투입할 수 있다.

거치식과 적립식을 혼합하는 것은 공격적 투자 방법 중 가장 안정적인 방법이다.

해외펀드 투자하기

해외펀드는 해외 투자자산에 투자하는 펀드를 말한다. 그 중 펀드를 운용하는 자산운용사가 국내에 적(주소)을 두고 있으면 역내펀드, 해외에 적을 두고 있으면 역외펀드로 이해하면 된다. 역내펀드와 역외펀드 중 투자자에게 유리한 펀드는 아무래도 역내펀드로 주식형 펀드다. 2007년 6월 1일부터 시행되고 있는 해외펀드 비과세는 역내펀드에서 투자하는 자산 중 국외 상장주식의 매매차익에 대해 2009년 12월까지 한시적으로 세금(15.4%)을 물리지 않기 때문이다. 비슷한 수익률을 내는 펀드라도 역내펀드냐 역외펀드냐에 따라 투자자가 받는 수익은 다소 차이 난다. 따라서 해외펀드에 가입할 때는 역내펀드인지 역외펀드인지를 확인한 후 주식차익에 대해 비과세 혜택을 받으려면 역내펀드를 선택해야 한다.

국내의 주식형과 해외주식형 펀드를 골고루 분산투자하는 사람이 많아졌다. 그렇다고 각 나라마다 조금씩 분할해서 투자하면 만족할 만한 성과를 거두기 어렵다. 주식시장에서 100가지 종목을 10주씩 사는 방식과 같다. 되는 종목에 집중(최소 60% 이상)해야 수익을 올릴 수 있는데 소위 잘나가는 펀드로 집중해야 수익을 극대화할 수 있다.

중국펀드

향후 몇 년간은 중국 경제가 초호황을 누릴 것으로 전망됨에 따라 중국을 비롯한 아시아 신흥국가에 대한 관심이 높아지고 있다. 특히 중국과 홍콩 시장은 미국의 서브프라임 모기지 사태나 경기침체에 대한 우려와는 무관하게 꾸준히 상승하며 글로벌 시장과 차별화되는 디커플링 현상을 보이고 있다.

국내 투자자들이 중국이나 홍콩 시장으로 시선을 돌리는 이유는 국내나 일본의 주식시장처럼 미국 시장의 변동에 크게 좌지우지되지 않고 그 나라의 경제성장을 밑바탕으로 꾸준하면서도 안정적으로 상승할 가능성이 높기 때문이다. 우리나라 주식시장도 향후 성장할 것으로 보이지만 중국이나 인도, 베트남 등의 경제성장이 더 빨리 나타날 것으로 예측되기 때문에 아시아 신흥국가는 향후 펀드투자의 백미가 될 것으로 보인다. 특히 중국의 경제성장은 국내 철강, 화학, 조선 등의 산업에 크게 도움이 되고 있어 얼마나 고마운지 모른다. 그런 이유로 중국펀드에 대해 지속적인 투자가 필요하며 좀더 자세히 알아들 필요가 있다.

　보통 투자자들은 펀드 이름에 중국 또는 차이나라는 말만 들어가면 모두 중국에 투자하는 것으로 아는데 자세히 들여다보면 그렇지 않다.

　또 펀드마다 수익률이 천차만별인데 왜 그런지 알아두면 펀드를 선택하기가 한결 쉽다.

　H지수는 홍콩 시장에 상장된 중국 기업만을 기준으로 하는데 만약 중국 내국인에게 홍콩 시장 투자를 허용한다면 H지수에 많은 비중을 든 펀드가 유리할 것이다. 물론 여러 가지 제약 조건이 있어 완전 개방되기에는 시간이 걸리겠지만 현재로서는 홍콩 시장이 중국 시장보다 저평가되어 있어 추가 상승이 가능할 것으로 보인다.

　이런 각도에서 중국펀드에 가입하려고 한다면 H지수 비중이 높은 펀드를 택해야 한다. 중국펀드에 가입하기 전에 다양한 중국펀드 종류와 투자 지역의 분산 등에 대해 공부해야 한다. 상황에 따라서는 수익률이 크게 차이 나므로 구체적으로 분석할 필요가 있다.

　다음 표를 보면 중국펀드는 크게 본토 증시를 중점적으로 투자하는 펀드와 홍콩 H증시를 추종하는 상품 등 두 가지로 분류되고 있음을 알 수 있다. 또 본토 증시를 추종하는 펀드 중에서도 다시 A증시와 B증시 비중이 높은 펀드로 나뉜다. 이 밖에 A, B, H증시에 골고루 투자하는 펀드도 있다. 참고로 레드칩은 홍콩에 있지만 중국 국영기업 또는 정부가 지분을 30% 이상 소유한 중국 기업을 말하고, 중국 본토의 A시장은 중국 내국인이 투자하는 시장, B시장은 외국인이 투자할 수 있는 시장을 말한다. 이들 시장의 움직임이 반드시 일치하는 것은 아니기 때문에 전체적인 흐름을 주시하는 것이 펀드투자 시기를 선택하는 데 도움이 된다.

펀드	홍콩(항셍)	H주	레드칩	A증시	B증시	기타 자산
동부차이나주식형		72	7		9(심천) 2(상하이)	10
한화꿈에그린차이나		61		10	16	13
신한BNP봉쥬르차이나	3.7	66.18	24.38	0.14	0.41	5.2
삼성H파트너중국주식		64	33			3
미래에셋차이나디스커버리	25.56	51.21	17.48	0	0.76	5
피델리티차이나포커스	13.02	50.03	22.65	2.89	3.33	8.08
미래에셋차이나솔로몬	23.47	46.93	17.77	0	6.84	5
하나UBS차이나		39	54		6	1
슈로더차이나밸런스드2		26.7	10.8		1.8	60.7
PCA차이나드래곤				65		35

중국펀드의 투자비중(단위 : %)

※ 2007년 8월 17일 기준, 봉쥬르차이나는 7월 말, 피델리티차이나포커스는 6월 말 기준, 자료 : 각 운용사

2 브릭스(BRICs)

최근 브릭스펀드가 최고 인기상품으로 떠올랐다. 중국 시장이 급등하면서 그 대안으로 브릭스펀드가 판매되었다. 브라질, 러시아, 인도, 차이나의 영문 첫 글자를 딴 브릭스(BRICs)라는 단어는 골드만삭스가 2003년 보고서에서 처음으로 언급하면서 '신흥시장의 대명사'가 되었다. 이들의 공통점은 노동력과 자원이 풍부한 나라라는 점이다. 또한 최근 급속한 경제성장을 이루면서 새로운 투자처로 떠오르고 있다. 이들 나라는 정치적으로 안정되면서 투자 전망도 더욱 긍정적이 되었다. 경제성장과 함께 주식시장도 상승세가 지속될 것으로 보이므로 지속적인 관심을 가질 필요가 있다.

브릭스펀드는 각 나라별로 거의 균등하게 투자하는데 나라에 대한 분산투자 이외에도 각 나라의 주식시장에 상장되어 있는 산업구성의 비율이 서로 달라 산업 간의 분산투자 효과도 있다. 예를 들어 브라질 증시는 원자재 업종 비중이 33.1%로 가장 높고, 중국과 인도는 금융업이 각각 31.4%, 27.2%로 높다. 러시아는 가스프롬 등의 에너지 관련 기업 비중이 55.7%를 차지한다. 네 국가에 분산한다면 에너지 27.4%, 금융 23.5%, 원

아시아 증시 프리미엄… 뭉칫돈 몰려

(파이낸셜뉴스 2007. 10. 3)

아시아 증시가 프리미엄을 받고 있다. 홍콩, 대만, 중국, 인도, 한국 등 아시아 신흥 증시가 미국 등의 선진 증시와 차별화(디커플링화)되면서 강세를 보이고 있다. '아시아는 주가 강세, 선진국은 주가 조정'이라는 전망이 잇달아 나오고 있다. 특히 아시아 지역의 기업 실적이 뚜렷한 개선세를 보이고 있고 글로벌 유동성 자금이 아시아로 향하고 있는 것도 이 같은 전망에 힘을 실어주고 있다.

기업 실적 전망 디커플링

서브프라임 모기지(비우량 주택담보대출) 위기 이후 미국은 경기지표가 급락하자 9월 들어 미국 기업 실적 전망은 악화되고 있다. 또 미국을 제외한 선진국의 경우 8월 악화, 9월 호전 등을 거치면서 서브프라임 사태 이전보다 소폭 상향된 정도다. 그러나 아시아 지역은 홍콩, 싱가포르는 물론 중국, 한국, 대만, 인도 등의 예상 실적이 6개월째 상향 조정되고 있다. 고유가로 이익 전망이 급증한 신흥 유럽을 제외하면 정상적인 모멘텀이 가장 뛰어난 곳이 아시아다. 업종별로는 소재 및 산업재의 상향 조정이 가장 두드러지고 있다. 이는 중국의 폭발적인 수요에 따른 것으로 풀이된다. 국내 기업 실적 전망 역시 중국 수혜를 받기는 마찬가지다. 올 들어 이익 전망의 저점이었던 4월과 비교해 9월 전망치는 5.8% 증가했다.

재평가되는 아시아 증시

미국 금리 인하 이후 투자 선호가 비달러화 자산으로 이동하고 있다. 특히 올해 안에 금리 인하가 추가로 단행된다면 비달러화 자산 선호 현상이 급속도로 확대될 것으로 전망된다. 또 서브프라임 모기지 사태가 진정되면서 안전자산에서 위험자산으로 투자 선호가 점차 바뀌고 있다. 아시아 증시는 이 같은 변화의 중심에 자리 잡고 있다는 게 전문가들의 분석이다.

브릭스 증시 펀더멘털 비교(단위 : %)					
국가	GDP성장률 전망 (2008년)	인플레이션 전망 (2008년)	금리 전망 (2007년 말)	배당수익률 (2007년 9월)	ROE
브라질	4.3	3.9	5.76	2.8	18.7
러시아	6.3	7.2	6.35	1.4	18.4
인도	8.0	5.3	7.93	1.0	19.6
중국	9.9	3.3	4.38	1.4	15.7
미국	2.8	2.7	4.63	3.7	11.5
유럽	2.3	2.0	4.37	1.9	16.7
한국	4.4	2.7	5.57	3.0	17.2

(자료 : FactSet, 신한BNP운용)

자재 15.1%, 통신서비스 11.9%의 업종별 분산투자 효과를 기대할 수 있다. 원자재 의존도가 높은 브라질 증시, 에너지 기업 의존도가 지나친 러시아 증시의 위험을 분산할 수 있는 셈이다.

3 헤지펀드(Hedge Fund)

국제 증권 및 외환시장 등에 투자해 단기 수익을 올리는 민간 투자기금, 소로스의 퀀텀펀드, 로버트슨의 타이거펀드 등이 대표적이다. 모집과 투자대상, 실적 등이 공개되지 않고, 언제 어디서 단기 수익 실현에 나서서 세계 금융시장을 혼란스럽게 할지 모른다는 점에서 '위험한 펀드'로 인식되기도 한다. 미국에서만 200여 개가 있으며 이들이 500여억 달러의 자금을 운용하는 것으로 알려져 있다. 공시가 없어 투자자들이 운용 정보를 상세히 알 수 없다는 단점이 있다. 그러나 헤지펀드의 특징은 금융당국의 규제에서 벗어난다는 점이다. 따라서 다양한 투자 방법을 구사한다. 헤지펀드의 파산 소식이 들리면서 헤지펀드는 변동성이 높은 자산에 투자하는 위험한 펀드라는 인식이 생겨났다. 그러나 전 세계 1만여 개 이상의 헤지펀드 중 몇 개의 파산을 놓고 헤지펀드 시장은 위험해서 투자가치가 없다고 판단하는 것은 무리다.

해외펀드 가입 시 체크해야 할 6가지

(출처 : 아이엠리치)

1. 수수료와 보수

국내 주식형 펀드가 대략 2.5% 내외인 반면 해외펀드는 편차가 심한 편이다. 보통 3% 내외가 많으며 적은 것은 국내 주식형 펀드와 비슷하지만 많은 것은 4%가 넘는 것도 있다.

2. 환매 수수료와 환매 기간

환매 수수료 부과 기간이 긴 펀드가 많다. 반면에 아예 없는 것도 있으니 반드시 확인해야 한다. 환매 기간은 국내 주식형 펀드의 경우 보통 4영업일(환매 신청한 당일 기준으로 3영업일 후)이나 해외펀드의 경우에는 보통 1주일 이상 걸리며 길게는 10영업일 이상 걸리는 경우도 있다. 펀드마다 다르다. 가입과 함께 환매 시 돈이 들어오는 기간을 꼭 확인한 후 자금이 필요한 날짜를 잘 계산해서 환매 신청을 하는 것이 좋다.

3. 환헤지

해외펀드인 만큼 나라마다 사용하는 화폐가 다르기 때문이 이에 따른 위험이 발생한다. 이를 '환위험'이라고 하며 환위험을 방지하는 것을 '환헤지'라고 부른다. 환위험은 역외펀드일 때 특히 신경써야 한다. 역내펀드의 경우는 원화로 투자되므로 걱정하지 않아도 된다. 단 원금에 대해서는 환헤지가 되지만 향후 수익이 발생하면 수익 부분은 환위험에 노출된다는 점을 꼭 기억하자.

4. 투자하고자 하는 해외펀드의 구체적인 투자대상

창구 직원들은 대부분 해당 국가의 기본적인 경제 상황도 제대로 분석하지 않을 뿐 아니라 어느 기업 또는 어디에 투자되는지도 모르고 추천하는 경우가 많다. 따라서 투자 국가의 막연한 성장 잠재력보다 구체적인 이유를 제시해주도록 요구하자.

5. 펀드와 펀드를 운용하는 자산운용사의 과거 성과

해외펀드는 자산운용사의 능력이 무엇보다 중요하기 때문에 해당 펀드를 운용하는 자산운용사의 과거 실적과 해당 펀드의 과거 실적을 기본적으로 확인하는 것이 좋다. 만약 새로 출시된 펀드지만 운용사가 믿을 만하고 다른 펀드 성과가 좋았다면 믿고 가입해도 괜찮다.

6. 반드시 사후관리를 요청해야 한다

해외펀드는 특히 가입 시점보다 환매 시점이 더 중요하다. 국내 주식형 펀드는 국내 상황에 따라 그럭저럭 대처가 가능하지만, 해외펀드의 경우 신속하고 정확하게 환매 시점을 잡기가 쉽지 않다. 따라서 투자자 본인이 환매 시점을 잡기 어렵다면 판매 직원에게 적절한 환매 시점과 사후관리에 대해 조언을 해줄 수 있는지 물어보자.

TOP 10 펀드 고르기

자산운용협회 홈페이지(www.amak.or.kr)의 전자공시 사이트나 펀드 전문사이트인 제로인(www.zeroin.co.kr), 한국펀드평가(www.kft.co.kr), 모닝스타(www.morningstar.co.kr) 등을 통해 주간 인기펀드 TOP 10을 검색할 수 있다. 펀드 평가 각 사이트에서는 펀드 유형을 주식형과 혼합형, 채권형, 해외펀드 등으로 나누어 펀드 운용 성적을 매겨놓고 있다. 자산 규모와 설정일, 최근의 수익률 등을 비교하면 가장 인기 있고 수익률이 좋은 펀드가 뭔지 알 수 있다.

1년 수익률을 보면 펀드 대상 시장의 큰 흐름을 이해할 수 있고, 1개월 수익률을 보면 최근의 운용 상황을 알 수 있는데 경험적으로 안정적인 흐름 속에서 최근 운용 실적이 좋은 펀드에 관심을 가지는 것이 투자에 효과적이다.

펀드는 실적에 따라서 제로인의 경우 태극 마크의 개수로, 한국펀드평가와 모닝스타는 별의 개수로 펀드 성과 등급을 매기고 있다. 태극마크나 별이 다섯 개인 펀드가 가장 우수한 성적을 나타내고 있다고 보면 된다.

펀드로 수익 챙기기

펀드에 가입하고 나서 수익이 나면 대부분의 투자자는 희색이 만연하다. 그러나 어느 순간 주가가 큰 폭으로 하락하면 환매를 하고 싶어진다. 수익률이 좋다면 금방 환매하고 말겠지만 3개월 미만일 경우에는 환매 수수료(수익의 70%를 수수료로 내야 한다)를 지불하기 때문에 쉽게 환매할 수도 없다. 시간이 지나고 나서 결과를 보면 주가 상승기에는 조정을 받더라도 버티는 투자자의 수익률이 훨씬 높은 것으로 나타났다. 따라서 일시적인 하락은 참고 견디는 편이 낫다. 하루의 주가 변화에 너무 민감해서는 안 된다. 그래도 환매를 통해 수익을 실현하고자 한다면 내키는 대로 하지 말고 몇 가지를 생각해본 후에 해도 늦지 않다.

❶ 수익을 챙겨야 한다

펀드투자자는 시장 상황에 너무 민감하게 반응하지 않는 것이 좋다. 주식시장이 큰 폭으로 내릴 때마다 환매하고 다시 바닥을 친 후에 바닥에서 재차 매수할 수 있다면 그것은 '신의 영역'이다. 투자자 자신은 시장의 큰 줄기를 보고 환매했다고 해도 길게 보면 아주 작은 변화일 수 있다. 주가 하락을 예상하고 환매한 투자자는 주가가 많이 빠져도 더 하락할 것이라고 예상해 재진입을 하지 못하는 경우가 많다. "기다리는 조정은 오지 않는다"는 주식 격언이 있듯이 투자자는 환매한 후 바닥에서 다시 진입하고자 하지만 결코 맘대로 되지 않는다. 그래서 주가가 떨어지면 "더 매수하겠다"고 마음을 편하게 가지는 것이 효과적일 수 있다. 남은 것을 챙기는 것도 중요하지만 큰 흐름 속에서 자산을 늘려가는 담대함도 수익에 큰 차이를 준다. 만약 그래도 환매하고 싶다면 해야 한다.

환매할 때는 투자금 전부를 환매하지 않고 일정 부분만 할 수 있다. 펀드는 은행 예금 상품과 달리 일부 자금만 찾아서 쓸 수도 있다. 적립식 투자였다면 일부 나누어서 환매 수수료를 물지 않는 범위 내에서 환매할 수도 있다. 분할매수 분할매도가 펀드에도 적용되는 것이다.

❷ 펀드도 손절매

보유하고 있는 펀드 중에서 손실이 난 펀드는 과감히 잘라버려야 한다. 석 달이 지났는데도 마이너스 수익률을 기록하는 펀드는 뭔가 잘못되었다고 생각하라.

수익이 났다가 줄어든다면 모를까 3개월 내내 원금을 까먹는 펀드는 선택부터 잘못되었다는 점을 인정해야 한다. 빨리 손절매를 하고 수익률이 높은 펀드로 갈아타야 한다. 안 되는 것을 움켜쥐고 억지로 버티는 것도 무모하다. 안정적이라고 여러 종목으로 나눠 넣은 펀드일수록 대세상승을 따르지 못하고 저조한 수익률을 보일 수 있다. 서너 달 기다려봐서 수익률이 다른 펀드보다 현저하게 떨어지면 당시의 트렌드를 이탈한 것으로 보고 다른 펀드로 갈아타는 것이 훨씬 마음 편하다.

❸ 펀드 갈아타기

비슷한 성격으로만 구성된 펀드는 색깔이 다른 펀드로 갈아타 위험을 분산하는 것도 수익을 내면서 자산을 유지하는 길이다. 하지만 주식형 펀드를 여러 개 가입하고 나서 환매 후 비슷한 유형의 펀드로 갈아타는 것은 오히려 잦은 수수료 때문에 손해를 볼 수 있다. 주가 상승이 며칠 사이에 크게 바뀌는 경우는 거의 없기 때문이다. 만약 주식형 펀드를 가입할 때 중소형주와 업종대표주, 지주회사펀드 등을 나누어서 가입했다고 하더라도 국내펀드, 해외펀드로 구분하되 국내펀드에서 시장지배력이 높은 펀드와 해외펀드 중 발전 가능성이 있는 펀드를 적절한 비율로 보유하는 것이 유사한 성격의 여러 펀드에 투자하는 것보다 안전하고 수익을 높이는 방법이다.

❹ 현금 유지도 투자 방법

또 수익이 괜찮았던 펀드를 환매했다면 당시 수익률이 높은 펀드로 바로 재가입하기보다는 현금자산을 유지하고 이자를 받는 것으로 자금관리를 하면서 시장 하락기에 새로 진입하는 기회를 엿보는 것이 좋다.

환매를 했다는 것은 시장 상황을 좋지 않게 보았다는 뜻인데 환매 이후 곧바로 재진입하는 것은 자신의 선택이 잘못되었음을 시인하는 것이다. 기회는 언제라도 올 테니 현금자산을 확보하여 주가 하락기에 다시 편입하겠다는 여유를 부릴 수 있어야 한다.

펀드투자
십계명

현재나 앞으로나 펀드투자가 대세가 될 것이다. 직접투자에 자신없다면 펀드에 가입하는 것이 속 쓰리지 않다. 펀드가 주식투자보다 더 많은 수익을 내면서 사람들의 펀드에 대한 인식이 완전히 달라졌다. 상한가에만 매달렸던 투자자가 더 이상 상한가에 매달리지 않는 것을 봐도 투자의 흐름이 크게 바뀌었음을 느낀다.

펀드도 주식처럼 기본에 충실해야 한다. 즉 멀리 보고 흐름을 파악하는 것이 중요하다.

국내 시장에 투자할 때는 종합주가지수의 움직임을 읽을 수 있어야 한다. 아무래도 일반투자자는 해외보다는 국내 주식시장을 가장 잘 알 수 있고 대세의 흐름 파악이 용이하다. 또 향후에도 안정적인 상승을 보일 가능성이 크므로 종합주가지수의 추이를 보면서 국내펀드 가입시기와 환매를 결정하는 것이 좋다. 해외펀드는 앞으로의 경제 상황이나 발전

과정, 해당 국가의 성장성을 보고 투자해야 한다. 단기간에 승부 내려고 하지 말고 전체적인 경제성장률과 발전 속도를 파악한다면 실패하지 않을 것이다.

① 장기적인 안목에서 펀드 대상의 큰 흐름을 보고 투자하라

단기적인 수익에 연연하기보다 2~3년 투자한다고 생각하면 잔파도에 흔들리지 않게 된다. 짧은 기간에 환매하고 싶다면 그때까지의 수익에 만족할 수 있을 때 환매해야 한다. 환매 제한 기간이 없는 것도 있고 짧으면 90일, 길면 1년 이상도 있다. 그래도 단기로 승부를 내고 싶다면 목표수익률을 정하고 환매 수수료가 없는 펀드를 골라야 한다.

② 여유 자금으로 하라

대출을 받거나 남의 돈을 빌려가며 펀드에 투자하겠다고 덤비지 말아야 한다. 자금 사정이 급하면 올바른 판단을 하기가 어려워진다. 최소한 1년 이상 굴릴 수 있는 자금으로 투자해야 한다. 대출이자를 빼고 높은 수익을 가져다줄 만큼의 펀드를 고르기는 쉽지 않다.

③ 많은 사람이 관심을 가지거나 규모가 커지는 펀드에 관심을 가져라

해당 펀드에 "관심을 가지는 사람이 많다"는 뜻은 현재 "잘되고 있다"는 뜻이고, 펀드의 규모가 계속해서 늘어나는 것은 앞으로 미래를 좋게 보고 "새롭게 투자하는 사람이 많다"는 뜻으로 해석하면 된다. 반대로 펀드 규모가 줄어들면 "투자했던 자금을 회수하거나 손해 보고서라도 자금을 빼는 사람이 많아졌다"고 이해해야 한다. 자산운용사에서는 일정한 규모 이상으로 펀드가 커지면 효율적인 펀드 운용을 위해서 추가 가입을 제한한다. 대신에 동일한 펀드명으로 2호, 3호 등으로 명명하여 새로운 펀드를 모집하는데, 이런 형태의 펀드가 가장 인기 있는 펀드로 볼 수 있으므로 추세를 따라가고 싶다면 선택해도 무방하다.

❹ 과거 수익률을 보지 말고 최근의 수익률을 따져라

1년 또는 2년 수익률을 보고 가입하면 이미 늦다. 과거에 높은 수익률을 기록했다고 향후에도 그런 수익률이 보장되는 것은 아니므로 투자하고 싶은 지역의 최근 움직임을 더 중시해야 한다.

오히려 1개월에서 3개월간의 수익률을 비교해보되 펀드 간의 운용 수익률에 관심을 가져야 한다. 비슷한 내용의 펀드라도 최근의 수익률이 차이 난다면 소위 잘나가는 펀드에 가입하는 편이 낫다. 왜냐하면 시장의 큰 변화가 없다면 펀드수익률은 앞으로도 비슷한 움직임을 보일 가능성이 크기 때문이다.

❺ 펀드 가입과 해약을 당일의 주가로 판단하지 마라

펀드에 가입하고 싶으면 용기 있게 가입하고, 해약하고 싶으면 과감하게 빠져나오라. 그날의 주식시장의 움직임을 보면 판단이 흐려진다. 다음으로 미루면 그날에도 주가는 오르고 내리기 때문에 여전히 망설이게 된다.

특히 해외펀드의 경우에는 환매를 신청하고도 보통 2~3일이 지난 후의 기준가격을 적용하는 경우가 많아 일일 변화보다 흐름을 이해하고 과감하게 행동하는 편이 좋은 결과를 가져온다.

❻ 창구 직원이 추천한다고 무조건 가입하지 마라

은행 창구에서 권하는 펀드는 해당 은행에서 정책적으로 판매하고자 하는 펀드가 많기 때문에 따져보고 가입하라. "이 펀드가 좋다"는 말에 아무 생각 없이 펀드에 가입하지 말고 자신이 직접 펀드를 찾아보고 그 펀드를 파는 은행이나 증권회사를 찾아가야 한다.

그럴 자신이 없다면 신뢰할 만한 증권회사 영업사원을 찾거나 은행자산관리사에 문의하는 편이 낫다. 관심 가는 펀드가 있다면 그 펀드를 판매하는 곳을 찾아야 한다. 자신이 거래하는 증권회사(은행)에서 모든 상품을 판매하는 것은 아니기 때문이다. 따라서 꼭 가입하고 싶은 펀드가 있다면 판매하는 곳을 알아보고 필요하다면 새로운 곳과 거래를 터야 한다.

❼ 여러 개로 분산하지 말고 시기를 분산해 2~3개 펀드에 집중하라

자금을 안전하게 운용한다고 성격이 완전히 다른 펀드로 분산투자하는 것은 그리 좋지 않다. 시장의 분위기와 동떨어진 펀드에도 분산투자하지 않는 것이 좋다. 큰돈이 아니면 다소 공격적으로 하되 불입 시기를 나누어서 분산투자하거나 적립식으로 하되 그 규모를 다소 크게 하는 편이 안전할 뿐 아니라 수익도 커진다. 분산투자는 종목에 국한되지 않는다. 불입기간을 분산하는 것도 분산투자라고 할 수 있다.

❽ 펀드의 성격을 파악하고 투자비중을 살펴보라

펀드가 어떻게 운용되는지, 어디에 얼마를 투자하는지 확인하고 수시로 관심을 가져라. 펀드 구성이 처음 만들어지고 발표한 것과 다를 수 있다. 예를 들면 '한화 꿈에 그린 차이나'는 펀드가 처음 설정되었을 때는 홍콩 H시장에 60%를 투자했지만 6개월 뒤 홍콩 시장이 상승하자 H시장의 편입비율을 70% 이상으로 확대했다. 자신이 투자하는 펀드가 제대로 운용되는지 살펴보아야 한다.

❾ 적립식도 오래 불입하면 금액이 커지므로 리스크 관리를 철저히 하라

적립식도 1년이 넘으면 거치식과 마찬가지로 규모가 커지기 때문에 수익률 관리를 해야 한다. 매달 100만 원씩 불입했다면 1년 뒤에는 1,200만 원이 된다. 이때부터는 1,200만 원을 한꺼번에 불입한 규모와 같게 수익률이 변동된다. 규모가 커지면 수익률에 굉장히 민감해진다. 펀드의 규모가 너무 커졌다고 생각되면 계약 기간이 남았더라도 리스크 관리를 해야 한다. 수익이 크게 나면 만기 전이라도 수익을 실현하고 수익이 나지 않고 있다면 추가 불입을 중지하고 다른 펀드로 갈아탄다. 적립식 펀드는 만기까지 가지 않고도 불입을 중지할 수 있으며, 환매 수수료를 내지 않는 기간에는 이익을 전부 챙기고 해약할 수 있다. 만기 시에는 물론 전부 해약이 가능하다.

❿ 펀드 수수료에 연연해하지 말고 좋은 펀드를 찾아 온라인으로 거래하라

펀드 수수료가 낮으면 다 이유가 있다고 보면 된다. 수수료를 아낄 생각을 하지 말고 수익률이 높은 펀드를 찾는 것이 현명하다. 수수료보다 자유롭게 환매할 수 있는지, 또 언제부터 환매 수수료를 물지 않고 환매할 수 있는지를 알아두는 것이 좋다. '싼 게 비지떡'일 가능성이 크다. 좋은 펀드를 고르되 펀드 수수료가 아까우면 직접 창구에 찾아가지 말고 온라인으로 거래하면 된다. 동일한 펀드를 다소 싸게 가입할 수 있다. 수수료가 싼 펀드보다 좋은 펀드에 싸게 가입하는 방법을 찾으면 된다.

펀드에
돈을 묻어야
할 때

　요즘엔 펀드가 주식투자 대안으로 자리 잡았다. 주식에 대해 잘 모르거나 주식을 공부할 시간이나 열정이 없다면 펀드가 백번 낫다. 직접투자를 하는 것은 펀드매니저 및 외국인 투자자와 직접 대결하는 일이다. 그들과 싸울 능력이 부족하다면 '대리인(펀드매니저)'을 내세워 싸우게 하는 게 현명하다. 펀드에 가입하면 펀드매니저가 대신 싸워준다. 펀드매니저는 높은 연봉을 자랑하지만 맘 편히 지내는 매니저는 거의 없다. 그들은 매일 머리 싸매고 수익률을 올리기 위해서 노력한다. 다른 펀드에 비해 자신이 담당한 펀드의 수익률이 떨어지면 1년을 넘기지 못하고 다른 보직으로 쫓겨나기 일쑤다.

　투자자가 직접 들여야 하는 시간과 노력을 생각하면 수수료 내고 펀드에 돈을 맡기는 것이 훨씬 경제적인 선택일 수 있다. 그동안 주식투자하면서 수많은 시간을 주식 걱정으로 보냈던 사람은 펀드투자가 정말 편하다는 것을 느낄 것이다. 게다가 죽어라고 공부하는 다른 투자자들을 이길 재간이 없다면 확실하게 펀드매니저에게 의지해보자.

일단 펀드에 돈을 넣으면 다음 날 주가가 급락했다고 쉽게 뺄 수도 없어 속은 편하다. 직접투자를 할 때는 시장이 조금이라도 조정받거나 주식이 하락하면 큰 손실을 볼까 봐 전전긍긍했지만, 펀드에 가입하고 나면 그런 조바심이 없어진다. 하루 이틀의 시장 움직임을 보려고 투자한 것은 아니기 때문이다.

1 여유 자금을 펀드로

그렇다면 펀드에는 언제 가입해야 하나? 답은 간단하다. '여유자금이 있을 때'다. 급하게 쓸 돈도 아닌데 은행에 넣고 그 이자에 만족할 수 없다면 펀드가 제격이다. 펀드에 관심이 있다면 가입할까 말까 고민하지 말고 '어떤 펀드'를 '언제' 가입할 것인가를 고민해야 한다. 주식시장은 매일 열리기 때문에 주식형 펀드도 매일 가격이 변한다. 특징이 조금씩 다른 주식형 펀드만 1,000개 이상이라고 하니 고르기가 쉽지 않다. 펀드 투자에서 가장 중요한 것은 '언제 시장에 진입할 것인가'와 '어떤 펀드를 선택할 것인가'이다.

시장의 변화에 따라 수익률이 천차만별이라 '펀드의 선택'이 '언제 펀드에 가입할 것인가'보다 중요할 수도 있다. 시간이 지나 결과를 보면 둘 다 중요하다. 펀드투자에서는 '기술적인 타이밍'이 주식에 투자할 때보다 급하지 않아도 된다. 오히려 천천히 하는 것이 좋다. 신중하게 생각한 후 "펀드가 좋겠다"라는 감이 오면 주저하지 말되, 단기간의 승부가 아니라 중장기 관점에서 적어도 1년 이상 묻어두고 수익을 내겠다는 생각으로 여유롭게 접근해야 한다. "현재의 시세보다 상승할 가능성이 있다"고 판단되면 용기 있게 가입을 결정해야 후회가 없다. "두고 보자"며 미루거나 너무 생각이 많으면 실천하기 힘들다.

주식시장이 하루에도 몇 번씩 급등락을 거듭한다고 해도 펀드는 그날의 종가로만 가격이 결정된다. 그러니 하루의 잔파도에 신경 쓰지 않아도 된다. 장중에 여러 번 급등락해도 펀드에는 아무 상관이 없다. 당일의 마지막 가격이 중요하므로 시장에서 한 발 물러나 바라보고 큰 줄기를 읽어내는 힘이 필요하다.

펀드를 하고 싶은데 국내펀드와 해외펀드 중 어디에 투자할까도 고민거리다. 기회는 늘 우리에게 열려 있기 때문에 어느 한쪽에 너무 치우치지 않는 것은 안정적인 수익을 내는 데 도움이 된다. 주식형이 아닌 채권형이나 혼합형, 파생상품 펀드는 투자대상의 정확한 움직임을 파악하기 어려우니 주식형 펀드에만 국한해서 생각해보자.

종합주가지수의 흐름을 알아야

국내펀드는 특정 종목을 대상으로 하는 펀드도 있지만 대부분 우량 종목을 위주로 펀드를 구성하기 때문에 종합주가지수의 움직임에 상당히 영향을 받는다. 인덱스펀드를 제외하고는 종목에 투자하는 것이라 종합주가지수와 관련이 없지만 펀드매니저가 무엇을 어떻게 사고파는지 정확하게 알 수 없으므로 종합주가지수를 기본으로 진입 시기를 판단할 수밖에 없다. 역으로 생각하면 펀드 가입 후에 종합주가지수가 상승하면 수익을 낼 확률이 높고, 종합주가지수가 하락하면 손실을 볼 가능성이 높다는 결론에 이른다. 물론 종합주가지수만큼 상승하거나 하락하지 않지만 펀드투자자 입장에서는 종합주가지수와 연계해서 생각할 수밖에 없다. 결론적으로 펀드투자자는 특정 종목의 움직임을 보고 투자를 결정하기는 어렵다. 종합주가지수를 기준으로 판단해야 한다.

종합주가지수를 보고 매수 시점을 잡아야 하는데 "어느 포인트 이하라면 매수에 가담하겠다"라는 기준을 정해놓으면 의사결정을 하기 수월해진다.

만약 전문가들이 "1800포인트에서 2000포인트 사이의 박스권"이라고 말했다면 여유롭게 1850포인트 이하로 움직일 때 꾸준히 분할해서 매수하는 전략이 좋다.

펀드도 한 번에 가입하지 않고 매일 조금씩 나눠서 가입할 수 있다. 우리나라 시장은 경험적으로 급락 이후에는 보통 장중 저점을 형성하고 종가를 올려놓는 'V자 반등'이 많은데, 펀드 가격은 종가 기준으로 하기 때문에 장중 최저점에 매수하고자 하는 노력은 의미 없다. 지수가 저점을 형성하는 날이 가장 낮은 가격에 펀드에 가입하는 날이 된다. 그러나 정확하게 시장의 바닥권에서 펀드에 가입하는 것은 상당히 어렵다. 따라서 "미리 준비한다"는 자세로 한 발 앞서 "조금 밑진다"는 기분으로 시장에 진입하는 것이 낫다.

실전에서 느낀 점은 상승 트렌드의 장에서는 하락의 폭이 깊어지는 날에 매수하는 것이 저가로 진입하게 되며, 또한 조정 기간이 짧으므로 연속 2~3일 이상 하락할 때 매수하면 반등이 이어진다. 그래도 불안하다면 조정 기간은 길어도 2개월 내외로 그치는 경우가 많아 펀드를 2~3개월에 걸쳐 3단계로 나눠 매수하는 방법도 좋을 듯하다. 그렇게 하면 조정 기간 중 분할하여 펀드를 싸게 매수할 기회가 충분히 있기 때문이다.

3 | 해외펀드는 수익의 창고

해외펀드는 우리나라 시장을 대상으로 하는 국내펀드와 다소 차이가 난다. 그 나라의 경제 상황을 이해하는 것이 급선무다. 종합주가지수의 일봉차트나 주봉차트를 보고 펀드의 가입 시기를 결정하는 디테일한 전략은 국내펀드에는 적용할 수 있으나 해외펀드에는 차트보다 경제공부

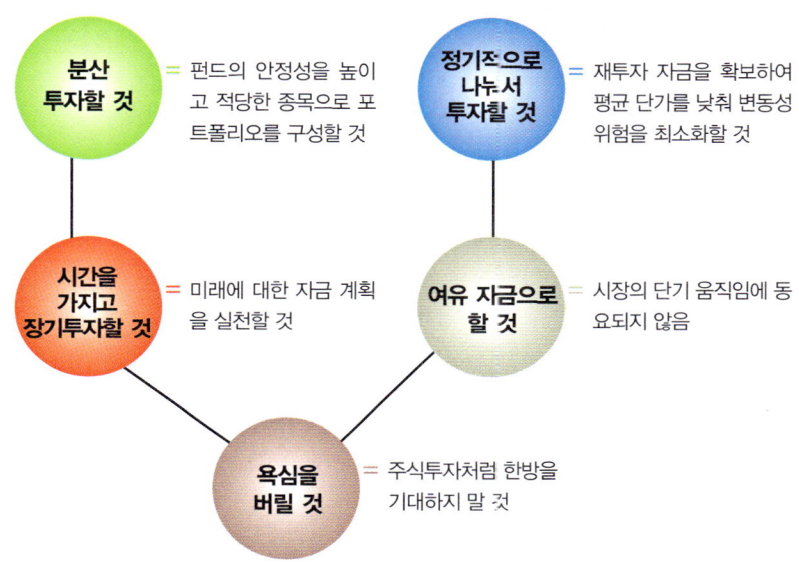

성공적인 펀드투자의 5가지 원칙

분산 투자할 것 = 펀드의 안정성을 높이고 적당한 종목으로 포트폴리오를 구성할 것

정기적으로 나누서 투자할 것 = 재투자 자금을 확보하여 평균 단가를 낮춰 변동성 위험을 최소화할 것

시간을 가지고 장기투자할 것 = 미래에 대한 자금 계획을 실천할 것

여유 자금으로 할 것 = 시장의 단기 움직임에 동요되지 않음

욕심을 버릴 것 = 주식투자처럼 한방을 기대하지 말 것

를 더 열심히 해야 한다. 그러나 아무리 공부한다고 해도 속속들이 해당 국가의 주가 흐름을 따라가는 것은 사실상 불가능하다. 그렇다고 포기할 수도 없는 일. 해당 국가의 경제성장 여부를 보고 판단해야 한다. 주식에 투자한다는 생각보다 국가 전체에 승부를 건다는 마음으로 해야 하는데 부동산에 투자하듯이 장기적인 관점에서 시작한다면 국내 주식시장보다 크게 상승할 가능성이 있으므로 세계 어느 나라, 어떤 대상이든 관심의 폭을 넓혀볼 만하다.

펀드에서
돈을
빼야 할 때

환매의 의미부터 알아보자. 환매란 "투자신탁에 가입한 고객이 가입한 투자신탁을 매도함으로써 신탁을 중도해약"하는 것을 일컫는다. 고객이 투자한 돈을 되찾으려면 운용사 입장에선 수익증권을 되사야 하기 때문에 '환매'라고 한다.

펀드는 주식과는 달리 수익이 났다고 바로 환매할 수 없는 구조를 가지고 있다. 일반적으로는 가입 금액을 기준으로 3개월 이내에 가입한 금액에 대해서는 발생한 수익금의 70% 정도를 환매 수수료로 부과한다. 물론 환매 수수료가 없는 펀드도 있고, 환매 수수료 부과기간이 가입 후 6개월인 펀드도 있고 아예 1년 이상인 펀드도 있다. 펀드를 해약하고 싶어도 그 기간이 경과하지 않아 환매를 못하는 경우가 비일비재하다. 물론 이렇게 수익이 난 상태에서 환매 여부를 놓고 갈등하는 것은 행복한 고민이다. 따라서 펀드에 가입하기 전에 환매 수수료 부과기간을 반드시 확인해야 한다. 현재 상승하고 있는 시장이 향후 최소 3개월에서 6개월 이상 흐름을 지속할 수 없다면 당장 펀드 가격이 급등한다고 한들 아무 소용없다. 환매 수수료를 물리는 기간이라면 아예 이익을 실현하겠다는 마음을 갖지 않는 것이 좋다.

그렇다고 펀드로도 단타를 칠 수 없는 것은 아니다. 환매 수수료가 없는 펀드에 투자했다가 단기간에 수익이 발생하면 재빠르게 환매하는 방식이다. 주식투자하듯이 펀드에 투자하는 사람이 많아졌는데 중국시장 급등의 영향으로 가능한 것이지 올바른 펀드 투자 방법은 아니다. 처음부터 단타를 노리고 펀드에 가입했다기보다는 우연히 시기가 잘 맞아떨어져 단기간에 수익이 발생하여 챙긴 특별한 경우다.

펀드는 중장기 관점에서 투자해야 짭짤하게 수익을 낼 수 있지 며칠 만에 "수익이 났다"고 좋아할 이유는 없다. 실제로 단기에 자금을 회수한 사람보다 느긋하게 보고 있던 펀드투자자들이 추가로 몇 달 만에 40~50%의 수익을 더 올릴 수 있었다. 중장기적으로 투자하더라도 이익을 실현하기 위해선 언젠가는 환매를 해야 한다 이럴 때 몇 가지 기준을 정해놓으면 후회하지 않게 된다.

환매는 기술

환매는 기술이다. 환매를 어떤 시기에 어떻게 하느냐에 따라 수익을 극대화시킬 수 있다. 하지만 주식처럼 꼭대기에서 환매할 생각은 하지 않는 것이 좋다. 여유롭게 매수하고 여유롭게 수익을 실현해야 한다.

가장 많이 사용하는 환매 방법은 환매 수수료 부과기간이 지난 펀드가 자신이 생각한 목표수익을 초과달성하면 일단 환매하는 방법이다. 펀드에 가입할 때 1년에 어느 정도 수익이 나면 만족할 것인가를 생각해보고 단기간에 목표치를 달성했다면 기간과 상관없이 환매하는 방법이다. 이런 경우가 가장 이상적인 펀드투자를 했다고 할 것이다. "더 상승하면 어떻게 하지?"라는 생각이 들 수도 있겠지만, 펀드 이익을 실현해서 나온 이익금과 합쳐서 더 좋은 펀드에 가입한다면 수익을 극대화하는 계기도 될 수 있으므로 아쉬움을 털어버리자.

2 적립식은 만기까지

적립식 펀드라면 만기까지 꾸준히 가지고 가는 방법도 나쁘지 않다. 적립식 펀드는 매번 같은 날, 동일한 금액을 불입해야 하는 것으로 믿기 쉬운데 그렇지 않다. 언제든지 불입일과 불입 금액을 변동시킬 수 있다.

만기 이후에는 수수료 없이 환매할 수 있다. 자신이 들고 있는 적립식 펀드가 마음에 들지 않으면 불입기간 중이라도 불입을 중지하고 그동안 불입한 금액만을 가지고 만기까지 끌고 가거나 환매 수수료 부과기간 이후에 환매하면 된다. 적립식이라도 환매 수수료 부과기간이 끝난 금액에 한해 환매하면서 만기까지 끌고 갈 수도 있다. 이런 식으로 자금 운용을 탄력적으로 하면서 펀드의 운용 성과를 지켜보다가 수익이 나지 않으면 중간에라도 환매해야 한다.

3 급변하는 시장에 신속 대처

한 번에 목돈을 펀드에 넣은 경우에는 시장의 급변화가 발생했을 때 환매를 즉각적으로 고려해야 한다. 장기 트렌드로 상승한다는 확신이 있을 경우에는 환매보다는 추가로 더 불입하는 전략과 환매 여부를 동시에 생각해야 하는데 시장 상황이 나빠졌다고 무조건 환매하는 것은 추가로 매수하는 전략보다 결과가 좋지 않을 수 있다. 그만큼 긴박하게 움직이는 시장보다 펀드의 운용은 더 여유롭게 해야 한다.

종합주가지수가 급락할 때 겁내는 사람보다 추가로 펀드에 가입하려는 사람이 더 많아진 것은 이런 방법이 유효하다는 것을 보여준다. 결론적으로 자신이 운용할 수 있는 자금을 한꺼번에 투자하는 것보다 재투자할 자금을 남겨두고 펀드에 투자하는 것이 좋다.

펀드 갈아타기

이미 펀드에 상당 부분 불입했는데 다른 펀드가 좋아 보인다면 과감하게 교체할 필요가 있다. 수익이 나지 않는 펀드는 우리가 모르는 이유가 있으며 펀드 운용 능력이 떨어지는 것으로 판단하고 특성이 비슷한 펀드라도 잘나가는 펀드로 갈아타는 것이 후회가 없다. 버릴 것은 버리고 자기 맘에 쏙 드는 펀드를 지켜보는 것이 기분이 좋다.

펀드 환매 방법

- 환매 수수료 부과기간이 지나고 이익이 날 때 환매한다
- 목표수익을 달성했다면 여유롭게 환매한다.
- 수익이 저조하면 불입을 중지하고 환매 수수료 부과기간 이후에 환매한다.
- 적립식은 만기 후 환매하되 만족스럽지 못하면 중간에라도 불입을 중단하고 환매 수수료를 물지 않는 기간에 환매한다.
- 거치식은 시장의 변화에 민감하게 대응하되 환매할 시기인지 재투자할 시기인지 결정한 후에 환매한다.
- 펀드 매수도 분할, 환매도 분할로 한다.
- 수익이 기대보다 저조하면 가능성 있는 펀드로 과감하게 갈아탄다.

환매 시 주의할 사항

구분		당일	2일째	3일째	4일째	5일째
주식형 펀드	3시 이전	환매 청구 (당일 종가 기준)			환매금 지급	
	3시 이후	환매 청구 예약	환매 청구 (2일째 종가 기준)		환매금 지급	
혼합형 펀드	5시 이전	환매 청구	2일째 종가 기준		환매금 지급	
	5시 이후	환매 청구 예약	환매 청구	3일째 종가 기준		환매금 지급

환매 시 기준가격 결정과 환매대금 지급일

　　국내 주식형 펀드를 환매할 때는 증시 마감시간인 오후 3시 이전에 환매 신청을 하면 된다. 그러면 당일 종가를 기준으로 얼마를 내줄지를 결정하고, 통상 4일째 되는 날 돈을 내준다. 오후 3시 이후에 환매를 신청하면 다음 날 열리는 증시까지 반영해 2일째 종가를 기준으로 역시 4일째 돈을 돌려준다. 평균 4일(영업일 기준) 정도 걸린다고 보면 된다. 따라서 주가가 치솟는 날이라면 오후 3시 이전에 환매를 신청하는 것이 유리하다. 만약 오후 3시 이후에 환매를 신청했는데 다음 날 주가가 폭락하면 손해를 보게 되므로 국내 주식형 펀드는 장 마감 시간(오후 3시) 전에 의사결정을 하는 것이 좋다.

　　해외주식형 펀드는 환매하는 데 8~9일 정도가 걸린다. 나라별, 펀드별로 지급일이 다르다. 시차 때문에 오후 5시 전후를 기점으로 기준가를 반영하는 펀드도 있고 오후 3시 전에 환매 신청해야 하는 펀드도 있으니 주의해야 한다. 펀드의 환매 기준가격도 당일로 하지 않고 며칠 뒤의 가격으로 산정한다. 그리고 환매된 자금은 약 8영업일째(또는 9영업일째) 돌려준다. 이처럼 환매하는 데 시간이 걸리기 때문에 성격 급한 사람은 지치기 쉽다. 또 그런 이유로 환매를 신청할 당시보다 며칠 뒤에 해외증시가

폭등 혹은 폭락할 경우 예상보다 돈을 더 받거나 덜 받는 일도 생긴다.

가장 효과적인 환매를 하려면 환매 규정만 아는 것으로는 부족하다. 적절한 타이밍을 잡아 수익이 많이 났을 경우에는 일시에 환매하고 더 욕심이 난다면 분할해서 환매하면 된다.

3 주식&펀드투자를 하기 전에 꼭 알아야 할 기초 지식

경기흐름을 읽어야 투자에 성공한다

주식과 주식시장에 대한 기초 지식

증권기사를 돈으로 만드는 방법

금융상품 지식에 돈 있다

INVEST IN STOCKS

경기 흐름을
읽어야
투자에 성공한다

경기 흐름을 어떻게 알 수 있나?

1 | 일반인은 경기 흐름을 피부로 느끼지 못해

신문 경제면의 톱기사를 차지하는 글은 언제나 '경기'에 관한 것이다. "경기가 4년 만에 최악의 국면을 맞고 있다", "경기호전의 징후가 서서히 나타나고 있다", "경기회복의 기대가 확산되고 있다"는 등의 경기 관련 기사가 신문을 펼쳐든 순간 제일 먼저 눈에 들어온다.

신문을 편집하는 데스크에서는 왜 그런 얘기를 첫 머리기사로 올릴까? 간단하다. 독자에게 가장 알려주고 싶은 기사이기 때문이다. 또 독자가 먼저 알아야 하는 내용이기도 하다. 만약 주식과 경기가 서로 같은 방향으로 움직인다면 주식투자자로서는 더 관심이 갈 것이다.

"경기가 좋지 않아 살기 힘들다", "개업하고 이렇게 장사가 안 되는 건

처음 있는 일이다"며 시장 상인들의 말을 직접 인용하기도 한다. 그런 한탄을 듣는 보통 사람들은 "혹시 사업 능력이 부족해서 장사가 안 되는 것을 경기 탓으로 돌리는 건 아닐까?" 하고 의심이 들면서도, "경기가 나빠졌다는데 나에게 좋지 않은 일이 생기면 어쩌지?" 하며 걱정하기도 한다. 경기 사정에 따라 직접 고통을 느끼는 사람도 있지만, 고정 급여를 받는 사람은 체감 정도가 낮아 실감하지 못하는 경우도 많다. 경제연구소에서 "시간이 갈수록 경기가 나빠진다"고 말해도 월급 통장에 꼬박꼬박 돈이 들어오니 남의 일처럼 느껴지는 것이다.

하지만 주식에 투자하는 봉급생활자들은 좀더 거시적으로 경제를 봐야 눈이 트인다. 자신의 입장에서 벗어나 장사하는 사람들이 어떻게 생각하고 있는지 관심을 가지면 경기 흐름이 피부에 와닿는다.

우리가 경제학자도 아닌데 '경기의 흐름'을 알자면 머리가 아프다. 또 구체적으로 알 수도 없다. 설령 '경기가 나빠지고 있다'고 하더라도 뭘 어떻게 할 수 있는 입장도 아니다. 대부분의 사람들은 그저 흘러가는 상황에 맡긴 채 살아갈 뿐이다. 나라 경제를 책임지고 있는 경제부처의 장도 아니니 '냉정하고 합리적인 기준'으로 현실을 바라보는 것만으로 충분하다. 그렇다고 경제정책에 대해 방관자가 되라는 뜻은 아니다. 경제 상황이 나쁘면 나쁜 대로, 좋아지면 좋아지는 대로 경기의 흐름을 정확하게 꿰뚫어보려는 노력을 하자는 것이다. 그래야 경기의 흐름에 맞춰서 주식투자에 도움이 되는 적절한 기준을 세울 수 있다.

경기와 주식의 관계를 이해하기 전에 먼저 생각해야 할 점이 있다. 주식투자자의 입장에서 경기 흐름을 냉정하게 바라보자는 것이다.

경기 사이클과 주식 사계절

"경기는 사이클을 가지고 움직인다"고 한다. 그러나 '지금의 경기 상황이 어떤지'는 정확히 알기 어렵다. 그것만 제대로 안다면 주식투자의 해답을 절반은 찾은 셈이다. 그 이상일 수도 있다. 금리나 환율을 이해하는 것보다 더욱더 중요한 일이다. "경기 사이클보다 앞서 주가가 움직인다"는 말이 있다. 주식투자를 잘하기 위해서는 경기를 알아야 한다.

그렇다면 주식을 싸게 살 수 있는 시기는 과연 언제일까? 경기가 바닥을 치고 상승기로 돌아서기 직전이 가장 유리한 시점이다. 과연 그 시점을 알 수 있는 방법은 없을까?

일본의 우라카미 구니오는 "경기 흐름에 따라 주가 움직임도 변하는데 그 특징이 따로 있다"고 주장했다. 우리나라에도 그의 책《주식시장 흐름 읽는 법》이 소개돼 당시 펀드매니저들을 포함한 많은 전문투자가들이 투자교과서로 삼을 만큼 폭발적 인기를 끌었고, 주식투자자들이 새로운 시각으로 '경기 흐름'을 바라보게 하는 데 큰 영향을 미쳤다. 그로 인해 많은 사람들이 "주가는 경기에 선행한다. 지금의 경기 사이클이 어느 시점인지 알면 주식투자에 성공할 수 있다"는 생각을 가지게 되었다.

우라카미 구니오의 이론을 간단히 소개하면 이렇다. "경기는 큰 사이클을 그리면서 움직인다. 즉 회복기·성장기·쇠퇴기·침체기 등 네 국면으로 나타나며, 각 상황마다 시장을 주도하는 업종이 다르다. 40여 년간을 조사해본 결과 시기에 따른 주가 움직임이 비슷했다. 또 이렇게 경기가 변하면서 주식시장의 특성이 변하는 것을 주식시장의 사계절이라고 말할 수 있다"는 내용이다.

몇 십 년간 일본의 주식시장 흐름을 조사한 결과라서 더욱 관심이 간다. 또 경험에서 나온 얘기라 설득력 있게 들린다. 그의 말이 우리 실정에 똑 맞아떨어지는 것은 아니어서 조금 낯선 내용이 많지만 누구나 쉽게 이해할 수 있는 현장감 있는 분석이 한눈에 들어온다.

우리나라에도 이와 비슷한 내용을 담은 책이 있다. 정남구 기자의《한국 주식시장 흐름 읽는 법》이라는 책인데, 우리나라 주식시장을 경기 각 상황마다 상승을 주도한 종목을 분석 소개한 글이다. 일본과 우리나라의 주식시장을 '경기 흐름' 속에서 분석한 두 사람의 공통적인 주장은 "경기와 주가는 서로 관련이 있다"는 것이다.

주가 상승은 경기 상승보다 한 발 앞서 움직인다는데 어떻게 알 수 있나?

1 주가가 경기를 앞서간다?

"경기가 좋아질 때는 주가가 먼저 상승하고, 경기가 나빠질 때는 주가가 먼저 하락한다"는 말이 있다. 하지만 이에 대해 의문이 생긴다.

"현재의 경기가 어떤 상황인가?"

"경기가 앞으로 어떻게 전개될 것인가?"

"언제 경기가 회복될 것인가?"

"경기가 나빠지는 것을 우리 일반투자자는 어떻게 알 수 있나?"

이런 질문에 정확히 답할 수 있을 것 같지는 않다. 증권회사에서 오래 근무했어도, 그리고 주식투자를 오래했어도, 이에 대한 답을 얻기는 힘들다. 경기에 변화가 와도 소리가 나지 않기 때문이다. 그것만 알면 주식시장에 잘 적응할 수 있을 텐데, 그게 어디 쉬운 일인가? 그래서 경기 사이클에 대한 기본 상식을 놓치지 않고 여러 상황에 적합한 투자 방법을 익히는 것이 매우 중요하다.

"주가가 경기를 앞서 가는가?", "주가는 경기에 선행하는가?"라는 질문에는 실제로 경기 흐름과 주가를 비교해보면 된다고 했는데, 이론적으로 경기가 어떻게 주가를 움직이는지 알아보자.

2 | 경기가 호전할 때 주가 상승

경기가 좋아지고 있다고 가정해보자. 경기호전이 주가 상승을 유도하는 과정이다. 산업 전반에 걸쳐서 상품이 잘 팔린다. 그동안 창고에 쌓아두었던 재고가 점점 줄어들고 생산량이 늘어난다. 공장 가동률이 높아지면서 기업은 생산에 필요한 재료를 구입한다. 납품회사의 영업활동도 증대한다. 생산활동이 활발해지면서 인력 수요가 늘어난다. 노동자의 소득이 늘어나면서 소비가 늘어난다. 그 덕분에 기업은 더 많은 상품을 판매하게 되고 이윤이 발생한다. 기업 활동으로 이익이 창출되는 것을 확인한 기업가는 더 많은 투자를 한다. 공장과 시설투자가 늘어나면서 이에 따른 설비 증설로 일자리는 더욱 늘어난다. 국가적으로 수요가 증가하고 개인들의 부가 축적된다. 기업의 실적이 눈에 띄게 호전되면서 사람들은 그 회사 주식에 관심을 가지고 투자한다. 주식시장에 자금이 유입되면서 주가가 상승한다.

경기 호전이 주가 상승을 일으키는 과정

상품 판매량 증가 → 재고 물량 감소 → 생산량 증가 → 공장 가동률 증가 → 인력수요 창출 → 소득 증가 → 소비규모 증가 → 기업 이윤 증대 → 기업 재투자 활동 → 국민 총수요 증대 → 주식시장으로 자금 유입 → 주가 상승

---

3 | 경기가 하락할 때 주가 하락

반대로 경기가 나빠지는 상황을 가정해보자. 경기가 나빠지는 흐름에는 경기가 좋았다가 나빠지는 경우도 있고, 나쁜 상황에서 더 나빠질 수도 있다. 경기가 최고점을 지나 나빠지는 상황부터 보자.

경기 하락이 주가 하락을 부추기는 과정이다. 경기가 과열되면 정부는 경기를 진정시키기 위해서 긴축 정책을 쓴다. 자연스럽게 경기를 위축시켜 금리나 통화량을 조절하려 한다. 그러면 기업들은 생산활동을 둔화시켜서 경기가 나빠질 것에 대비한다. 생산량을 줄이면 개인의 일자리가 줄어들고 소득이 감소한다. 소득 감소로 개인들은 소비를 줄일 수밖에 없으며, 소비를 하지 않게 되면서 상품 판매량도 점차 줄어든다. 그렇게 되면 기업은 더욱 생산활동을 줄이려고 하며 신규 투자를 억제한다. 더 이상 고용 창출이 일어나지 않는다.

국민 총수요가 크게 위축되면서 소비가 줄어들자 기업 이윤도 크게 떨어진다. 개인의 주머니 사정도 어려워져 주식에 관심을 갖지 않고, 기업의 실적호전을 기대하지 못하기 때문에 주식시장으로 자금이 유입되지 않는다.

그러면 기업 실적은 더 나빠지고 주가가 하락한다.

기업이 생산활동을 늘리려면 기존 시설로는 부족하다. 따라서 신규 시설을 늘려야 하는데 이를 신규 설비투자라 한다. 새로운 사업이나 생산량을 늘리기 위해 행하는 시설투자로서 경기회복에 대한 자신감이 없으면 일어나기 힘들다. 이러한 설비투자는 경기회복에 대한 기업들의 판단에 따라 달라지는데, 이는 기업실사지수로도 알 수 있다.

주가와 경기를 연결해 파악하기 위해서는 서로 굴고 물리는 연관성을 이해해야 한다. 큰 흐름을 이해하면 경기가 어떻게 주가에 영향을 미치는지 알 수 있다.

경기 사이클의 변곡점에서는 좋은 투자기회가 오기도 하고, 막대한 투자손실이 발생하기도 한다. 주식투자하는 사람의 입장에선 '경기 변화'를 파악하는 일이 무엇보다도 중요하다.

4 주가는 경기와 무관하게 움직일 수도 있다

주가가 경기와 무관하게 움직였던 사례도 있다. 종합주가지수가 1992년 8월 460포인트에서 1994년 11월 1100포인트에 이르는 급등 장세는 어떤 거시경제 지표로도 설명하기 어렵다. 같은 기간 경기선행지수는 18.5% 상승한 반면, 종합주가지수는 149% 상승했기 때문이다. 경기호전 정도보다 주가가 지나치게 급등한 경우다.

이때는 경기에 대한 확신보다 외국인 주식투자 한도 확대에 따라 자금이 일시에 유입되는 유동성 장세로 이해해야 한다. '돈으로 밀어붙이는 장'이 선 것이다. 흔히 말하는 '유동성 장세'다. 언뜻 보면 돈과 관련된 금융주가 상승을 주도하는 장세로 알기 쉽지만, 반드시 그런 것만은 아니다. 금융주도 하나의 대상일 뿐이다. 외국인 투자자의 돈으로 주가가 상승한 종목은 업종 대표주, 특히 반도체·통신·인터넷주였다. '유동성 장세'에 대한 확실한 구분이 필요하다.

경기 흐름이 주식시장에 자금을 유입시키는 중요한 요소이지만 외국 자본의 급격한 유입으로 시장에 자금이 넘쳐나게 되었고, 그것이 주가를 끌어올렸던 것이다. 물론 이러한 경기 상황을 무시한 주가 상승은 일정한 상승이 지나고 나면 거품이 해소되는 과정을 겪게 되는데, 실제로 1998년 6월 종합주가지수가 280포인트대로 추락한다.

그 당시의 경험을 통해 투자자들은 "경기가 하락하는 상황에서 다른 요인으로 인해 주식시장에 자금이 몰려들 경우 일시적으로 주가는 상승할 수 있지만 언젠가 원래의 위치로 돌아간다"는 뼈저린 교훈을 얻었다.

경기가 좋아진다는데 주가는 하락할 수 있나?

주가는 미래에 대한 현재의 반영

주가와 경기의 상관관계를 파악했다면 이젠 주가의 선행성을 이해해야 한다. 이론적으로 주가는 실물경기를 선행해 반영한다. 만약 주식시장이 투자자들의 동원 가능한 모든 정보를 반영하는 효율적 시장이라면, 주가는 경기에 대한 투자자들의 예상을 반영해 경기 흐름에 선행해야 한다.

왜 그럴까? 주가를 결정하는 정보 가운데 주가와 가장 밀접하게 관련된 것은 '기업의 미래실적'이다. 현재 기업 실적이 좋다고 하더라도 내년 또는 앞으로 실적이 나빠질 것이라는 예상이 지배적이라면, 또 그것이 확실하다면 주가는 하락한다. 그러한 정보를 입수한 펀드매니저와 외국인 투자자들이 그 주식을 처분하려 하기 때문이다. 경기가 좋은 상태에서도 주가에 곧바로 영향을 미치는 '기업 실적 악화'는 현재 경기 상황에 상관없이 주가가 하락하는 원인이 된다.

반대로 현재 경기가 나쁘더라도 향후 실적이 좋아질 것으로 예상한다면 미리 그 정보를 입수한 사람은 주식을 매수한다. 선취매를 하는 사람은 기업 분석에 능통한 펀드매니저와 외국인 투자자들이지만 시간이 지난 후에는 그 귀중한 정보도 신문이나 뉴스를 통해서 많은 사람들이 알게 되고 실적호전을 확신한 투자자들이 주식을 매수하려 들면서, 경기 상황이 좋지 않음에도 불구하고 주가는 상승할 수 있다.

"현재의 경기 하나만을 가지고 주식시장을 판단하지 말라"는 이유가 여기에 있다.

2
경기 하락과 주가 상승

그러나 경기를 분석하는 것만으로는 주식투자에 성공하기 어렵다. 현재의 경기호전이 주가 상승으로 나타나지 않는 경우도 많기 때문이다.

"모든 여건이 좋아지고 있는데도 주가가 하락한다."

이를 어떻게 해석해야 할지 난감할 때가 있다. 그것은 경기가 상승곡선을 그리면서 호전되고 있지만 향후 경기 상황에 큰 변화(경기가 나빠질 징후)를 가져올 요인이 추가 매수를 방해하는 이유로 작용하기 때문이다. 경기가 본격적으로 상승하지 못하고 다시 악화될 가능성이 높다는 우려가 나타나면 현재의 경기호전과 반대로 주가가 하락한다.

가장 상식적인 설명으로는 "주가는 미래에 대한 예상을 반영하므로 실물경기보다 한참 앞서간다"는 것이다. 주가는 경기보다 보통 6개월에서 9개월 정도 앞서서 움직인다고 한다. 이는 물론 경험적 수치다. 정확한 것은 주가가 바닥이나 상투를 지나봐야 아는 것처럼 경기도 시간이 지나봐야 알 수 있다.

그러나 분명한 사실은 주가는 경기보다 앞서 움직이므로 경기선행지표라는 점이다. '현재의 경기 상황'보다 '미래의 경기 상황'을 이해해야 하는 이유가 여기에 있다.

경기 흐름을 어떻게 주식투자에 연결하나?

1
경기를 예측하는 실력이 없다면 남의 지식을 빌려야

주가는 경기에 앞서서 움직이는 선행지표라고 했는데, 일반투자자들은 경기의 흐름을 어떻게 파악해야 할지, 또 경기의 흐름을 파악했다 하더라도 어떻게 주식투자에 활용할지 고민이 생긴다.

"앞으로 반년 또는 1년 후의 경기 상황을 예측할 수 있어야 한다"고 하는데 "지금의 경기도 판단하기 힘든 판에 앞으로의 경기를 예측하라"니 더 어렵게만 느껴진다.

주식시장의 큰 흐름을 잡아나가기 위해서는 반드시 경기 사이클을 알아야 한다. 무엇보다 경기의 확장, 정점, 수축, 바닥 등 네 순환구조에서 지금이 어느 국면에 있는지 경제 주기를 파악한 후 상황에 맞는 투자를 결정해야 한다. 그렇지 않으면 날마다 가장 발 빠르게 움직이는 종목을 골라내는 편이 훨씬 낫다. 가장 좋은 방법은 투자자 자신이 모든 내용을 알아내려고 하지 말고 전문가의 눈과 귀를 빌리는 것이다.

경제연구소의 전문가는 우리나라 경기뿐 아니라 세계 경기가 좋아지고 있는지 나빠지고 있는지를 하루 종일 연구하는 사람들이다. 경기선행지표와 경기동행지표를 통해 현재의 경기 상황이 어떤지를 추출해내는 것이 그들의 일이다. 자신이 연구한 결과를 펀드매니저나 기자들에게 알려주기도 한다. 경제신문은 그 내용을 인용해서 독자들에게 우리나라의 경기 상황을 알려준다. 그렇게 발표한 내용 가운데에는 빗나가는 것도 있을 테고 들어맞는 것도 있을 것이다.

하지만 골치 아픈 일을 대신해주는 전문가의 말에 귀 기울일 필요는 있다. 효율적인 방법으로 남의 지식을 빌리는 것은 괜찮다. 내가 머리 싸매고 연구하지 않아도 된다. 경기가 어떤 이유로 좋아질 것인가보다 좋아지는 시기가 언제쯤인가에 초점을 맞춰 관심을 가지면 된다. 주식은 타이밍이 중요하므로 대략적인 경기 변화의 변곡점을 예상해보아야 한다. 예측이 맞았는지 틀렸는지는 그 다음에 판단할 일이다. 발표된 내용을 그대로 활용하는 게 낫다.

구성	선행지수	동행지수	후행지수
경기종합지수 구성지표			
구성지표	입이직자 비율 중간재 출하지수 내구소비재 출하지수 건축허가 면적 건설용 중간재 생산지수 기계수주액 재고순환지표 총 유동성 수출신용장 내도액 수출용 원자재 수입액	노동투입량 산업생산지수 제조업 가동률지수 생산자 출하지수 전력 사용량 도소매 판매액 지수 비내구소비재 출하지수 시멘트 소비량 수출액 수입액	비농가실업률 상용 근로자 수 도시가계 소비지출 기계류 수입액 생산자 제품 재고지수 회사채 유통수익률

경기종합지수는 생산, 투자, 소비, 고용, 금융, 무역 등 경제 각 부문의 지표 중에 경기를 잘 반영하는 주요 지표를 선정해 이것들의 움직임을 종합하여 만든다. 경기종합지수를 바탕으로 전체 경기의 변화방향, 국면, 전환점을 판단하고 예측한다.

경기선행지수로는 앞으로의 단기적인 경기를 예측하고, 경기동행지수로는 현재의 경기상태를 측정하며, 경기후행지수로는 현재 경기를 사후적으로 확인한다.

이 가운데 경기선행지수가 주식투자에 가장 유용하게 활용된다. 이는 기계수주액, 건축허가면적, 수출신용장(L/C)내도액, 총 유동성(M3) 등과 같이 경기에 대해 선행성이 높은 것으로 검증된 10가지 지표의 움직임을 종합해 작성하며, 실제 경기 움직임을 약 6~9개월 앞서 예고하는 지표이기 때문이다. 일반적으로 경기가 좋아지는지 나빠지는지는 경기선행지수의 전년 동월비가 전월에 비해 증가했는지 감소했는지 여부로 판단한다.

예를 들어 포커 게임을 한다고 해보자. 게임에 참여한 사람에게 주어지는 7장의 카드 중 바닥에 깔린 4장을 보고 다른 사람의 패를 추측해낼 줄 알아야 승부에서 이길 수 있다. 가끔은 상대방이 보이는 패를 거짓으로 보고 머리를 굴려 다른 쪽으로 생각하기도 하는데, 보이는 대로 상대방의 패를 그대로 읽는 편이 실패를 줄일 수 있다. 이미 오픈된 상대방의 카드가 자신을 누를 수 있는데도 이를 무시하고 무모하게 달려들다가 호되게 당할 수 있기 때문이다. 카드 게임에서는 상대방의 감춰진 패를 읽을 수 없도록 되어 있어 판단하기 힘들지만, 경기 상황을 보이지 않는 카드와 비유하면 재미있다. 보이지 않는 패를 억지로 생각하다가 오히려 큰 낭패를 볼 수 있듯 전문가가 보여주는 여측에 베팅하는 편이 더 안정적이다.

경기 흐름을 자신의 억측으로 판단하지 말라는 의미다. 경기를 움직이는 요인은 모두 드러나 있다. 돌발적인 천재지변이나 외환위기와 같은 특별한 경우를 제외하곤 예외는 없다고 봐야 한다. 경제연구소에서는 수많은 자료를 바탕으로 경기 움직임을 판단하기 때문에 특별히 다른 상황이 나오기 어렵다.

그러므로 경기에 대한 판단은 전문가의 입장을 따르는 편이 낫다. 다만 그러한 경기의 움직임을 이용해서 현재 어떻게 대처할 것인가를 투자자는 잘 생각해야 한다.

경기저점 판단 방법과 투자전략

경기 사이클 위치 파악	투자 의사결정, 전문가 의견 수렴	투자전략 수립

한국은행 발표
각종 민간연구소 발표

경제신문에 보도
경기에 대한 향후 전망
증권회사 리포트 검증

경기 회복 시
• 주식 비중을 늘린다
• 지수와 연계된 간접상품 투자
• 실적호전 기업 관심
• 외국인 선호종목 파악
• 채권투자 축소

경기 하강 시
• 주식 비중 축소
• 간접 금융상품 중 주식형
  상품보다 채권형 선호
• 장기투자보다 단기투자로
  효율적 자산 운용

2 주가로 경기 흐름을 역추적할 수 있다

주가가 경기에 선행한다는 말이 경험적으로 맞다면, 역으로 주가를 경기 흐름을 예측하는 유용한 정보 변수로 활용할 수 있다. 경기 움직임으로 주가가 움직이기도 하지만 주가 움직임으로 경기를 예측하는 것도 가능하다.

현재 경기가 나쁜데도 주가가 올라간다면, 앞으로 경기가 바닥을 치고 상승할 가능성이 높다고 판단하는 사람들이 많다는 얘기다.

재미있는 사실 하나. 주가가 경기에 앞서 움직인다고 하니 경기선행지

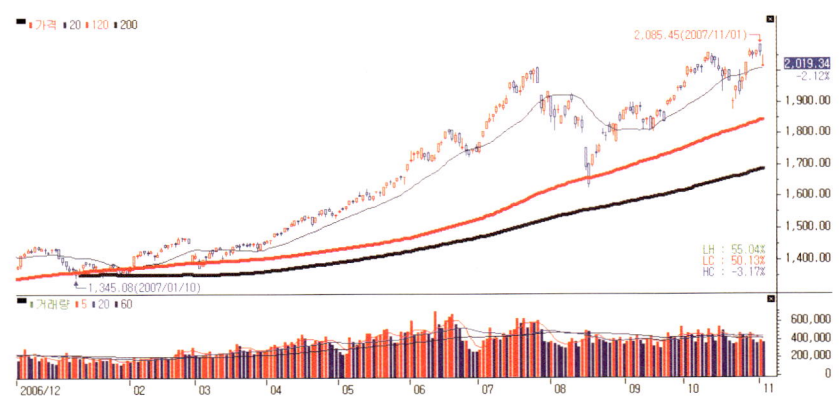

120일선이 200일선을 상향 돌파하면서 대세 상승을 이끈 종합주가지수 차트

코스피 차트에서 120일선과 200일선은 경기의 큰 흐름을 알려준다. 경기호전이면 상승 각도를 이루고 경기 하강이면 하락 각도를 보여준다. 종목 차트에서 120일선과 200일선은 그 회사의 1년 영업실적을 의미한다. 장기적으로 실적이 호전되는 회사의 주가 차트는 장기선이 상승 커브를 그리고 있다. 실적이 호전되지 않으면 장기선은 상승하지 못하는 경우가 많다.

수일 것 같지만 현재 통계청이 사용하는 경기선행지수 항목에는 종합주가지수가 포함되어 있지 않다. 그 이유는 주가가 경기를 얼마만큼 앞서 움직이는지 시차가 불규칙하고, 변동성이 너무 커 경기선행지수에 포함할 경우 오히려 경기선행지수의 신뢰성을 떨어뜨리는 결과를 가져올 수 있기 때문이다.

하지만 투자자의 입장에서는 경기 흐름을 예측하는 도구로 충분히 활용할 수 있다. 예를 들어 일시적인 주가 상승이 있다고 해도 향후에 경기가 좋아질 것이라고 예측하기는 힘들지만 120/200일 이동평균선이 상승으로 전환하면 확실히 경기가 호전될 것으로 예측할 수 있다. 대세가 움직여야 경기 상승을 예측할 수 있는데, 주가 움직임으로 향후 경기를 판단하고자 할 때는 주가의 장기이동평균선의 상승 전환을 바탕으로 하면 실수가 없다.

경기가 좋아지는지 나빠지는지 어떻게 알 수 있나?

경제지표 중 경기선행지수가 중요

경기가 좋아지고 있는지 나빠지고 있는지 어떻게 알 수 있을까? 일반투자자는 전문가의 연구 결과를 잘 살펴보는 것으로 충분하다.

예를 들어 경기가 저점에서 탈출할 때는 "경기선행지수가 종합주가지수를 한두 달 선행해 전환점이 거의 비슷하게 움직이는 양상을 보인다"고 한다. 종합주가지수가 경기선행지수와 거의 비슷하게 움직인다는 것은 '경기 흐름에 그만큼 앞서간다'는 것을 의미한다.

주가가 경기 흐름보다 앞서서 움직인다고 했으나 경기선행지수와 동행한다는 점이 중요하다. 1998년과 2001년을 보면 주가 상승보다 경기선행지수가 먼저 상승으로 돌아선 것을 알 수 있다. 경기선행지수가 상승 반전했는데 주가가 하락한다면 좋은 매수 기회다.

2 | 경기선행지수 상승 시점이 펀드매니저 매수 시점

더 실전적인 얘기를 해보자. "경기선행지수를 통해 앞으로 주식시장이 상승할 수 있는지 여부를 알 수 있다"고 했는데, 대부분 차트 분석이 그러하듯 시간이 어느 정도 지나고 나서야 "그때가 바닥이었는데……" 하고 깨닫는다. 일반투자자가 매일 그것을 어떻게 알 수 있겠는가?

하지만 전문가 투자집단인 외국인 투자자와 기관투자가는 이러한 분석에 뛰어나다. 그들은 분석한 결과를 토대로 시장에 투입할 자금 규모를 조절한다. 전체 주식시장을 바라보는 눈은 경기호전 여부에 달려 있다고 봐도 무방하다. 외국인 투자자나 기관투자가의 매수량이 늘어나면 그때는 어떤 이유가 있는 것인데 기준은 '경기의 호전 가능성'이다.

2003년 5월과 7월 사이에 외국인 투자자는 거래소에서만 5조 8천억 원 이상의 주식을 사들였다. 개인투자자들이 4조 원을 순매도하는 매도 우위를 보인 것과는 대조적인 매매 패턴이었다. 문제는 주가가 어떻게 되었느냐 여부인데, 종합주가지수는 595포인트에서 724포인트로 120포인트 이상 상승했다. 개인들은 보유 주식을 빼앗기고 팔짱만 낀 채 상승장을 지켜본 셈이다. 이처럼 외국인 투자자가 완전히 시장을 주도하며 상승을 이끌었다.

"그들은 왜 집중적으로 우리나라 주식을 사들였을까?" 단순하게 경기선행지수 하나만을 놓고 비교해본다면, 그들은 향후 경기의 회복 가능성에 중점을 두고 삼성전자와 NHN 같은 대표 종목의 보유 비중을 늘리면서 마치 '우리나라 전체 주식시장'을 사기라도 하려는 듯 행동했던 것이다. 이렇듯 경험적으로 경기선행지수가 상승으로 돌아서는 시점이 외국인 투자자의 집중적인 매수 시점과 맞아떨어지는 것을 보면서 투자자들은 '경기선행지수'에 대한 중요성을 다시금 확인하게 되었다. 경기순환 과정에서 국내 경기가 어느 단계에 있으며 외국인 투자자들은 어떻게 인식하고 있는가를 판단해서 투자할 것인가 말 것인가를 결정해야 한다.

경기가 바닥이라는 것을 확인하기 어려울 때는 어떻게 해야 하나? 경기선행지수로 판단하기 어려울 때는 거시경제지표 중 국내총생산(GDP) 동향과 병행해 활용하면 유용하다. 동행지표와 함께 선행지수가 상승으로 돌아선다면 장기적인 경기회복 국면이 나타나므로 투자전략도 더욱 장기적인 관점에서 세워야 한다.

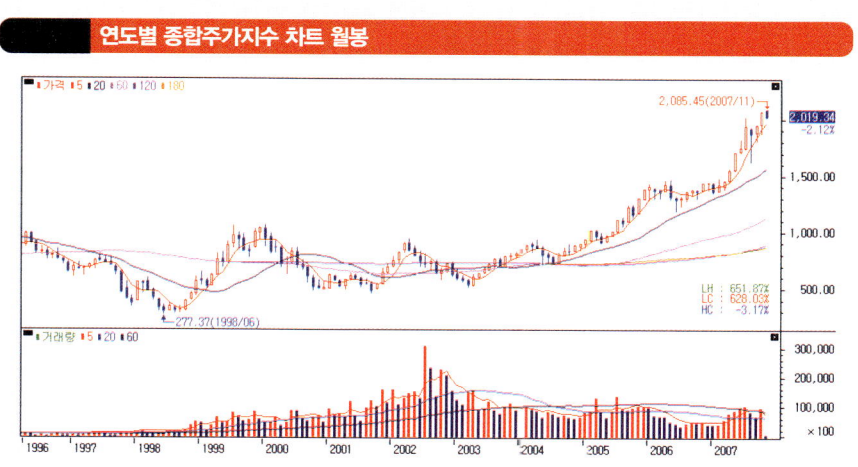

연도별 종합주가지수 차트 월봉

2003년 외국인이 매수한 이후 경기호전으로 주가는 지속적으로 상승했다. 경기선행 지표의 상승 반전과 종합주가지수의 상승 반전이 거의 일치한다. 따라서 경기에 관련된 지표 중 선행지표가 현실에 정확히 적용된다는 것을 인식해야 한다.

그러나 동행지표의 상승 반전 없이 경기선행지수만 반등할 경우 단기적인 경기회복이므로 주식시장도 크게 올랐다가 다시 원점으로 하락하는 모습을 보일 가능성이 크기 때문에 섣불리 나서서는 안 된다.

또한 경기의 상승 전환 과정도 완만하게 나타나 U자형과 외환위기 때처럼 경기가 급반전하는 V자형, 더 이상 하강하지 않고 옆으로 횡보하는 L자형 등 다양하게 나타날 수 있으므로 어떤 형태의 경기회복 국면인가를 판단해야 한다. 물론 자신이 모든 내용을 파악할 수 없으므로 한국은행이나 통계청, 민간경제연구소의 리포트를 참조해 판단한다.

경기 상황에 따라 투자 방법을 달리해야 하나?

경기순환과 종목 선택

일반투자자는 외국인 투자자처럼 전체 시장을 살 돈도 없을뿐더러 경기가 좋아질 것이라는 확신이 들더라도 언제까지나 한 종목에 매달릴 수는 없다. 답답하기도 하고 지루하다.

그렇다면 어떻게 해야 하나? "시장은 호전될 것 같은데 어떤 종목을 사야 하지?" 고민스러울 때가 많다. 이럴 때는 테마별로 움직이는 종목을 매수하거나 무상증자 계획을 발표했거나 실적이 호전되었다고 발표한 종목을 찾아서 매매하는 것이 가장 이상적인 방법이다.

하지만 여기서도 놓쳐서는 안 되는 사항이 큰 줄기를 거스르지 않고 매매하는 것이다. 이를 "대세를 타고 다닌다"고 표현을 하는데, 잠시 조정을 받더라도 재상승할 수 있다면 손실을 크게 줄이고 기다릴 수 있다.

또 대부분의 투자자들은 손실을 보면 참고 기다리는 일에는 아주 끈질기므로 언제라도 상승 준비를 하는 대세장이 일반투자자 체질에 맞는다.

'기다리면 다시 올라오는 강세장'에서 매매하는 것이 좋다. 그러므로 경기 상황 변화에 따라 혜택을 가장 많이 보는 업종을 찾고, 거기에서 실적 호전이 예상되는 종목을 찾아야 한다.

2 빨라진 경기순환 사이클

　최근에는 경기순환과 산업의 라이프 사이클의 변화 속도가 예전과 비교할 수 없을 정도로 빠르고 불규칙하다는 점을 잊어선 안 된다. 경기 사이클 자체가 불규칙하고 기간이 짧다면 주식시장의 상승과 하락의 주기도 짧게 변할 수 있다. 그 이유는 정보화 사회가 진전되면서 기술진보 속도가 빨라졌고, 인터넷 발달로 정보 공유가 손쉽게 이뤄지기 때문이다. 컴퓨터나 휴대전화, TV의 교체 주기를 보면 어느 정도인지 실감할 수 있다.

　또한 외국 자본의 유입으로 인해 경제시장이 세계화되어 이제는 세계 경기의 흐름도 이해해야 한다. 갈수록 주식투자하기가 복잡해지고 힘들어지고 있지만 기본은 하나다. 미국이든 우리나라든 "주가에 영향을 미치는 경기 흐름이 앞으로는 어떠할 것 같은가?"이다.

　우리나라 증시가 세계증시와 동조화하면서 미국 경기에 관심을 가지지 않을 수 없게 된 상황도 경기 관련성과 무관하지 않다. 경기 사이클과 어떤 업종이 경기를 주도할 것인가에 대한 생각은 곧바로 투자수익과도 직결되므로 한번 연구해볼 만하다. 얻고자 노력한 것만큼 이익이 나온다.

• 주식시장에 대한 확신을 가진다.
• 투자규모를 더 늘린다.
• 위험이 높더라도 실적이 호전되는
  기업에 관심을 가진다.
• 경기 정점까지 주도 업종을 보유한다.

• 보유하고 있는 주식의 규모를 줄인다.
• 과대평가된 자산은 매각한다.
• 현금의 비중을 높인다.
• 급락한 경우 짧은 반등이 있으니
  단기적으로만 투자한다.
• 경기에 영향을 받지 않는 종목에
  투자한다.

경제성장률

40
35 — 경기 정점
30
25 ---- 주가 사이클
20
15 — 주택 · 건설 •
      은행 · 보험 •   경기 저점
10

원자재 •
자본재 •
                • 소비재
유틸리티 •
           성장 추세
• 운송

시간

• 주식 비중을 늘린다.
• 경기와 관련된 지표가 상승하는지 점검한다.
• 주가의 등락폭이 커지므로
  다소 보수적으로 투자한다.

• 주가 하락에 대비한다. 리스크 상품을
  피하고 고정금리를 받는 금융 상품에
  투자한다.
• 주가가 급락해도 섣불리 매수에 가담하지
  않는다.
• 자산관리에 가장 어려운 시기이므로
  경기회복 신호가 나타날 때까지 기다린다.

경기 상황에 따른 투자 업종을 구분해놓은 표다. 현재의 경기 상황이 어느 단계인지를 먼저 파악하고 관심 업종을 국면별로 바꿔야 한다. 그 이유는 경기가 호전되면서 금리와 산업동향, 그리고 기업 실적이 달라지기 때문이다.

주식과 주식시장에 대한 기초 지식

증권과 주식은 어떻게 다른가?

1 주식은 증권의 한 종류

주식과 증권을 혼동하는 사람들이 많다.

옛 친구들과 우연히 만나 차 한잔 하면서 얘기를 나누던 중 "너도 증권투자하나?"는 말을 듣는다. 또 주위에서 가끔 "증권투자로 돈 좀 벌었어." 하며 자랑하는 사람을 만나기도 한다.

많은 사람들이 '증권 = 주식' 이라고 생각한다. 하지만 그렇지 않다. 증권이 주식보다 훨씬 넓은 의미를 가진다. "너도 주식투자하나?"고 물어봐야 맞는 말인데, 대부분 증권이란 말을 주식으로 받아들이니 아무런 문제없이 대화가 이루어진다. 증권이란 말은 증권회사에서 매매할 수 있는 주식과 채권까지 모두 포함되어 있다. 주식도 증권이고 채권도 증권이다. 증권회사에 가서 "증권에 투자하고 싶다"고 하는 것보다 "주식에 투자하고 싶다" 또는 "채권에 투자하고 싶다"라는 표현을 써야 맞다.

2 | 주식 이외의 증권

증권회사에서 거래되는 주식이나 채권 이외에도 증권에는 여러 종류가 있다. 어음, 수표도 증권이다. 어음이나 수표를 화폐로 바꿔달라고 청구할 수 있기 때문에 '화폐증권'이라 한다. 백화점 상품권도 증권에 포함된다. 백화점 상품과 교환할 수 있기 때문에 이를 '상품증권'이라 한다. 자동차보험에 가입하면 가입회사로부터 계약 내용이 담긴 보험증권을 받을 것이다. 이 보험증권도 증권이다. 왜 여기에 증권이란 말을 썼을까? 보험증권에는 보험료를 납입하면 사고가 발생할 경우 보험회사가 얼마만큼의 보험료를 지불하겠다는 약속을 증명해주는 내용이 담겨 있다. 보험증권도 권리와 의무관계를 증명하니 어떤 의미로든 증권이 된다. 이를 '증거증권'이라 한다. 이처럼 주식과 증권은 의미가 다르므로 혼동해서 사용하지 않아야 한다.

아무런 전제 없이 "너도 증권투자하냐?"라고 물으면, "너도 어음에 투자하냐?" 또는 "너도 상품권에 투자하냐?"라고 물어보는 의미로도 해석될 수 있으니 정확히 구별해 쓸 필요가 있다. 주식은 증권의 여러 종류 가운데 유가증권의 하나라는 것을 상식으로 알아두자.

증권의 종류를 정리하면 다음과 같다.

화폐증권 : 수표, 어음
상품증권 : 백화점 상품권
증거증권 : 보험증권, 차용증서, 매매계약서, 영수증
유가증권 : 주식, 채권

증권(證券)

문서에 권리나 의무가 표시된 것을 말한다. 주식과 채권은 증권에 가격이 명시된 유가증권이다.

유가증권(有價證券)

자산의 가치를 가지는 사권(私權)을 표시하는 증권을 달한다. 증권거래법의 유가증권의 범위는 다음과 같다. 주권(신주인수권증서 포함), 채권, 수익증권, 일정한 요건을 갖춘 기업어음(CP, commercial paper), 유가증권예탁증서(DR), 증권거래소가 정하는 기준과 방법에 따라 거래되는 유가증권옵션, 외국법인이 국내에서 발행한 증권 또는 증서로서 위의 증권이나 증서의 성질을 구비한 것. 주가지수 선물거래에서는 무형의 '유가증권지수'는 실물이 발행되지 않지만 투자자의 권리를 보호하기 위해서 법률상 유가증권으로 본다.

주식의 '주'는 뭔가?

주식은 화폐단위와 같다

먼저 주식에 대한 사전적 의미를 살펴보자. 사전에는 주식(株式)이란 "주식회사의 자본을 이루는 단위. (준말) 주(株)"라고 나와 있다.

주식회사란 말을 자세히는 모르지만 여러 사람이 투자한 회사가 주식회사 아닌가? 자본이라는 것은? 돈? 투자한 돈? 그렇다면 '단위'라는 말은 어떻게 해석해야 하나? 돈 세는 단위? 무게를 다는 단위?

여기서는 '화폐'와 같은 의미로 보면 쉽다. 화폐단위라는 말과 비슷하다. 다만 화폐처럼 실생활에서 통용되지 않고, 주식만 거래될 수 있는 시장이 따로 존재한다는 사실을 알아야 한다. '주식은 주식시장에서만 통하는 화폐'라고 생각하면 된다. '거래소'니 '코스닥'이니 하는 시장이 바로 주식이 거래되는 시장이다.

2 주식을 보유하면 주주 자격이 생긴다

회사를 만들려면 돈이 필요하다. 회사 설립에 필요한 돈을 자본이라고 한다. 회사 규모가 커져 혼자서 회사를 만들기가 힘들어지면 사업주는 자신의 생각에 동의해 함께 투자할 사람을 모집해 회사를 만드는데, 이것이 주식회사다. 이때 사업주는 '주식'을 발행해 그 회사에 투자한 사람들에게 투자한 만큼을 나눠주면서 그 회사 자본에 투자했다는 사실을 증명받을 수 있게 한다. 그런 방법으로 여러 사람이 자기가 투자한 만큼의 주식을 나눠 소유하게 되는데, 이렇게 주식을 가지고 있는 사람을 '주주'라고 말한다.

주식을 법이 정한 비율에 따라 많이 가지고 있으면 대주주, 그 기준에 미치지 않는 사람은 소액주주라고 한다. 일반투자자는 거의 대부분 소액주주다. 2002년도 1만 주 미만의 주식을 보유한 소액주주가 93%에 달한다고 하니 주주가 되었느냐 안 되었느냐의 기준은 자기 명의의 주식을 가지고 있느냐 없느냐이지 특별한 사람이 주주가 되는 것은 아니다.

주식을 보유하면 어떤 이익이 생기나?

1 주주가 갖는 가장 큰 권리는 배당

주식을 가지고 있으면 어느 회사의 자본에 일정한 지분만큼 참여하고 있다는 사실을 보장받는 셈이다. 따라서 권리도 생긴다.

주식에 투자하는 소액주주의 입장에서 보면 가장 큰 권리가 배당받을 수 있는 자격이다. 예전에는 배당을 주주총회에서 결정했지만 지금은 이사회의 결정으로 바뀌었다. 배당은 보통 현금으로 주지만 주식을 새로 발행해서 주주에게 나눠주기도 한다. 회사의 이익을 주주에게 돌려주는 것인데, 한 해의 영업실적에 따라 배당률이 달라진다. 배당을 받는 기분은 받아본 사람만이 안다. 잃어버렸던 지갑을 찾은 기분이랄까. 결산기(통상 12월 말 기준)가 지나 두세 달 안(통상 3~5월 사이)에 배당금이 지급된다.

주주는 주식배당을 받을 때 새로 발행되는 주식을 수령할 권리가 있고, 현금배당일 때는 지급되는 배당금을 수령할 권리가 있다. 배당을 받을 수 있느냐 없느냐는 결산 마지막 전날까지 주식을 보유하고 있느냐 없느냐로 결정된다.

1년 내내 주식을 사고팔면서 주주의 변동이 생기기 때문에 결산기 마지막까지 주식을 보유한 사람을 대상으로 한다. 결산기가 지난 후에 배당을 받으려면 1년 내내 주식을 가지고 있거나 그해 결산기 마지막에 주식을 다시 매수해 보유하면 된다.

결산기 중간에 배당을 실시하는 중간배당도 있다. 재정경제부에서는 (2003년 7월 18일 발표) 1년에 4회까지 분기별로 배당이 가능하도록 제도를 개선해 주식투자자가 배당을 노리고 주식을 매수하도록 해 주가 상승을 유도하고자 했다. 중간배당을 하기 위해서는 직전 결산기의 대차대조표상 이익이 나야 하고, 당해 결산기에도 이익 발생이 예상되어야 하는 까다로운 조건이 있어 우량한 회사만이 가능하다. 중간배당은 현금배당만 가능하다.

또 배당금에 관해서 잊어서는 안 될 것이 있다. 배당금을 수령할 때 회사로부터 얼마를 받을 수 있다고 통지받은 금액과 차이가 나서 당황한 경험이 있을 것이다. 주주가 받을 수 있는 실제 배당금은 세금 공제 후 금액이므로 혹시 배당금으로 긴요하게 자금을 쓸 계획이라면 세금을 뺀 금액만큼만 해야 한다. 증권회사에서 배당소득에 대한 세금을 원천징수 하기 때문이다. 소득세(2003년 기준 15%)와 주민세(2003년 기준 1.5%)를 뺀 나머지 금액을 받는다.

참고로 주주가 되었다가도 주식을 금세 다른 사람에게 팔아버리면 누구에게 배당을 주어야 하는지 혼동될 때가 있다. 그런 경우 주식을 발행한 회사는 주주 명부에 주소와 이름을 기입하도록 해 확실하게 배당을 주어야 할 주주를 구별하는데, 이를 명의개서라 한다. 보통 주식은 증권회사를 통해 거래되는데 명의개서를 증권회사에서 대행해주니 걱정할 일은 아니다. 실물로 가지고 있는 사람은 발행회사에 가서 명의개서 청구서에 필요한 사항을 기재해야 주주로서 권리를 보장받을 수 있다.

주주가 되면 얻을 수 있는 권리

- 배당을 받는다.
- 증자를 받을 수 있는 권리가 생긴다.
- 주식매수 청구권을 행사할 수 있다.
- 주식이 오르면 시세차익을 얻을 수 있다.

2 증자와 주식매수 청구권

주주의 또 다른 권리에는 증자를 받을 권리와 주식매수 청구권이 있다. 증자는 자본금을 늘리는 것을 말하는데 유상증자와 무상증자가 있다.

유상증자는 주식 1주에 적정한 가격을 내야 받을 수 있고, 무상증자는 주주가 보유한 주식 수의 일정 비율만큼 무상으로 주식을 받는 것이다.

자신이 가지고 있는 주식을 통해
얼마나 배당받을 수 있나?

현재 주가가 8,000원인 A라는 회사(12월 결산법인)가 3월 6일 전년도 수익의 주주환원을 위해 주당 100원씩의 현금배당(또는 20%의 배당)을 결정했다고 밝혔다. 그 주식을 7,000원에 1,000주를 매수해 보유하고 있는 주주에게는 어떻게 배당이 돌아갈까? 한번 계산해보자.

주식을 보유하고 있는 시점이 중요하다. 12월 결산법인의 경우에는 12월 말일까지 주식을 소유한 사람만 배당받을 자격이 주어진다.

1,000주를 가지고 있더라도 그 주식을 매수하는 데 들어가는 매수 비용(7,000원×1,000주=7,000,000원)에 대해 배당을 하는 것이 아니라 주식의 가격과는 상관없이 주주가 가지는 주식 수에 비례하여 배당금이 지불된다. 가격이 비싼 주식이라도 액면가에 기준하여 배당금이 결정되기 때문에 회사가 "배당을 20% 하겠다"고 발표하더라도 투자금액의 20%가 아니라는 사실을 알아야 한다. 주식의 액면가 기준이다. 배당금은 증권회사 계좌로 자동 입금된다. 이는 증권회사를 통해 매수한 경우 증권회사가 배당금 수령 업무를 대행해주기 때문이다. 배당금을 받더라도 배당세(16.5%)가 자동 공제되므로 수령 금액이 생각보다 적을 수 있다는 것을 미리 알아두자.

1,000주×100원 = 100,000원 배당금
100,000 − 16,500(16.5% 세금) = 83,500원(수령되는 배당금)

그래서 유상증자를 '청약한다'고 하고, 무상증자를 '수령한다'고 말한다.

회사가 증자를 하면 일반적으로 주주에게 먼저 권한이 있다. 주주라는 자격 하나로 그만큼 혜택을 받는 셈이다. 일반공모 방식이라 해서 불특정 다수를 대상으로 하는 경우도 있으나, 대부분의 회사는 주주에게 배정하는 방식을 택한다. 최근에는 재무구조가 부실한 코스닥기업들이 신규자금을 유치하기 위한 고육책으로 제3자 배정방식을 택하기도 하는데, 이는 특별히 경영에 문제가 있을 경우 주주총회의 결의에 의해서 할 수 있다. 이런 기업은 어려운 자금사정을 해결할 방법으로 유상증자를 활용하므로 투자에 주의해야 한다. 제3자 배정 유상증자 결의 후 이를 취소하거나 변경해 주가 하락으로 투자자들이 피해를 보는 사례가 있다. 제3자 배정은 일단 조심해야 한다. 유상증자를 한다면서 왜 내게 주식을 배정하지 않느냐고 물어보는 투자자가 있는데, 이것은 제3자 배정방식으로 하기 때문이다. 주주라고 해서 모두 증자를 받을 자격이 있는 것은 아니라는 사실을 알아두자.

실권주는 주주 배정방식에서 주주가 증자에 참여하지 않은 나머지 주식을 말한다. 실권주 청약은 주주가 아니더라도 싼 가격에 주식을 매수할 수 있는 좋은 기회이기도 하다. 다만 경쟁률이 치열한 경우가 많아 원하는 만큼 주식을 확보하기 어렵다. 증자하고 남은 주식에 대해 증자하는 가격(유상증자는 20~30% 할인된 가격으로 한다)에 살 수 있다. 주주가 아닌 사람은 증자 때 주주보다 우선순위에 밀리는 것이다.

실권주를 제3자 배정방식으로 하는 경우도 있다. 이는 주가 하락으로 증자 가격이 현재의 주가와 비슷하거나 낮아 실권주를 공모하더라도 자금이 모집되지 않을 것으로 판단되면 회사가 나서서 자금을 지원할 대상을 직접 찾아 모집하는 상황이다.

주식매수 청구권은 대주주의 독단적인 의사결정에 반대하는 소액주주를 위해서 만든 제도다. 한 회사가 다른 회사와 합병한다거나 경영에 중대한 영향을 미치는 결정을 할 때 소액주주는 이 권리를 행사할 수 있다. 현재 경영진의 경영 방법이 마음에 들지 않으니 자기가 보유하고 있는 주식을 회사한테 사달라고 요구할 수 있다.

주식매수 청구권을 행사할 때 주의할 점은 일단 주식매수 청구의사를 회사에 밝히면 더 이상 보유한 주식을 매매할 수 없다는 점이다. 회사에서는 제시한 매수청구 가격에 주식을 출고해가고 청구주식에 해당한 만큼의 돈을 입금해준다. 주식매수 청구권을 행사할 일이 있으면 매수청구 가격을 결정할 때 투자자에게 유리하게 되어 있으므로 일단 행사하고 다시 생각하는 편이 투자자 입장에서는 유리하다.

유상증자 방식의 종류	
주주 배정방식	신주인수권을 기존 주주에게 배정하는 방식.
제3자 배정방식	주주의 신주인수권을 배제하고 제3자에게 배정하는 것으로 정관상 주주의 신주인수권 배제에 관한 규정이 있거나 주주총회 특별결의로서 특정의 제3자에게 신주인수권을 부여하는 경우에만 가능하다.
일반공모 방식	주주에 대한 신주인수권을 배제하고 불특정 다수인에게 공개 모집하는 것으로 주간 증권회사에서 증자 총액을 인수하여 일반인에게 공모하며 공모 결과 실권주가 발생하면 주간 증권회사에서 인수하게 된다. 이 경우에도 정관상 주주의 신주인수권을 배제할 수 있다는 규정이 있어야 한다.
주주우선공모 방식	신주인수권을 기존 주주와 우리사주조합에 우선 배정한 후 실권주가 발생하면 일반인을 대상으로 공개 모집하며, 일반공모 후에도 미달이 발생하면 주간 증권회사에서 인수하는 방식.

유상증자에도 여러 방식이 있으므로 유의해야 한다. 자신이 보유한 주식(또는 주주로 참여하고 있는 기업)의 회사에서 유상증자를 한다고 해서 무조건 증자에 참여할 수 있는 것은 아니다. "나도 주주인데, 왜 내게는 증자받으라는 통보가 안 오지요?"라고 묻는 투자자가 많다.

제3자 배정방식으로 유상증자를 할 경우 주주라고 해서 모두 증자에 참여할 수 있는 자격이 주어지는 것은 아니다. 증자를 결정하기 전에 누가 증자에 참여할 것인가를 미리 결정하는데, 제3자 배정방식은 유상증자를 확실하게 성공시키기 위한 방법으로 자금 조달이 절실히 필요한 기업에서 활용하는 경우가 많다.

최근 5년간의 유상증자 현황(단위:억 원)					
구성	2002	2003	2004	2005	2006
주주배정	5,780	14,682	9,960	28,563	27,964
주주우선공모	1,713	5,477	16,632	1,345	421
일반공모	17,451	4,989	3,651	19,688	10,765
제3자 배정	50,499	74,995	42,626	5,022	23,895
합계	75,443	100,143	72,869	54,618	63,045

증자는 왜 하나?

1 증자는 회사 자본을 늘리는 것

유상증자는 왜 할까? 보통 회사의 경영 규모를 늘릴 경우 추가 자본이 필요한데, 이때 자기자본에 의존해 자본을 늘리는 방법이 유상증자다. 유상증자를 하면 주식을 발행하기 때문에 주식이 증가하고 회사 자산이 증가하게 된다. 주식발행을 통해서 자본을 키우는 방식이므로 재무구조가 좋아진다. 회사의 경영상태가 호전되고 실적이 크게 향상되면서 획기적인 제품생산을 위한 시설투자에 쓰이는 유상증자는 주가에도 호재다. 증권시장에서는 이를 '알까기'라고 하는데 닭이 알을 낳고 그 알이 부화되어 다시 닭이 되는 상황에 비유한 것으로, 주가가 상승하면 주주에게는 상당한 수익을 가져다주게 된다. 유상증자로 할인된 주식을 싸게 취득할 수 있을 뿐 아니라 주가 상승이 겹쳐 이익이 배가 되는 혜택을 누릴 수 있다.

2 지나친 증자는 주가에 악영향

그러나 유상증자를 한다고 무조건 주주에게 이익이 돌아가는 것은 아니다. 증시 활황기를 타고 더 유리한 조건에서 자금을 조달하려는 시도

유상증자는 주가 상승의 걸림돌

(헤럴드 경제 2007. 4. 15)

유상증자를 결정한 기업이 봇물을 이루고 있지만 일부를 제외한 대부분 종목의 주가가 장기간 하락한 것으로 나타나 주의가 필요하다는 지적이다. 실제 지난 1월 유상증자를 결정한 코스닥업체 33곳의 주가를 분석한 결과, 유상증자 결정 후 두 달 가까이 대부분 종목이 큰 폭으로 하락한 것으로 나타났다. 실제 유상증자 결정 이후 33곳의 경우 주가가 평균 0.5% 하락한 데 그친 데 반해 한 달 후 무려 11.9% 가까이 하락했다. 두 달 후에도 평균 11.2% 하락한 것으로 나타나 코스닥 기업의 유상증자는 주가에 오히려 부정적인 영향을 주는 것으로 확인됐다.

액티패스를 비롯해 일부 종목의 경우 유상증자 결정과 함께 주가가 급등하기도 했지만 이는 일부 유명인을 대상으로 유상증자 등 특수한 경우에 제한된 것으로 조사됐다.

증권사의 한 애널리스트는 "유상증자 기업 대부분이 시가보다 할인된 가격에 주식을 발행하는 데다 주주배정의 경우 할인 폭이 상대적으로 더 큰 까닭에 주가가 하락하는 경우가 많다"면서 "무엇보다 유상증자를 통해 조달한 금액을 신규 사업투자 등 성장성을 위해 사용하는 게 아닌 상당수가 부채 상환 등 기타 목적으로 사용해 불신감을 키운 것 역시 주가를 큰 폭 하락하게 했다"고 설명했다.

가 많아지기 때문에 주의해야 한다. 일반적으로 신규 설비투자나 새로운 사업을 영위하기 위한 자본조달에 유상증자가 활용되어야 하는데, 코스닥의 일부 기업들은 신규투자보다 회사의 부채상환이나 관리종목 탈피를 위한 자금조달 등의 기타 목적으로 활용하는 경우가 많다. 또한 자본금에 대비하여 대규모로 유상증자를 하게 되면 수급 상황에서 주식물량이 크게 늘어 주가 상승에 걸림돌이 되기도 한다. 자본금이 적은 회사가 자기자본금에 대비하여 유상증자를 지나치게 많이 할 경우에는 향후 주가의 움직임이 크게 둔화될 수도 있다.

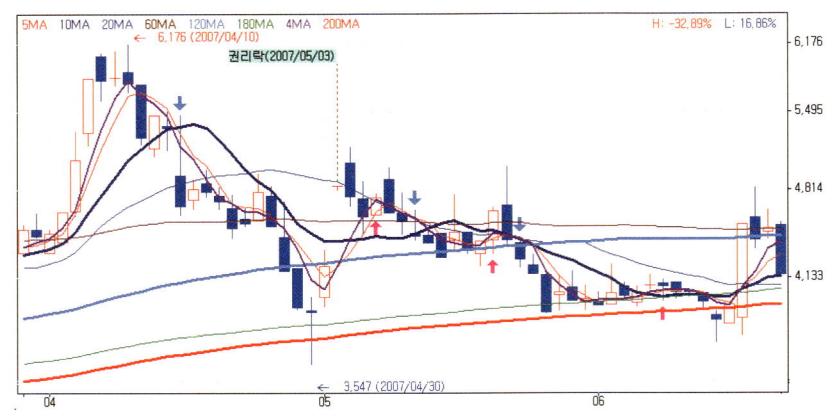

자본금 24억 규모의 회사가 자기자본금과 맞먹는 20억을 유상증자(주주배정으로 1주당 0.86주 배정)한 자연과 환경이라는 회사의 주가 움직임이다. 유상증자를 발표한 당시(4월 13일)의 주가는 6,400원이었으나 신주 배정 기준일인 5월 4일까지 4,750원까지 지속적으로 하락했음을 보여준다. 또한 권리락 이후에도 납입일(6월 4일)까지 주가 상승을 이루지 못했는데 이는 증자의 권리를 받은 주주들이 물량을 처분하여 납입자금을 마련하려는 의지로 보이고, 이는 주가 상승에 걸림돌로 작용했던 것으로 보인다.

감자는 무엇이고, 주가에 어떤 영향을 미치나?

증자의 반대 개념으로 감자가 있다

자본금을 늘리면 증자, 자본금을 줄이면 감자다. 감자는 주주의 이해관계에 변화를 주고 회사 채권자의 담보가 감소하므로 주주총회의 특별 결의를 거쳐야 하며, 또 채권자 보호절차를 밟아야 한다. 과거에 발생한 누적

결손금을 회계 처리하는 과정에서 자본금이 잠식되어 회사 재산이 자본금에 미달하는 경우 자본금의 결손을 보전하기 위해서 감자를 하는 것이다.

회사의 합병이나 분할, 투자자금을 유치하기 위해서도 감자를 하는데 자본금을 줄인 상태에서 새로운 자금이 들어오면 전보다 더 많은 지분을 확보할 수 있어 자본 참여의 의욕을 불러일으키는 효과가 나타난다.

감자는 주식 병합, 액면절하 매입 등 여러 가지 방법으로 하는데, 예를 들어 20 대 1의 감자를 하기로 결정한 회사 주식을 2,000주 가지고 있다면 주식 보유자는 새로운 주권을 교부받을 때(증권회사에 위탁한 사람은 증권회사에서 이를 대행해주므로 신경 쓰지 않아도 된다) 2,000주의 5%인 100주를 받는다. 이론적으로 감자를 하기 전과 후의 주식평가액은 같다. 왜냐하면 2,000주의 가격이 500원이었다면 주식 평가금액은 100만 원이지만 감자 후 100주의 가격은 10,000원에서 시작하므로 평가금액이 같아진다.

그럼 감자를 하나 안 하나 주식의 평가금액이 같다면 주식을 매도해야 할 이유가 없다는 결론이 나오지만 실제로는 감자로 인해 엄청난 피해를 본 투자자들이 많다. 주가가 감자로 인해 급락하고 감자한 후에도 재차 하락하는 경우가 발생하기 때문이다.

외환위기 때 시중 은행과 현대건설, 하이닉스 등 부실한 회사가 감자를 시행하면서 큰 폭으로 하락했다. 감자를 한다는 사실만으로도 주가에 부정적인 요인이 된 것이다. 따라서 감자 가능성이 예상되는 회사 주식은 보유하지 않는 것이 좋다. 차라리 감자를 하고 나서 자본금과 이에 따른 유통 주식 수가 감소한 후 어떤 재료가 있거나 재무구조가 개선되는 회사는 탄력 있게 상승하는 경우도 있으므로 감자 후의 주가 변화에 신경을 쓰는 편이 더 좋다.

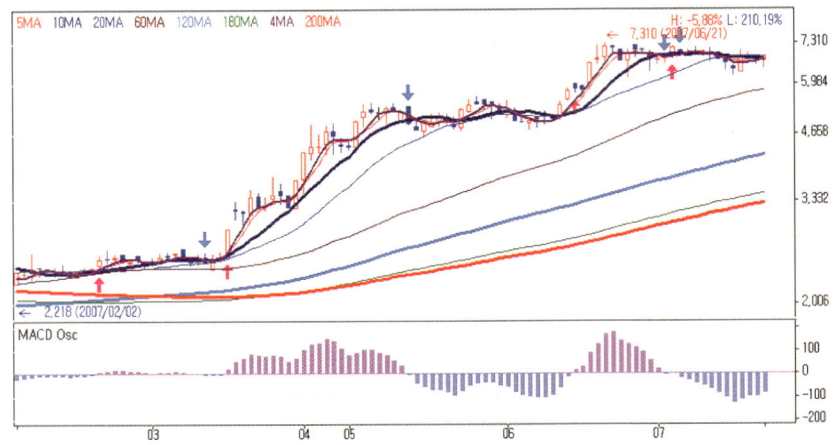

감자한 이후 주가 상승의 사례(일간스포츠)

2007년 3월 29일까지 거래된 이후 4월 23일 거래가 재개되었는데 그 이후로 주가가 상승했다.

최대주주인 중앙일보 및 바른손 등과 엔터테인먼트 사업을 공동으로 진행하기 위한 전략적 제휴를 체결하고 스포츠 마케팅과 뮤지컬, 콘서트 사업 등에 뛰어들어 영업이익 30억을 달성하겠다는 사업 계획이 알려지면서 주가가 3 대 1로 감자한 이후 지속 상승하였다.

2 기타 주주의 권리

회사가 파산하면 재산을 분배받을 수 있는 권리가 있지만 파산 이후 남은 재산이 거의 없는 경우가 많으므로 별 의미가 없다. 기타 법적 권리가 있으나 소액주주가 행사할 기회가 많지 않다는 말이다. 알아두면 도움이 되는 정도다.

- 이사, 감사 등의 불법 행위에 대한 대표 소송제기권

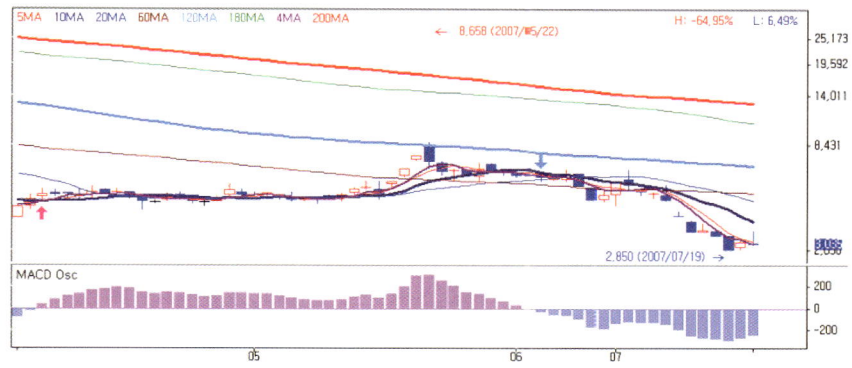

2007년 6월 13일까지 거래된 이후 7월 5일 거래가 재개되었는데 그 이후로 지속적으로 주가가 하락했다. 20 대 1로 감자한 후 지속적으로 하락했는데 추가로 유상증자를 하겠다고 발표함으로써 주가 하락을 부추겼다.

- 주주총회에서의 의결권, 주주총회 소집권, 기업의 서류나 장부 열람권
- 회사의 재산 상태 등을 조사할 수 있는 선임 청구권
- 피합병, 자본 감소, 액면 변경, 상호 변경 등의 경우에는 권리가 추가 발생하는 것이 아니므로 교체되는 주권을 수령할 권리

주주가 되려면 어떻게 해야 하나?

주주가 되려면 먼저 주식을 사야 한다

하늘을 봐야 별을 딸 수 있듯 주식을 '사야' 주주가 된다. 여러 가지 방

법이 있지만 주주가 되는 가장 일반적인 방법은 증권회사에 계좌를 개설하고 현재 거래되고 있는 다른 사람의 주식을 자신의 명의로 매수하는 방법이다.

증권회사에 주문을 내면 증권회사에서 매수·매도를 대행해준다. 이를 '위탁 매매'라고 한다.

위탁의 의미는 고객이 직접 하기 어려운 일을 증권회사가 대신해준다는 뜻이다. 주식을 주식시장에서 사주거나 팔아주는 일, 배당금을 회사로부터 받아준다든가 주식을 보관해주는 일 등을 증권회사가 고객으로부터 위탁받아 대신해주는 일이다.

고객이 위탁했다고 하더라도 증권회사에서 고객이 주문하기 전까지는 주식을 사거나 팔아주지 않는다. '알아서 거래를 해달라'며 맡기는 것을 일임이라 하는데, 위탁과 일임의 의미를 혼동해서는 안 된다.

2 기업공개를 이용하면 주식을 싸게 살 수 있다

다른 방법으로는 '기업공개'를 이용하는 방법이다. 기업공개가 언뜻 그 기업의 경영 상태나 감춰진 자산을 공개하는 것처럼 들리지만, 실제로는 회사 주식을 일반 대중에게 공개하는 것을 말한다.

몇 명의 대주주가 소유한 주식을 일반 사람들에게 분산해 증권시장에서 거래되도록 하는 것을 말한다. 기업공개를 하면 증권시장에서 거래하기 쉬울 뿐 아니라 주식 가격의 상승, 세제 등에서 혜택을 보기 때문에 대주주의 입장에서 보면 많은 이익을 보게 된다. 그런 이유로 기업공개를 하려는 기업이 늘어나고, 기업공개 요건이 점점 더 까다로워지고 있다.

기업공개를 하면 거래소에서 거래가 허용되는데 이를 '상장(上場)'이라 한다. 상장은 거래소시장에 올린다는 뜻이다. 시장에서 주식을 거래할 수 있도록 한다는 말이다. 다만 코스닥시장에 올리는 것은 상장이라

하지 않고 '등록' 이라고 표현한다.

또한 회사가 새로운 자금을 모아서 회사의 재무구조를 개선하려 할 때도 기업공개를 하는데, 이를 공모주 청약이라 한다. 이때 청약하면 주식을 받을 수 있다. 물론 청약하는 사람이 많아지면 청약 비율로 나눠 받는다.

🔵 공모주를 받으려면 어떻게 해야 하나?

1 | 공모주는 주식시장과 코드가 맞아야

공모주는 청약을 받기가 매우 어렵다. 그만큼 수익을 얻을 수 있다는 얘기인데, 공모주에 대해 더욱 적극적인 관심을 가져볼 만하다.

코스닥 열풍이 불었던 1999년, 사람들은 코스닥에 등록하려는 회사의 공모주를 받으려고 눈에 불을 켰다. 공모주이 청약할 수 있는 계좌를 수십 개씩 만들어 공모주 청약을 하러 증권사를 돌아다니는 아줌마부대가 등장하기도 했다. 당시 "공모주로만 몇 억을 벌었다"고 자랑하는 사람도 있었으니 꽤 짭짤한 수익을 가져다줬다는 증거다. 그때는 코스닥에 등록하려는 회사도 많았고 등록 이후 공모가보다 수십 배 상승했으니 공모주를 받기만 하면 말 그대로 '돈' 이 되었다.

최근에는 공모 가격이 현실화되고 등록 요건이 까다로워져서 공모주 청약 기회가 점차 줄어들었다. 또 청약하려는 사람이 몰리면서 경쟁률이 높아 청약을 해도 몇 주 배정받지 못하면서 열풍이 한풀 꺾인 상태다.

거기에 1999년 11월부터 코스닥시장의 활성화를 위해 공모주 물량의 55%를 하이일드펀드(고수익 고위험 채권을 편입하는 펀드) 등 기관에 몰아주면서 일반 청약자가 배정받을 수 있는 물량이 더 적어졌다(거래소 주식은 45%를 기관에 배정한다).

심지어 청약 자격도 각 증권회사마다 기준을 따로 두어 주식계좌나 수익증권 계좌를 가진 사람으로 제한하기도 한다. 하지만 아직까지는 주식을 전혀 모르는 투자자에게 좋은 수익원으로 남아 있다. 주식매매를 직접 하지 않고 값싸게 주식을 사서 주주가 될 수 있는 방법이기 때문이다.

공모주의 장점은 수익을 많이 가져다주기보다(배정받는 주식 수가 적으므로) 낮은 가격으로 주식을 받을 수 있어 그만큼 투자위험이 적다는 것이다. 공모가에 비해 20~30%는 기본이고 심지어 몇 배씩 상승하는 종목도 많다. 그러나 모두 그런 것은 아니며 공모가 이상 상승하지 못하는 종목도 있으니 선별해서 투자해야 한다. 기업 실적이나 성장성을 검토한 후 청약해야 한다. 무턱대고 공모만 한다고 해서 수익이 나는 것은 아니라는 점을 유의하자.

업종별, 테마별로도 수익이 다르다. 성장 가능성이 큰 업종인 인터

공모주로 재테크하는 2가지 방법
- 증권회사 청약, 공모주 펀드 가입

증권회사를 통해서 공모주에 청약하는 방법이 일반적이다. 증권회사에 계좌를 개설하고 과거 3개월간 자산 합계 평균 잔액이 2,000만 원 이상이거나 종합자산관리계정(CMA)을 통해 3개월 이상 급여이체, CMA를 통해 적립식 100만 원 이상을 6개월 이상 이체하는 등 세 가지 조건 중 하나는 충족해야 한다. 자격 요건이 갖춰진 다음에 증권회사의 지점을 방문하거나 증권사 홈페이지, HTS 및 ARS 등을 통해서 청약할 수 있다.

공모주 펀드는 공모주에 집중 투자하는 펀드다. 주가 상승기에 주식형 펀드보다는 수익이 떨어지지만 안전하게 수익을 올릴 수 있다. 공모주 펀드는 펀드 자산의 70% 이상을 채권에 투자하고 남은 돈을 공모주에 투자한다. 채권투자가 위주이기 때문에 수익률이 안정적이고 보수적인 펀드투자라 할 수 있다. 직접 공모주를 청약하는 수고를 펀드가 대신해준다.

넷 · 반도체 · 기계장비 · 디지털 · 제약업종이 공모가 대비 주가 상승률이 높고, 이에 비해 유통 · 일반 전기전자 · 섬유 및 의류 · 건설 · 출판매체 · 기타 서비스 · 기타 제조 · 정보기기 · 금속 등의 업종은 등록 이후에 공모가보다 주가가 탄력 있게 상승하지 못하는 경향이 있다. 업종 내 종목들도 주가의 차별이 크게 나타나므로 주의해야 한다.

자산가치와 수익가치를 따져야

공모주를 받고자 할 때 어떤 회사를 선택해야 할까? 회사의 수익성과 안정성을 보라고들 말하지만 일반투자자가 그것을 판단하기는 어렵다. 그래서 일반투자자로선 회사가 어떤 제품을 얼마나 팔아서 얼마만큼의 이익을 내느냐에 관심을 가질 수밖에 없다. 회사의 가치를 판단할 때 본질가치가 어느 정도 되느냐고 말하는데, 그 내용이 무엇인지 살펴보자.

코스닥 등록 시 공모가격은 '본질가치'에 따라서 결정된다. 일반적으로 본질가치는 자산가치와 수익가치를 각각 4 대 6의 비율로 합산해서 산출한다. 여기서 자산가치란 주당순자산 가액을 의미한다. 이는 기업이 가진 재산을 모두 팔았을 경우 각 주주들에게 돌아갈 수 있는 돈을 말한다.

수익가치는 회사의 장래 수익력을 현재 가치화한 가액을 의미한다. 장래 수익력은 향후 2개 사업연도의 경상이익을 추정해 계산한다.

만약 자산가치가 1만 원, 수익가치가 2만 원이라면 이 회사의 본질가치는 16,000원(10,000원×0.4 + 20,000원×0.6 = 16,000원)이 된다. '지금 존재하는 가치'와 '미래 가능성을 현재화한 가치'를 4 대 6 정도로 가중 평균해 그 주식의 값어치를 산출한 것이다.

그런데 공모하려는 회사 입장에서는 비싼 가격에 공모를 하면 그만큼 많은 돈이 들어오므로(액면가보다 비싼 가격으로 공모하면 공모주식을 액면

공모주의 청약 경쟁률 사례

2007. 7. 23 에스엔케이폴리텍 청약 경쟁률 305 대 1

2007. 7. 19 이구스 청약 경쟁률 479 대 1

2007. 7. 16 아로마소프트 청약 경쟁률 837 대 1

2007. 7. 12 바로비전 청약 경쟁률 209 대 1

2007. 7. 10 에코프로 청약 경쟁률 874 대 1

2007. 7. 5 메모리앤테스팅 청약 경쟁률 1,134 대 1

2007. 6. 28 컴투스 청약 경쟁률 846 대 1

가로 계산한 금액보다 더 많은 현금이 유입된다) 어떻게든 본질가치를 높이려 하는데, 본질가치를 정하는 기준에서 보면 수익가치가 높아야 공모가가 높아진다. 수익가치는 향후 2년간의 경상이익 추정치에 달려 있기 때문에 추정이라는 의미로 보면 분석하는 사람의 입장에서 높아질 수도 있고 낮아질 수도 있다.

그래서 공모가가 높다는 의미는 회사가 수익모델을 가지고 있으면서 적어도 향후 2년 동안 실적이 양호하다고 인정되는 회사다. 이런 회사가 나중에 크게 상승할 수 있다. 공모가로 주식을 선정할 때 일단 가격이 비싼 것은 수익성이 높은 회사임을 증명하는 것이다.

공모주 청약을 할 때 청약 경쟁률보다는 기업가치를 중점적으로 살펴야 하는데 기업가치를 살피기 위해서는 금융감독원 공시사이트 (http://dart.fss.or.kr)에서 재무제표 등 사업설명서를 살펴보면 도움이 된다.

주식마다 액면가가 다르다니 무슨 뜻인가?

회사마다 주식의 액면가가 달라 먼저 확인해야

주식에는 가격이 표시되어 있어서 유가증권으로 분류된다. 수표처럼 얼마짜리라고 표시되어 있다. 이를 액면가라고 하는데, 보통 1주당 액면가액이 5,000원이지만 500원짜리와 1,000원짜리도 있다. 심지어 100원짜리도 있다. 주식을 보유하기 전에 반드시 그 주식의 액면가액이 얼마인지 확인해보아야 한다.

액면가 500원짜리 주식 100주를 가지고서 5,000원짜리 주식을 가지고 있는 듯 좋아해서는 안 된다. 그렇게 혼동되는 경우도 자주 발생한다. 단순히 주가가 싸다는 이유로 매수했다가 액면가가 100원짜리임을 알고 난감해할지 모른다.

액면가액이 중요한 또 다른 이유는 주주로서 배당받을 권리를 행사할 때 대체로 액면가액을 기준으로 하기 때문이다. '시가배당'이라고 해서 액면가와 무관하게 주가를 기준으로 배당하는 경우도 있지만 대부분의 회사는 액면가를 기준으로 배당한다. 예를 들어 배당을 10% 받는다고 할 때, 액면가 기준으로 5,000원짜리면 10%인 500원을 자기가 소유한 주식 수만큼 받는다. 액면가 500원짜리면 배당 10%라고 하더라도 주당 50원의 배당밖에 받지 못하므로 엄청난 차이가 있다.

액면분할이 되면 액면가는 낮아지고 주식 수는 늘어

'액면분할'이란 말이 언론에 자주 나온다. 이는 할인점에서 수박을 쪼개 파는 원리와 비슷하다. 액면분할이 호재가 되어 주가가 급등한 적이 있다. 1999년 코스닥 열풍이 불었을 때다. 당시에는 코스닥이 활황세를 보이면서 대부분의 주가가 몇 만 원대 이상으로 올라 투자자들에게는 비싸 보였기 때문에, 액면분할을 통해 값이 내려가면 일반투자자들이 집중 매수할 것이라는 기대감이 작용했다. 액면분할이 유행처럼 지나갔던 시절의 얘기다.

액면분할은 자본금은 그대로 놔두고 발행 주식 수를 늘리기 위해 액면가를 낮추는 것이다. 엄밀하게는 주식 가격을 싸게 해 시장에서 원활하게 거래되도록 하는 것이니 회사 실적이나 자본금 규모와는 아무 상관이 없다. 그런데도 유동성이 높아져 주가가 상승하기도 한다. 이는 심리적인 요인으로 주가가 상승했을 뿐 기본적인 회사의 경영상태가 좋아진 것은 아니므로 다시 하락하는 것이 보통이다. 그래서 액면분할에 큰 기대를 걸어서는 안 된다. 평소 거래가 활발하고 기관투자가들이 선호하는 기업들은 주가가 비싸더라도 이미 시장에서 제대로 평가를 받고 있기 때문에 액면분할 효과가 그리 크지 않다.

액면분할을 할 때 만일 '액면분할 5배'가 실시되면 기존에 5,000/2,500/1,000/500원이던 종목들의 액면가는 각각 1,000/500/200/100원으로 변경된다. 상장 주식 수가 100만 주인 회사가 5,000원짜리를 1,000원으로 낮춘다면 상장 주식 수는 500만 주로 늘어난다.

이때는 액면가가 변경되기 전의 주식(구주, 舊株)을 제출하고 신주(新株)를 새로 받아야 한다. 만약 액면가 5,000원의 주식을 10주 가지고 있었다면, 이를 제출하고 액면가 1,000원의 주식 50주를 새로 받는다. 액면가 5,000원짜리를 500원으로 액면분할하면 5만 원인 주가가 5,000원으로 조정되고, 주식 수는 10배로 늘어난다. 이때 자신이 보유한 주식 전체 평가금액에는 변함이 없다.

3 | 액면병합은 액면분할의 반대 개념

액면병합은 주가가 액면가에도 못 미칠 경우 저가주라는 인식을 없애

대우증권과 서울증권, SK텔레콤과 LG텔레콤, 가격이 너무 차이나요

대우증권은 35,400원(2007. 7. 24 기준)이고, 서울증권은 3,075원이다. 왜 그렇게 차이가 날까? 투자자들은 서울증권의 주가가 싸다고 말한다. 절대가격단 보면 싸다. 그러나 그 속내를 들여다 보면 대우증권에 비해 그렇게 싼 것은 아니다. 대우증권의 액면가는 5,000원이고 서울증권의 액면 가는 500원이기 때문이다. SK텔레콤의 액면가는 500원이고 LG텔레콤의 액면가는 5,000원이다. SK텔레콤의 가격인 214,500원(2007. 7. 24 기준)은 액면분할하기 이전의 가격 5,000원으로 환산 하면 2,145,000원이다. LG텔레콤의 가격 10,500원은 액면가 5,000원짜리다. 엄청난 가격 차이다. 가치에 따른 평가이지만 같은 업종 내에서도 액면가의 차이가 있으므로 가격만으로 비교하기 전에 액면가가 얼마인지를 알아야 한다.

기 위해 몇 주의 주식을 하나로 합치는 것을 말한다.

액면분할의 반대 개념이다. 이때는 액면가가 몇 배로 오르는데, 예를 들어 '액면병합 5배'가 실시되면 기존에 100/200/500/1,000원이던 종목 의 액면가는 각각 500/1,000/2,500/5,000원으로 변경된다. 이때도 액면 가가 변경되기 전의 주식(구주)을 제출하고 신주를 새로 받아야 한다. 만 약 액면가 500원의 주식을 10주 가지고 있었다면, 이를 제출하고 액면가 2,500원 상당의 주식 2주를 새로 받는다.

우선주는 무엇이고, 사도 좋은가?

배당을 많이 주는 회사의 우선주라면 안심

주식의 종류를 여러 가지 기준에 따라 나눌 수 있는데 권리의 우선순 위에 따라 보통주와 우선주로 구분한다. 보통주는 말 그대로 보통 거래되는 주식이다. 아무런 설명 없이 '주식'이라고 하면 보통주를 말하는 것이다. 그런데 증권회사 전광판에 '○○회사(우)'라고 적혀 있는 것을 보았을 것이다. 우선주는 보통주보다 이익 배당이나 잔여재산 분배 등에 우선적으로 자격을 인정해주는 주식이다. 우선이라는 의미는 단지 보통주보다 우선한다는 것이지 특별한 뜻이 있는 건 아니다. 우선주가 있는 회사가 있고 없는 회사도 있다. 왜 그렇게 만들었을까?

우선주는 의결권에는 관심이 없고, 배당에만 신경 쓰는 사람들의 자금을 모아서 회사 자본으로 활용하기 위한 것인데, 속내는 우선주에 투자하는 주주에게는 의결권을 주지 않음으로써 경영권을 보호하면서 배당을 더 준다(보통 1%)고 약속하는 것이다.

우선주의 거품

우선주는 유통물량이 많은 주식이 있고 그렇지 못한 주식이 있다. 본주보다 가격이 높은 우선주는 대체로 유통물량이 지극히 적어 적은 자금으로 누군가가 우선주 주식을 맘대로 조정할 수 있다는 점 때문에 주가가 높아진 것이다. 대구백화점 우선주가 크게 상승한 1999년에는 우선주 열풍이 몰아쳐서 5,000원짜리가 73만 원까지 상승한 적이 있었다. 그 당시 대구백화점(본주) 주식은 1만 원대에 머물러 있었는데 어떻게 그렇게 상승할 수 있었을까? 답은 간단하다.

대구백화점 우선주 총 유통물량이 4,000주에 지나지 않기 때문이다. 소위 '폭탄 돌리기'라 하여 누군가 계속 높은 가격에 매수 주문을 내어 가격을 올렸는데 거품이 사라진 뒤에는 한 달 만에 5만 원대로 하락하였다. 이런 우선주에 매기가 집중되는 상황을 제외하면 우선주는 본주보다 상승 탄력성이 떨어진다. 거래량이 많지 않기 때문이다. 호가 간의 간격이 커져 있어서 현금화할 때 적당한 가격으로 매매하기 어려운 단점도 있다.

다만 지주회사에 대한 관심이 높아진 2007년의 경우 기관들도 배당을 확실하게 주는 지주회사의 우선주에 대해 저평가 인식을 하고 있어 매매가 활발히 일어나기도 하는데 장기적인 관점에서 배당수익을 얻고자 할 때에는 투자해봄직하다.

우선주에도 순서가 있다. 1우, 2우, 3우 하는 식으로 순서를 매긴다. 그 가운데 1우가 최우선으로 배당받고, 순서대로 배당을 준다는 뜻으로 번호를 매겼는데 보통 우선주가 발생되는 시기에 따라 순서가 매겨진다(일반적으로 전환사채에서 전환되는 주식을 우선주로 하는 경우가 많다).

우선주가 보통주보다 싼 이유

그런데 우선주 가격이 보통주 가격보다 3분의 1 정도 싸다. 왜 그럴까? 배당을 우선적으로 받게 된다면 더 비싸야 할 텐데 그렇지 않다. 왜냐하면 배당은 주식 수에 따라 달라지는데, 소액투자자인 일반투자자에게 그 차이는 아주 미미해 관심을 끌지 못하기 때문이다.

그러나 배당을 많이 주는 우량 종목 가운데 외국인 투자자가 호감을 갖는 회사의 우선주는 외국인 투자자가 적극적으로 매수해 보통주가 상승할 때 같은 비율로 상승세를 유지하기도 하므로 걱정 없이 매매해도 된다. 단, 배당을 잘 주는 회사인가, 유동성이 풍부해 거래하기 쉬운가, 우량한 회사인가, 외국인 투자자가 지분을 보유하고 있는가 등을 검토한 후에 매매해야 한다.

주식시장에는 어떤 종류가 있나?

거래소시장과 코스닥시장

보통 '주식시장'이라고 하면 거래소시장과 코스닥시장을 말한다. 주식시장은 여러 개의 시장으로 구성된다. 시장의 이름이 다를 뿐 그 안에서 거래되는 물품이 주식이라는 것은 똑같다. 모두 '주식이 거래되는 시장'인데 '거래소시장'과 '코스닥시장'만이 증권시장으로 공인된 시장이다.

시장	내용	거래 시간
거래소 (KOSPI)	현재 증권거래소에 상장되어 있는 주식과 채권, 수익 증권을 매매하는 시장	월~금요일 09:00~15:00 호가접수 : 월~금요일 08:00~15:00
코스닥	증권업협회에 등록된 장외등록법인의 주식 (KOSDAQ종목)을 매매할 수 있는 시장	
프리보드	증권거래소 상장 또는 코스닥 등록 요건을 충족하지 못하여 제도권 시장에 진입하기 어려운 비상장, 비등록 기업들이 발행한 주식이나 등록·상장이 폐지된 주식들을 매매할 수 있는 시장	월~금요일 09:00~15:00 호가접수 : 월~금요일 거래시간과 동일

주식시장의 구분과 내용

1956년 우리나라에 처음 증권거래소가 생긴 이래 줄곧 하나의 시장에서만 주식거래가 이루어졌는데, 이것이 거래소시장이다. 증권시장 개설 당시에는 주식회사가 보편화되어 있지 않아 거래된 주식은 10개 종목에 불과했다. 현재 거래 종목이 1,000여 개라는 것과 비교해보면 커다란 차이가난다.

그 이후 거래소시장만 있다가 1996년 7월 새로운 주식 거래시장이 만들어졌다. 바로 '코스닥시장'이다. 코스닥시장은 미국의 신경제를 이끌고 있는 첨단기업인 마이크로소프트, 시스코 등과 같은 기업에 자금 조달원의 역할을 하는 '나스닥시장'을 벤치마킹해 설립한 시장이다.

영어로 'KOSDAQ(Korea Securities Dealers Association Automated Quotations)'인데, 직역하면 '한국증권업협회에 등록한 자동화된 시세통보 시스템'이란 말이다. 전자거래가 활성화하면서 만들어졌는데 미국의 나스닥, 우리나라의 코스닥, 일본의 자스닥 등이 같은 부류의 시장이다.

코스닥시장의 등록 기준은 따로 있다

김병현과 박찬호가 활약하는 미국 프로야구의 구성을 보자. 내셔널리

그와 아메리칸리그로 나뉘어 경기를 벌인다. 미 프로야구의 양대 리그로, 약간의 제도 차이가 있지만 야구라는 같은 종목의 운동경기를 한다. 내셔널리그가 먼저 결성되었는데 야구가 대중에게 인기를 끌면서 프로야구에 가담하고 싶은 사업주가 많아지게 되었다. 그러나 내셔널리그에 참여할 수 있는 방법이 너무 까다로워서 뜻을 함께하는 사업주끼리 아메리칸리그라는 별도의 리그를 구성했다. 거래소에 상장하기 어려운 기업을 거래할 수 있는 별도의 시장인 코스닥이 생긴 과정과 비교해보면 재미있다. 인기 있는 야구단을 가지고 싶은 사업주의 의지나 성장성 있는 주식이 거래될 수 있도록 요구하는 사업주의 의지가 일맥상통한다. 또 야구를 좋아하는 사람은 어떤 리그의 경기라도 재미있게 관전할 권리가 있는 것처럼 주식에 투자하고자 하는 사람은 거래소시장이든 코스닥시장이든 마음대로 선택할 수 있다. 두 시장 모두 주식을 거래할 수 있는 시장이므로.

코스닥시장에서는 거래소시장에서 거래할 수 있는 자격 기준(상장 기준)에 합당하지 않더라도 고부가가치 산업이거나 벤처기업이라면 직접적

코스닥에 등록하기 위해서는 최근 사업연도에 경상이익을 내야 한다. 많은 벤처기업이 수익을 내기 힘들기 때문에 2004년 이후로는 코스닥 등록이 상당히 까다로워졌다. 특히 벤처기업은 코스닥 등록에 제한이 없었으나 점차 등록요건이 강화되는 추세다.

ROE(자기자본이익률)는 경영자가 기업에 투자한 자본을 이용하여 이익을 어느 정도 올리고 있는가를 나타내는 기업의 이익창출 능력을 말한다. 산출방식은 기업의 당기순이익을 자기자본으로 나눈 뒤 100을 곱한 수치다.

예를 들어 자기자본이익률이 10%라면 주주가 연초에 1,000원을 투자해 연말에 100원의 이익을 냈다는 뜻이다.

코스닥 등록 일반요건

상장요건	일반기업	벤처기업	성장형 벤처*
설립년도	3년 이상	–	
자기자본	30억 원	15억 원	15억 원 이상
자본잠식	없을 것	없을 것	없을 것
경영성과	경상이익 실현	경상이익 실현	
자기자본이익률 (ROE)	최근사업연도말 10% 또는 당기순이익 20억 원 이상일 것	최근사업연도말 5% 또는 당기순이익 10억 원 이상일 것	
부채비율**	–	–	

* 성장업종으로서 기술평가 결과가 A등급 이상인 벤처기업
** 외형요건이었던 부채비율 요건은 재무안정성에 대한 질적심사로 대체

질적요건

1. 상장요건을 심사함에 있어서 시장성, 수익성, 재무상태, 기술성, 경영성을 반영할 수 있음
2. 수익성요건(ROE, 경상이익)을 충족한 기업은 시장성 중 매출의 지속 여부, 재무상태, 경영성을 심사함

으로 자금을 조달할 수 있는 창구를 열어주기 위해 별도의 자격 기준을 만들어 거래하도록 허용했다. 이를 등록 기준이라 한다. 거래소시장과는 제도적인 면에서 약간의 차이가 난다. 특히 자격 기준이 다르다.

'등록'과 '상장'이라는 말은 각 시장에서 거래될 수 있도록 허가하는 것으로 같은 개념이다. 다만 코스닥에서는 '등록한다'는 말을 쓴다는 것을 알아두자.

코스닥시장이 거래소시장에 상장되기 위한 전 단계로 알고 있는 사람도 있으나 독립적인 별개의 시장이다. 다만 자격 기준을 갖추면 코스닥시장에 소속되었다가 거래소로 갈 수도 있다. 증권거래소 사이트(http://km.krx.co.kr)에 가면 자세한 내용을 볼 수 있다.

프리보드는 무엇이고 어떻게 거래되는가?

프리보드는 장외시장이다

거래소, 코스닥 이외에 또 다른 시장인 '프리보드'가 있다. 프리보드(Free Board)는 거래소나 코스닥에 들어가기엔 자격이 미달되어서 '먼 미래에나 등록될' 꿈을 가진 회사 주식이나, 상장 또는 등록이 폐지된 주식들에 대해 유동성을 부여하기 위해서 만든 '거래만을 위한 시장'이다.

거래소시장과 코스닥시장은 '제도권 내의 시장'으로, 프리보드는 '제도권 밖의 시장'으로 생각하면 쉽다. 제도권 밖이라고 하더라도 증권회사를 통해서 거래할 수 있도록 편의를 제공한 시장인 셈이다.

주의할 사항은 프리보드에서 거래되는 회사에 대해서는 누가 검증해주지 않는다는 점이다. 그래서 그 회사에 대해 자세히 아는 경우에만 거래하는 것이 좋다. 아는 사람이 추천했다고 쉽게 매수했다가 다시 팔지 못해 발을 동동 구르는 사람이 많다. 그럴 경우 자신의 바람과 상관없이 주식을 오랫동안 보유할 수밖에 없다. 투자자의 책임이 특히 강조되는 시장이다.

프리보드의 거래

프리보드에서는 거래 가격이 정확히 일치해야 거래가 이뤄진다. 많은 사람들이 주문을 내는 '경쟁 매매'가 아니라 상대가 있을 때만 거래가 성립되는 '상대 매매'다. 주식을 매수했다가 팔고 싶어도 사겠다는 사람이 있어야 팔 수 있다는 말이다. 환금성에 문제가 있으니 조심할 일이다. 매수·매도 가격이 일치해도 분할 매매 조건이 아니라 전량거래 조건이면 거래가 성립되지 않는 단점이 있다. 거래소나 코스닥과 달리 가격 제한폭(±50%)이 커서 주가가 급등락할 가능성이 높다. 그런 제도를 이용한 주가조작이 자주 일어난다. 그만큼 위험성이 높은 시장이다. 심지어 매수 주문가격이

프리보드를 위한 인터넷 사이트

- 38communication (www.38.co.kr)
- 제이스톡 (www.jstock.com)
- pstock (www.pstock.co.kr)

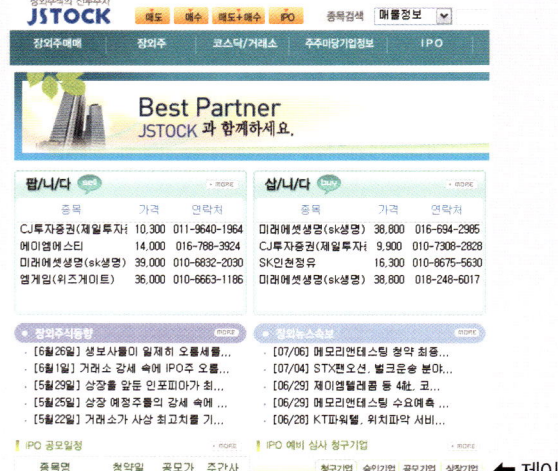

← 제이스톡의 사이트

프리보드 매매 시 주의 사항

- 프리보드에서는 상대매매 방식을 채택하여 매수 주문가격과 매도 주문가격이 정확하게 일치하는 경우에만 성립된다.
- 매매 시 위탁증거금률이 100%이다. 즉, 매수와 매도 시 현금과 유가증권을 100% 보유하고 있어야 한다.
- 프리보드에는 동시호가제도가 없으며 가격 제한폭은 ±30%이다.
  - 기준가는 전일거래량 가중평균 주가가 된다.

매도 주문가격보다 높아도 거래가 성립되지 않는 기현상이 종종 생긴다.

　프리보드에서 거래되는 주식은 비상장주식에 해당되기 때문에 대주주나 소액주주 구별 없이 양도 주식에 대해서는 양도세가 과세되는 점도 거래소, 코스닥과 차이가 난다. 양도소득세는 대기업 주식은 매매 차익의 20%, 중소기업 주식은 매매 차익의 10%를 내야 한다. 세금 신고는 주소지 관할세무서에, 투자자가 거래일 2개월 안으로 신고하면 10%의 세금을 공제받는다. 종합소득세 신고기간(5월)에 신고해도 되지만 2개월이 지나면 세금공제를 받지 못하고, 자진신고를 하지 않으면 가산세 10%를 내야 한다.

증권기사를
돈으로
만드는 방법

💭 어디에서 주식에 관한 정보를 얻을 수 있나?

1 경제신문에 답이 있다

일반투자자의 정보취득 방법에는 한계가 있다. TV 뉴스와 신문, 증권 사이트가 대부분이다. 그 가운데 시간이 많이 들지만 내용을 깊이 파악할 수 있는 방법은 신문을 읽는 것이다. 신문은 사람을 유식하게 만들기도 한다. 아무래도 방송으로 들은 내용은 흘려듣기 쉬운데 활자로 보면 깊이를 느끼게 된다. 바쁜 사람은 기사 제목만 봐도 경제의 흐름을 이해하는 데 도움이 된다.

일본의 주식투자가 고레카와 긴죠는 "경제신문에 모든 답이 있다"고 말한다. 그는 하루 종일 신문을 뒤적이며 생각을 정리했다고 한다. "주식투자에 필요한 모든 정보를 신문에서 얻는다. 신문기사를 빠짐없이 읽고 그 기사가 주는 의미를 생각한다"는 그의 말이 무척 의미 있게 들린다.

하지만 주식투자에 필요한 정보가 무엇인지 또 정보를 취득한다고 해도 그것이 얼마나 시장에 반영될지 판단하는 일은 쉽지 않다.

신문에 실린 내용은 누구에게나 알려진 공개된 정보다. 미공개된 알짜배기 정보가 있다면 그것은 회사와 관련한 몇몇 사람에게 국한된다. 정부는 내부자 정보를 이용하지 못하도록 강력하게 규제하고 있으나 "돈 앞에 장사 없다"는 말처럼 눈앞에 보이는 이익을 그냥 놔두지 못하는 것이 사람의 심리다. 암암리에 자기와 관련 있는 회사 정보를 주식투자에 이용하려는 사람은 항상 존재하게 마련이다. 그런 증거는 증권 당국이 내부자 정보를 이용해 부당 이익을 취득하는 것을 강력하게 규제하고 있음을 봐도 알 수 있다. '강력한 규제를 한다'는 것 자체가 내부자 정보를 이용하는 세력이 많다는 뜻이다.

내부자 정보를 일명 '고급 정보'라고 하는데 일반투자자가 '고급 정보'를 신문을 통해서 얻는다는 것은 불가능하다. 정보를 얻고 그것을 주식투자로 연결할 수 있는 시간적인 여유를 가질 수 없어서다. 그래서 일반투자자는 적기에 매수하지 못하고 늘 내부자(회사 정보를 알고 있는 사람) 뒤를 쫓아다니게 된다.

누구나 아는 정보는 더 이상 '정보'가 아니며 '죽은 정보'가 된다. 혼자서만 뒤늦게 취득한 정보를 그대로 시장에 적용해서는 승부에서 뒤처질 수밖에 없다(매수하기에는 이미 늦은 시점에서 정보를 얻고 투자에 뛰어든 사람은 많지만 기대와는 달리 주가가 떨어지면 투자자의 마음은 혼자인 것처럼 쓸쓸해진다).

혼자만의 관심으론 주가가 오르기 힘들다. 어떤 작전세력은 주가를 올리기 위해서 일부러 특별하지도 않은 내용을 '기사에 실어달라'고 증권 담당 기자에게 부탁하는 경우도 있다고 한다. 주가가 오를 만한 재료도 없이 주가를 끌어올리기 위한 편법을 쓰는 것이다. 이는 물론 불법적인 방법이지만 신문기사화되면 정보에 목말라 하는 많은 투자자들의 매수 타깃이 된다는 것을 알 수 있다.

2 | 정보를 선별할 줄 아는 눈을 길러라

증권사이트도 세인의 관심을 끌어 주가를 조작하는 통로로 이용되기도 한다. 주식동호회에서 자금을 모으고, 투자 게시판에 종목을 추천해 관심을 끈 뒤 주가가 상승하면 미리 사둔 주식을 매도하는 수법까지 등장했다.

이렇게 활자화된 정보는 주가에 영향을 미친다.

'고급 정보'를 아는 사람들이나 작전을 하려고 미리 주식을 매집해둔 사람들이 매도 시기로 이용하는 때이기도 하므로 주의해야 한다. '매도할 수 있다'는 것은 반대로 '누군가가 그 주식을 산다'는 뜻인데, 자기가 작전세력이나 내부자 정보를 이용하는 세력의 물량을 받아줘야 할 어떤 이유도 없다(자신만은 매도 물량을 받지 않아야 한다).

그러니 '고급 정보'를 얻기 힘든 일반투자자일수록 일상적으로 신문이나 뉴스에서 얻은 정보의 가치를 따질 수 있는 안목을 길러야 한다. 옥석을 가릴 안목을 키워야 하는데, 그럴 자신이 없다면 정확한 매매 시점을 잡는 일에라도 전력투구해야 한다.

"가장 편한 것이 가장 좋은 것이다"라는 말이 있다. 보통 상품 가치를 평가할 때 이런 얘기를 하는데, 우리가 어떤 일을 할 때 요령껏 편하게 그것도 확실하게 하는 방법을 안다면 편한 것이 가장 좋을 수 있다. 주식투자도 편하게 해야 좋다.

3 | 테마분석 기사와 기획 기사에 관심을 가져라

가장 쉽고 편하게 주식투자를 하려면 시야를 넓히고 경제지식을 키워야 한다. 가장 좋은 방법이 '경제신문을 정독하는 일'이다. 특히 시장이 어떤 방향으로 흘러갈 것인가를 포착하는 일은 주식의 성패를 가른다. 제대로 하면 수익이 크게 나고 반대로 짚으면 손해 볼 확률이 커진다. 문제를 푸는 길은 경제신문에 있다. '테마 분석' 등 주제를 정해놓은 분석 기사에 특별히 관심을 가져야 한다. 나도 가끔 기자들이 쓴 기획기사를 보고 놀란다. 증권회사 직원도 아닌데 어떻게 이런 흐름을 알까 싶다. 보유 주식만 쳐다보다가 대세를 놓치기 쉬운데 기자는 큰 흐름을 잘도 짚어낸다. 한 발짝 떨어져서 시장을 보는 기자는 시장 참여자보다 오히려 냉정하고 합리적인 기준으로 시장을 보기 때문이다. 남의 생각을 자기 것으로 만들고 싶다면 신문을 열심히 읽어야 한다. 어떤 사건 발생이나 계약 체결, 사업자 선정 등과 같은 일시적 관심을 끄는 기사보다 시장의 테마를 분석한 내용을 자세히 읽어야 한다. 그래야 향후의 경기 동향이나 산업 흐름을 알아차리고 주식투자에 대한 올바른 전략을 세울 수 있다.

신문을 훑어보다가 '환율 급락, 우리 경제 어떻게 될까?'라는 제목의 심층 분석 기사를 보았다면 어떻게 받아들여야 할까?

환율 문제가 우리 경제에 어떤 영향을 미칠 것인지 알아야 한다. 만약 환율이 급락하면 경기회복이 지연되고 상장 제조업의 영업이익이 축소되며 순이익도 아울러 줄어든다. 또 경제성장률도 하향 조정된다. 이때 전문적인 용어는 지나치더라도 줄거리를 놓치지 말아야 한다. 나라 걱정에 그치지 말고 주식투자자의 입장에서 어떻게 해석할 것인가를 생각해야 한다. 그것도 신문에서 찾아야 하는데 숨은 그림 찾기처럼 신문 구석구석에 숨어 있다.

수출 채산성이 악화되면 수출 관련주에 대한 투자를 피하고 경기와 무관하게 오를 수 있는 경기 방어주를 택해야 하며, 환율에 민감한 회사보다 환율 변동에도 버텨낼 수 있는 우량기업이 좋겠다고 생각할 수 있다면 당신은 적어도 70점 이상은 된다.

반대로 '경기, 바닥을 치고 호전 가능성 비쳐'라는 제목의 글을 보았다고 해보자.

경기호전으로 인해 업황이 좋아지는 산업을 찾아야 하고, 그 속에서 경제성장의 혜택을 입는 실적호전 회사를 찾아야 한다. 테마 분석 기사에서는 실적이 좋아지는 회사의 이름도 구체적으로 언급한다. 투자 관심 대상을 결정하는 데도 테마 분석이 요긴하다.

어떤 기사가 주식투자에 도움이 될까? 사례를 들어보자.

- 경기 견고한 회복세(한국경제 2007. 7. 11)
- LG필립스LCD 흑자전환(조선일보 2007. 7. 11)
- 무디스, 한국신용등급 4년 5개월여 만에 'A2' 상향(이데일리 2007. 7. 25)
- 2분기 GDP 성장률 1.7%, 6분기 만에 최고치(국민일보 2007. 7. 25)
- 한국주가가 많이 올랐다고 판단, 대만과 필리핀으로 옮겨가(매일경제 2007. 7. 27)

이와 같은 기사를 열심히 찾아서 읽어보면 하나의 문제로 일어날 수 있는 여러 상황을 다각도로 이해할 수 있고, 자신이 미처 깨닫지 못하는 것을 기사를 통해서 알 수 있다.

4 신문기사로 종목 찾기

요즘 신문기사에는 전날 급등락한 종목에 대한 분석 기사가 많이 실리는데, 이들 종목 중에서 장을 이끌어가는 선도 종목이 자주 눈에 띈다.

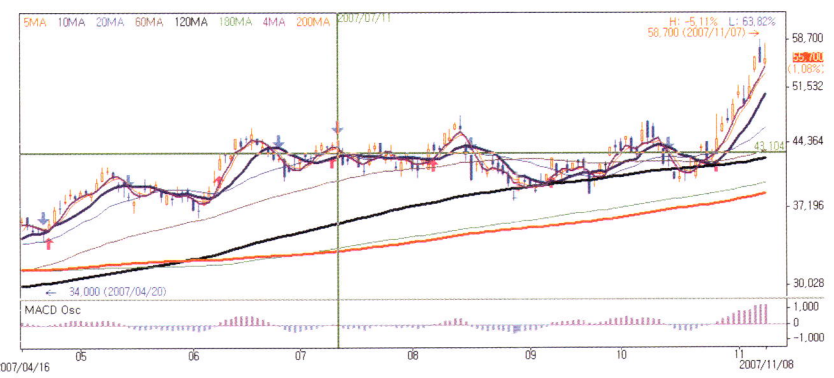

흑자전환 발표 이후의 주가 변화(LG필립스LCD)

       흑자전환 기사가 신문에 난 이후의 주가 움직임이다. 기사화되었다고 당장 주가가 움직인 것은 아니다. 이미 회사실적이 호전된다는 것이 알려져 있었고 그로 인해 주가는 바닥권에서 이탈해 상승기에 있었기 때문으로 분석된다. 흑자전환의 호재를 이용해서 중장기 관점에서 주식을 바라본다면 "회사가 좋아진다고 하는데 주가가 왜 안 오르지?" 하는 질문을 하지 않게 된다.

      무심코 지나친 종목 중 최고의 주가 상승률을 기록한 경우도 있다. 최고의 수익률을 낼 수 있는 기회를 신문이 우리에게 친절하게 알려주는데도 워낙 많은 종목이 신문에 오르내리니 그걸 찾지 못하는 것이다.

    전일 또는 최근 급등한 종목이 신문에 추천되었다면 그때부터 관심을 가져도 늦지 않다. 회사의 발전 가능성과 업황, 과거의 영업실적, 반기 또는 분기실적 비교 등 구체적으로 성장성 여부를 고민해보고, "이 상황에서 펀드매니저라면 어떤 생각을 할까?", "내가 외국인 투자자라면 어떻게 할까?" 하는 질문을 던져보는 습관을 들이자. 그렇게 해서 나온 해답을 바탕으로 합리적인 실천 방향을 세워야 한다. 그래야 자신의 일방적인 주장을 굽힐 수 있고, 다른 사람의 눈을 통해서 시장을 보게 된다. 신문을 통해서 전문가의 조언을 귀담아들으면 실패 확률을 줄일 수 있다.

공시는 어떻게 활용하나?

1 정보를 빨리 얻으려면 전자공시시스템을 활용하라

신문의 증권란 맨 아래쪽에 '거래소 공시', '코스닥 공시'라고 쓰인 것을 봤을 것이다. 주식투자자에게는 회사 정보를 얻는 일이 무엇보다 중요한데 공시를 이용하는 것이 한 방법이다. 그런데 왜 증권란 맨 아래쪽에 있는지 모르겠다(정보를 제공한다는 점에서 독자들이 잘 볼 수 있는 곳에 배치해야 할 것 같은데).

공시란 상장회사의 경영에 관한 중요 사항이 발생할 때 주주, 채권자, 소비자 등 기업 관계자들이 기업가치를 정확하게 평가하고 진단할 수 있도록 해당 기업과 관련한 정보를 공개적으로 전달하는 제도다. 일반인들에게 회사 정보를 공개적으로 발표해 투자자의 피해를 줄이기 위해서 만든 것인데, 주식투자를 하려는 사람은 주식을 매수하기 전에 적어도 관심 있는 회사가 과거에 어떤 공시를 발표했는지 미리 알아보는 것이 좋다. 그래야 그 회사의 경영 방향과 발생한 사건 등을 이해할 수 있다.

하지만 신문의 공시를 보고 매매하는 것은 적절하지 않다. 신문에는 전날 나온 공시를 보도하기 때문에 시간적으로 조금 늦게(하루 정도) 보도되므로 그 공시를 보고 재료가 될 것 같다고 무턱대고 투자해서는 안 된다.

그렇다면 "주식투자자는 매일 수십 건씩 쏟아져나오는 공시를 다 알아야 하는가?", "재료에 따라서 주가가 움직인다면 재료성이 있는 공시를

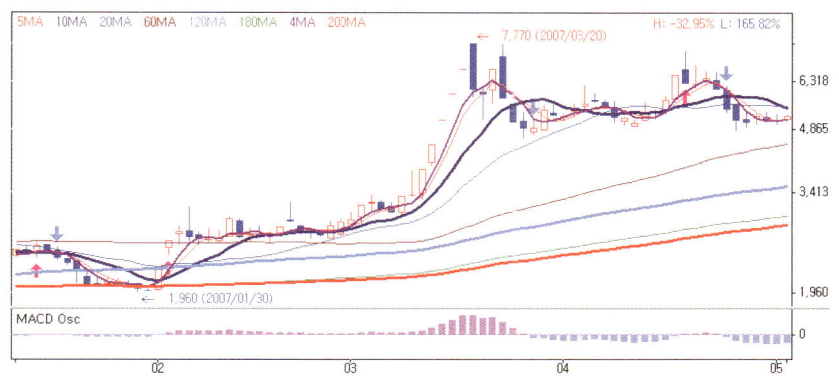

2007년 3월 15일 썸텍은 M&A의 재료를 발표했는데 그 내용을 보면 최대주주의 변경이었다. 그것이 좋은 재료가 될지는 확실하지 않았으나 주가는 경영권 인수 발표 전부터 급등하기 시작했다. 나흘 연속 상승세에 이틀 연속 상한가로 마감하여 3,000원이 겨우 넘던 주가가 전날 4,455원으로 마감했다. 경영권 인수의 내용을 미리 안 세력이 주가를 매집하고 이 정보를 이용하여 주가 상승을 부추긴 흔적이 보인다.

일반투자자는 공시를 보고 매수에 가담했다고 하더라도 상한가로 거래되어 살 수도 없을뿐더러 7,700원에 매수된 시점 이후로는 급락으로 반전해 하루 사이에 손실을 볼 수밖에 없었다.

빨리 알아야 하는데 실제로 그게 가능한가?"와 같은 의문이 생길 수 있다. 답부터 말하면 첫 번째 의문에는 "공시에 지나치게 집착할 필요는 없다"고 할 수 있다. 공시로 발표되어 나오는 얘기 중에 자신이 관심 있는 내용만 찾아보면 되지 공시를 모두 검색하는 것은 비효율적이다.

두 번째 질문에 대해서는 "감각 있는 투자자에게만 가능한 일이다"라고 말할 수 있다. 매매 타이밍이 중요한 주식거래에서 재료를 포함한 공시를 빨리 취득해야 하는데, 장중에 금융감독원의 전자공시시스템

일 자	시 가	고 가	저 가	종 가	전일대비		등락률	거래량
2007/03/30	5,310	5,540	5,210	5,220	▼	180	−3.33	534,297
2007/03/29	4,820	5,540	4,800	5,400	▲	500	10.20	1,384,245
2007/03/28	4,760	5,100	4,700	4,900	▲	50	1.03	922,710
2007/03/27	5,070	5,330	4,610	4,850	▼	160	−3.19	1,359,153
2007/03/26	5,580	5,780	4,880	5,010	▼	730	−12.72	1,434,121
2007/03/23	7,260	7,760	5,740	5,740	↓	1,010	−14.96	8,312,583
2007/03/22	6,000	6,750	5,560	6,750	↑	880	14.99	2,544,084
2007/03/21	5,970	6,120	5,110	5,870	▼	140	−2.33	2,811,789
2007/03/20	7,770	7,770	5,750	6,010	▼	750	−11.09	7,555,318
2007/03/19	6,760	6,760	6,760	6,760	↑	880	14.97	43,120
2007/03/16	5,880	5,880	5,880	5,880	↑	760	14.84	17,064
2007/03/15	5,120	5,120	5,120	5,120	↑	665	14.93	54,563
2007/03/14	4,020	4,455	3,935	4,455	↑	580	14.97	3,099,714
2007/03/13	3,380	3,875	3,280	3,875	↑	505	14.99	2,179,346
2007/03/12	3,340	3,850	3,320	3,370	▲	20	0.60	3,037,318
2007/03/09	3,050	3,350	3,000	3,350	▲	300	9.84	1,573,699
2007/03/08	3,170	3,240	3,050	3,050	▼	70	−2.24	507,954
2007/03/07	3,235	3,270	3,075	3,120	▼	110	−3.41	673,046

(http://dart.fss.or.kr)이나 증권거래소의 전자공시시스템(http://kind.kse.or.kr)에 접속해놓고 수시로 확인하는 것이 가장 좋은 방법이다. 물론 증권회사 사이트를 확인해도 좋지만 그것은 이들 전자공시시스템에서 자료를 받아 게시하므로 조금 늦다고 봐야 한다.

전자공시시스템은 상장법인 등이 공시서류를 인터넷으로 제출하고, 투자자 등 이용자는 제출 즉시 인터넷을 통해 조회할 수 있도록 하는 종합적 기업공시시스템으로, 공시된 내용을 더욱 빠르게 투자자에게 제공하기 위한 것이다. 이런 시스템을 이용해서 재료 있는 공시를 낸 회사 주식에만 관심을 가지면서 단타를 노리는 데이트레이더가 따로 있다. 재료가 될 만한 공시가 발표되는 순간 주가가 급등했다가 다시 원점으로 돌아오는 경우가 많은데 이를 초치기로 따먹으려는 투자 방법이다. 특별히 동물적 감각이 있는 사람만 가능한 일이므로 매매에 자신이 없다면 공시를 매개로 추격 매수하는 행동은 자제해야 한다.

직접공시, 간접공시, 조회공시

공시에 대해 구체적으로 알아보자.

공시는 직접공시와 간접공시, 조회공시로 구분한다. 직접공시는 회사 부도, 합병, 주식배당 등 회사 존립이나 주가에 결정적인 영향을 미치는 사건이 발생할 때 하는 공시다. 간접공시는 사업목적의 변경이나 기술도입 계약, 자산재평가 등 회사의 경영 환경에 큰 영향을 미치는 사건이 발생할 때 하는 공시다. 조회공시는 풍문이나 루머에 대해 증권거래소가 투자자들을 대신해서 확인을 요청하는 것으로 조회공시를 요구받은 기업은 요구받은 다음 날까지 소문의 사실 여부를 공시해야 한다.

그러면 공시는 어떤 식으로 활용해야 할까?

유상증자나 무상증자의 일정, 배정비율 등 이미 확정된 회사의 사업 내용을 다시 한 번 정확하게 확인하고 싶을 때 공시를 활용하면 좋다. 자기가 보유한 종목의 회사가 공시를 냈는지 확인하면서 주가에 영향을 미칠 특별한 내용이 있는지 검토하는 선에서 그치는 것이 좋다. 자금 악화와 같은 좋지 않은 내용이나 대주주의 주식 처분과 같은 내용이 실렸다면 일단 보유 주식을 처분하는 것이 낫다.

공시를 이용한 매매는 되도록 삼가는 것이 좋다. 공시 내용이 회사 이익에 어느 정도 영향을 미치는지 따져보고 나서 매매해도 늦지 않다. 왜냐하면 어느 날 재료가 될 만한 내용이 공시로 발표되었다고 하더라도 그 공시를 준비하기 위해서는 최소한 1주일 이상 회사 측에서 준비했다고 봐야 한다. 그 기간에 내부 정보를 입수한 사람은 주식을 미리 사두거나 팔 수 있기 때문이다. 자신이 공시를 통해서 어떤 회사의 고급 정보를 알았다면 제일 마지막으로 그 정보를 접했다고 생각해야 한다.

신문기사로 났더라도 확인 절차가 필요하다

2007. 7. 30 11:51:32 농협, 현대증권 지분 20% 1.5조 원 인수 추진(이데일리)

2007. 7. 30 13:22:49 현대증권 매각추진, '현대상선 방어 포석'(이데일리)

2007. 7. 30 13:35:57 [특징주] 현대증권, 매각추진 보도로 9.4% 상승(머니투데이)

2007. 7. 30 14:12:17 현대증권 조회공시 요구(풍문 또는 보도)(거래소 수시공시)

2007. 7. 30 14:17:19 현대증권, 농협 피인수설 조회공시(연합통신)

2007. 7. 30 15:21:24 현대증권 '회사 매각 사실무근' 해명(이데일리)

2007. 7. 30 16:11:25 현대증권, 조회공시 요구(풍문 또는 보도)에 대한 답변(부인)(거래소 수시공시)

2007. 7. 30 17:57:56 농협, 현대증권 인수 추진, 현대 측은 부인(이데일리)

2007. 7. 31 09:18:52 [특징주] 현대증권, NH투자증권, M&A설 사실무근, 약세(머니투데이)

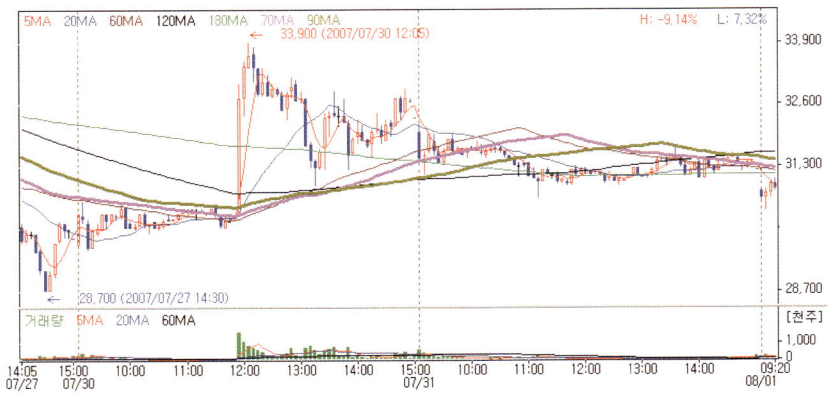

신문에 M&A 기사가 나오면서 주가가 급등한 현대증권의 차트다. 신문에 실리면 대부분의 투자자들은 확실한 호재거리로 생각하고 대담하게 매수에 가담하게 되나 조회공시를 통해서 부인된 경우다. 그 이후 주가는 추가로 하락하여 신문기사를 믿은 투자자만 손실을 본 사례. 11시 51분에 기사로 나온 뒤 주가가 급등하여 3만 원의 주가가 15분 만에 33,900원까지 급등한 이후 불확실성이 커지자 주가가 다시 하락하는 모습을 보였다. 뉴스를 접하면 그 종목에 대한 공시와 뉴스가 어떻게 추가적으로 나오는지 지속적으로 관찰해야 한다.

주가 급등락 조회공시 60% "이유 없어"

(머니투데이 2007. 8. 7)

2007년 상반기 주식시장의 활황으로 주가급등 종목이 속출하면서 이와 관련된 조회공시도 큰 폭으로 증가한 것으로 조사됐다. 증권선물거래소에 따르면, 올해 상반기 주가의 급등락(현저한 시황 변동)으로 인해 조회공시를 요구한 업체는 코스피 103사, 코스닥 171사로 작년 상반기 대비 각각 57.4%, 72.5% 증가했다. 거래소시장 감시위원회는 "상반기 주가 상승으로 인해 시황 변동 관련 조회공시는 전년동기 대비 큰 폭으로 증가한 반면 풍문·보도 관련 조회공시는 유사한 것으로 집계됐다"고 밝혔다. 특히 주가 급등으로 인한 공시 요구는 160건에서 274건으로 71.3% 큰 폭으로 증가했다. "그러나 시황 관련 조회공시 295건 중 177건(60%)은 '주가 급변 사유 없음'으로 부인 공시해 아직도 투자자들은 투기적 매매를 선호하고 있는 것으로 분석된다"고 밝혔다. 또한 "'사유 없음' 공시 이후에는 주가가 급속히 안정된 것으로 조사됐다"고 덧붙였다.

주가가 급속히 안정되었다고 하는 것은 주가가 더 이상 상승하지 않고 하락했다는 뜻이다. 깊이 있게 생각해보면 조회공시가 의뢰되어 특별한 사유 없음으로 나오면 주가가 하락 반전할 가능성이 크다는 뜻으로 해석해야 한다. 조회공시를 보고 매매하기엔 너무 늦을 수도 있음을 유의해야 한다.

신문의 시세표 보는 방법은?

시세표

신문에는 주식 시세를 알려주는 시세표를 매일 싣는데 혹시 모르는 사람을 위해서 간단히 설명하겠다. 시세표에는 전일의 주가 변동을 모두 담고 있는데 그것을 훑어보는 사람은 시간이 많은 사람이다. 자신이 보유한 주식 가격을 알아보려면 증권회사 HTS에 접속하거나 인터넷 검색 사이트에서 회사 이름을 눌러보거나(실시간이 아니므로 주의해야 한다. 거래된 시간보다 10분 이상 늦게 나온다) 휴대전화나 PDA로 수시로 확인할 수 있다. 다음 날 신문 시세표를 뒤적이는 사람은 정말 맘 편한 투자자다. 아예 주식을 묻어두고 오르면 팔겠다는 심산인 사람이다. 하루에도 같은 종목의 가격을 거래량과 함께 몇 번씩 확인하는 고객도 많다. 증권회사 입장에서는 귀찮은 일이지만 고객 서비스 차원에서 친절하게 가르쳐주니 수시로 전화해서 문의하면 쉽게 알 수 있다.

시세표를 모르고서는 주가를 제대로 알 수 없다. 시장 변화를 알고 주식 종목을 선택하는 도구로도 활용된다. 시세표를 통해 가장 많이 하락한 종목을 찾고 싶을 때 연중 최고가와 최저가, 52주 최고가와 최저가를 활용하면 편하다.

2 | 일반종목

시세표가 어떻게 구성되어 있는지 알아두는 것도 하나의 상식이다.

시세표에는 거래소와 코스닥으로 크게 나뉘어 있다. 그 중 거래소는 일반종목, 투자회사, 부동산투자회사, ETF(상장지수펀드), 선박투자회사, 인프라투융자회사, 관리종목ELW(주식워런트증권)로 구분되어 있고, 코스닥은 스타지수종목, 벤처종목, 일반종목, 투자유의종목, 증권투자회사. ETF, 투자유의종목, 관리종목으로 되어 있다(2007년 7월 4일 기준). 종목 수만 보더라도 1,890개가 넘는다. 시가총액으로는 거래소가 909.8조 원, 코스닥이 104.4조 원쯤 된다. 우리나라 증시의 시가총액이 1,000조를 돌파한 것이다. 시가총액은 상장된 주식을 시가로 모두 살 경우에 들어가는 비용이다.

일반종목은 말 그대로 거래소나 코스닥에서 보통 거래되는 종목이다. 코스닥에서는 벤처종목이 해당된다. 일반종목과 벤처종목은 등록 기준에서 차이가 있을 뿐이다. 눈으로 보기만 해도 어떤 것인지 알 수 있을 테니 생략하기로 한다.

3. ETF

증권 용어에는 왜 그렇게 영어가 많은지 모르겠다. 먼저 ETF의 뜻부터 보자. ETF는 상장지수펀드인데, 영어로 'Exchange Traded Fund'의 약자다. 주가지수 움직임을 그대로 연동해 만든 펀드로, 이 펀드에 투자하는 것은 주식시장 전체를 사는 것과 같은 효과를 가진다. ETF는 주가 상승기에 상승분만큼 수익을 고스란히 챙길 수 있고 직접투자에서 발생할 수 있는 리스크를 최소화한 펀드다. 거래소나 코스닥에 상장해 일반 주식처럼 거래된다. 주가지수(KOSPI200, KOSDAQ50)와 같이 움직이도록 만든 것이 ETF이고, 이 펀드를 거래한다고 보면 된다.

국내 ETF 현황(단위:억 원, %)							
회사	펀드	설정일	순자산	수익률			
				1개월	3개월	6개월	1년
삼성투신운용	KODEX200	2002.10.11	9,950.77	ˉ0.9	24.9	40.6	52.2
우리CS자산	KOSEF200	2002.10.11	1,241.81	ˉ0.9	25.3	40.4	51.6
미래에셋맵스	미래에셋 TIGER KRX100상장지수	2006. 6.26	1,114.50	ˉ0.2	24.4	39.1	51.0
미래에셋맵스	미래에셋 TIGER BANKS상장지수	2006. 6.26	419.24	3.2	3.5	16.5	22.5
삼성투신운용	KODEX X반도체 상장지수	2006. 6.26	346.47	ˉ3.6	37.4	58.7	62.2
미래에셋맵스	미래에셋 TIGER SEMICON상장지수	2006. 6.26	33ˉ.49	14.0	38.6	61.0	64.8
삼성투신운용	KODEX XSTAR상장지수	2005.12.14	248.13	5.4	27.4	47.0	54.4
삼성투신운용	KODEX 은행상장지수	2006. 6.26	219.05	3.2	3.3	16.4	22.2
우리CS자산	KOSEF BANKSETF	2006. 6.26	202.28	3.2	3.3	16.4	22.4
삼성투신운용	KODEX KRX100 상장지수	2005.10.27	195.81	ˉ0.1	24.3	39.0	50.7
우리CS자산	KOSEF IT ETF	2006. 6.26	182.03	7.3	19.9	28.4	30.3
삼성투신운용	KODEX 자동차 상장지수	2006. 6.26	141.74	ˉ1.0	24.3	29.0	27.3
비고	일반주식성장형펀드(376개)			6.11	31.27	47.24	60.42
	일반주식인덱스펀드(68개)			7.38	26.13	40.01	56.47
	KOSPI200			7.27	39.42	53.79	32.53

※ 2007년 7월 20일 기준. 수익률은 기준가만 이용해서 계산(배당금은 반영하지 않음).
　자료：삼성투신, 제로인

거래소에서는 KODEX200이 대표적이며, KOSPI200과 유사하게 움직인다. 코스닥과 연계된 상품으로는 'KODEX스타'가 있다. 만약 종합주가지수가 상승할 것이라고 예상하는데 종목에 자신이 없고 선물에 대해 위험을 느낀다면 KODEX200을 사면 된다.

개별 주식에 투자할 경우 주식시장 전체 움직임에 따른 위험과 개별종목이 지닌 위험까지 부담해야 하지만 KODEX200은 주식시장 전체 위험만 지면 되므로 종합주가지수에 강한 사람에게 적합하다.

또 주식시장 전체에 투자하는 것과 똑같은 효과가 있으므로 소액투자를 통해서도 높은 위험분산 효과를 거둘 수 있다. 개별 주식을 팔 때는 증권거래세가 부과되지만 KODEX200을 팔 때는 거래세가 없는 장점도 있다. 또 실시간으로 거래되기 때문에 언제든지 원하는 가격으로 사고팔 수 있다. 주식처럼 신용거래도 가능하다.

4 | 관리종목

관리종목에만 투자하려는 사람도 있다. 다른 종목에는 전혀 관심이 없고 '오직 관리로 승부한다'가 그들의 투자 철학이다. 관리종목에 포함된 모든 회사의 경영방침과 재무상태 등을 완전히 파악하고 매일 각 회사에 전화를 걸어 동향을 물어본다.

하지만 몇 년 동안 관리종목에 투자한 결과는 어떠했을까? 원금의 10분의 1 정도밖에 남지 않았다. 관리종목은 그 회사가 어떤 점에서든 상장요건에 부적합해 관리로 편입된 것이라 대체로 움직임이 부족하다. 하지만 이따금 특별하게 급등하면서 한탕하려는 투자자의 마음을 흔들어놓기 때문에 그 맛에 계속 관리종목만 거래하는 일이 생긴다. 관리종목을 좋아하는 사람은 자신의 자금관리에 더 신경 써야 한다.

관리종목은 어떻게 구성될까? 관리종목에 포함된 회사는 영업정지나 부도 등이 발생한 회사가 대부분이다. 상장폐지 기준에 해당하면 증권거래소는 일반투자자에게 주의를 주어 투자에 참고하도록 하는데 이를 모아놓은 주식이 관리종목이다.

현재 관리대상 종목은 주로 부도 발생 등으로 인한 은행거래 정지, 회사정리 절차 개시, 부정적인 감사의견 또는 영업활동 정지 등의 사유로 지정되고 있다. 또 거래량으로도 지정 사유가 발생하는데 현행 규정은 각 분기의 월 평균 거래량이 100억 원 미만 법인은 상장주식 수의 2%, 100억 원 이상 법인은 1% 이하일 경우 관리종목으로 지정되며, 이후 다음 분기에도 거래량이 미달하면 상장이 폐지된다. 관리대상 종목은 미수나 신용거래가 불가능하다.

부도가 발생하면 관리종목으로 편입되는 것은 이해되는데 거래량이 모자란다는 이유로 관리종목이 된다는 것은 조금 의아스럽다. 하지만 거래소에서는 시장에서 주식이 유통되지 않는 기업들은 "기업공개의 의미가 없고 상장 자격도 부족하며, 회사 사정에 따라 다르겠지만 주식의 환금성을 높일 대책을 세워야 한다"고 말하면서 주주를 보호할 책임이 회사에 있음을 강조한다.

거래량이 자주 미달하는 기업들은 분기별 거래량 요건 기준일 직전에 대주주끼리 자전거래를 통해 관리종목 지정에서 벗어나기도 하고, 자사주신탁을 만들어 거래량을 늘리는 방법을 쓰기도 한다.

5 투자유의종목

투자유의종목에 속한 회사는 대체로 퇴출대상 회사들이다. 감사의견 부적절 및 의견 거절, 연간 2회 불성실공시, 사업·반기·분기 보고서 미제출 등이 투자유의종목 편입 사유다. 또한 재무 상태는 건전하더라도 주식 분산기준 미달 사유가 1년간 계속되거나 월 거래량이 1,000주 미만인 상태가 6개월간 계속되는 경우에도 투자유의종목으로 지정된다. 지정 사유를 해소할 경우 곧바로 일반종목으로 편입될 수 있다.

6 감리종목

관리종목과 발음이 비슷해 혼동하기 쉽다. 감리종목은 주가가 단기간에 급등해 일반투자자의 주의가 필요하다고 판단될 때 지정해 주의를 요하는 주식이다. 증권거래소에서 지정하는데, 상승기간·상승률 및 전체 시황 등을 감안해 최근 6일간 주가 상승 폭이 가격 제한폭(상한가) 5배를 초과하거나 최근 12일간의 주가 상승 폭이 가격 제한폭의 8배를 넘어서는 상태가 3일간 지속될 경우 감리종목으로 지정한다. 단, 이들 종목 중에서 마지막 3일째 되는 날의 종가가 최근 30일 동안 최고치에 미달하는 주식은 감리종목에서 제외된다.

주가 상승 폭이 동종 업종지수 또는 종합주가지수 상승 폭의 1.5배 미만인 경우에는 감리종목으로 지정되지 않는다. 감리종목은 감리지정일 이후 최근 6일간의 주가 상승일 수가 2일 이하이고, 6일째 되는 날의 종가가 전일 종가 이하이면 지정이 해제된다. 또한 감리종목으로 지정되면 신용거래 종목에서 제외되며 매수 주문 시 위탁증거금이 현금 100%가된다.

7 스타지수종목

스타지수는 2004년 1월 만들어진 지수로, 일평균 거래대금 300위 이내, 외부 감사인의 감사의견 적정, 사외이사 선임, 최근 2년간 연속 경상이익 실현 등을 충족하는 30개 코스닥업체의 주가를 토대로 산출된다. 코스닥에서 우량주로 보면 된다. 시장에서 확실한 이익 창출이 검증되지 않는 테마주보다 실적을 바탕으로 한 스타지수종목이 안전하게 투자할

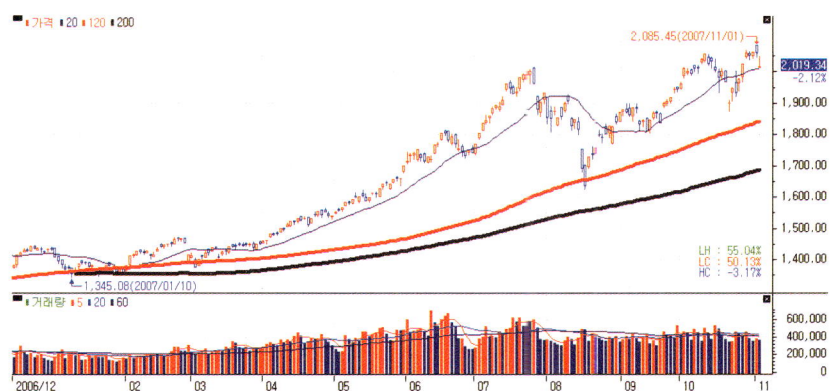

　　　　2007년도 최고의 히트 종목 중 하나다. 서울반도체는 14,450원(2007. 1. 30)부터 상승하여 74,500원까지 5개월 정도 꾸준히 상승하여 4배 이상 올랐다.

　　고성능 플래시 LED 출시를 통해 디지털 카메라 등으로 시장을 확대하고 탁월한 시장 선점 능력을 인정받으면서 상승했다. 전년동기 대비 2분기 매출액이 64%, 영업이익이 146% 증가한다는 재료도 사전에 미리 반영된 것으로 보인다. 리먼 브러더스가 31일 서울반도체의 실적 호조 전망에 따라 목표 주가를 기존보다 70% 상향, 72,000원으로 조정한다고 밝혔는데, 리포트 발표 당시에는 53,000원이었던 주가가 74,500원까지 오르고 조정받는 모습이 흥미로웠다.

　　애널리스트의 보고서가 시장에 그대로 반영된 사례다.

스타지수종목 구성

CJ인터넷, CJ홈쇼핑, GS홈쇼핑, LG마이크론, LG텔러 콤, NHN, SSCP, 네오위즈, 네패스, 다음, 메가스터디, 서울반도체, 성광밴드, 심텍, 쌍용건설, 씨디네트웍스, 아시아나항공, 인탑스, 인터파크, 주성엔지니어링, 코아로직, 키움증권, 태광, 태웅, 테크노세미켐, 평산, 포스데이타, 하나투어, 현진소재, 휴맥스 수 있어서 종목 선택이 편하다. PER(주가수익비율)와 PBR(주가순자산비율)이 낮은 종목이 주류를 이루기 때문이다.

이렇게 종목을 전부 열거한 이유가 있다. 이 중에 해답이 있기 때문이다. 이들은 기관투자가들의 매수 대상으로 아주 적절하기 때문에 조정기에 매수하는 전략이라면 언제라도 좋다.

상장폐지가 되면 어떻게 되나?

1 증권매매 자격이 박탈되어 환금성이 없어진다

상장폐지는 '관리종목 편입 → 상장폐지 유예기간 지정 → 상장심사위원회 심의 → 정리매매 → 상장폐지'의 순서로 결정한다. 이는 상장법인이 상장폐지를 신청할 수도 있으나 대부분은 상장폐지 기준에 해당하는 등의 이유로 증권거래소가 증권관리위원회의 승인을 얻어 증권시장에서 매매 자격을 박탈한다.

상장폐지 조치는 사업보고서 또는 반기보고서 미제출, 3년 연속 감사의견 부적정 또는 의견 거절, 회사정리 절차 개시, 어음 또는 수표 부도, 최근 3년간 자본 잠식, 기타 거래소가 필요하다고 인정하는 경우 등의 기준에 따라 행해진다. 회사가 자진해서 상장폐지를 하면 일반 주주를 대상으로 주식을 공개 매수해야 한다. 그래야 주주들의 불만을 해소할 수 있다. 외국인 투자자가 최대 주주인 회사에서 가끔 발생한다.

상장이 폐지되면 회사와 그 회사의 주식을 보유한 투자자에게 어떤 변화가 올까? 우선 회사 입장에서는 시장을 통한 자본 조달이 불가능해진다. 그러나 상장 회사가 지켜야 할 규정이나 규제에서 벗어날 수 있다. 일반 주주 입장에서 보면 주식이 현재 가격보다 다소 높게 공개 매수되

어 크게 손해 보지 않지만, 과거 높은 가격에 매수한 투자자들은 손해를
보더라도 매도할 수밖에 없게 된다.

상장폐지(코스닥) 요건	
주된 영업활동 정지 또는 양도	3개월 이상 주된 영업활동 정지 및 영업 전부의 양도
매출액 미달 및 경상손실 규모	2년 연속 매출액 30억 원 미만 3년 연속 경상손실이 있고 그 규모가 동년도 자기자본의 50% 이상
자본금 50% 잠식	2사업연도 자본잠식률 50% 이상
자본 전액 잠식	최근 사업연도말 자본 전액 잠식
최저주가	관리종목 지정 후 90일간 액면가 40% 이상이 10일 계속되지 않거나 누적일수가 30일 미만
시가총액	관리종목 지정 후 90일간 시가총액이 20억 원 이상이 10일 계속되지 않거나 누적일수가 30일 미만
감사(검토) 의견	감사의견 부적정·의견 거절 감사범위 제한으로 인한 한정의견 2년 연속
경상손실 및 시총액 50억 미만	2사업연도 연속 발생 시
최종 부도	부도 발생 및 거래은행 중단
회사정리 신청	회사정리 절차(화의법 화의 포함) 개시 신청
월간 거래량(투자유의)	거래실적 부진 상태가 3개월간 계속되는 경우
사업보고서 등(투자유의)	사업 반기 또는 분기보고서를 추가로 1회 기제출 시 등

금융상품 지식에 돈 있다

❋ **직접투자를 할까, 간접투자(펀드)를 할까?**

본인이 직접 거래를 하지 않고 다른 사람, 그것도 전문가의 힘을 빌리는 투자를 간접투자라 한다. 펀드투자라는 말로 대신할 수 있는데 우리나라도 점차 선진국의 투자형태로 바뀌어가고 있다. 펀드매니저에게 자금의 운용을 맡기는 것을 주저하지 말아야 한다. 아프면 의사에게 달려가고 소송 건이 생기면 변호사를 찾는 것과 다를 바 없다.

펀드에 돈을 맡겼다고 한 사람이 운용하는 경우는 이젠 찾아보기 힘들다. 자산의 규모가 너무 커져서 팀 단위로 운용을 하고 여러 명의 펀드매니저가 분업화하여 맡기 때문에 복잡한 것을 싫어한다면 본인이 직접 투자하는 것보다 펀드에 투자하는 것이 맘 편하다.

2007년 10월 2일 기준으로 국내 주식형 펀드 수탁액은 50조 462억 원으로 집계되었다고 한다. 순자산 총액은 120조 3,095억 원이라니 실로 엄청난 규모다. 우리나라 시가총액의 8분의 1을 차지하고 있고 상장된 회사의 자본금 총액이 98조 원이니 펀드 자금이 상장회사 자본금보다 많은 셈이다.

종합주가지수가 2000포인트를 넘어서고 홍콩 증시가 한 달 반 만에 70% 넘게 폭등하며 중국 증시가 강세를 보이자 국내 및 해외펀드로의 자금 유입이 가속화되고 있다. 국내 주식형 펀드가 40조 원을 재돌파한 이후 3개월 만에 50조 원을 돌파하였으니 한 달에 3조 원이 국내 주식형 펀드에 유입되고 있는 셈이다.

또한 국내 주식뿐 아니라 중국이나 인도와 같은 해외주식에 투자하는

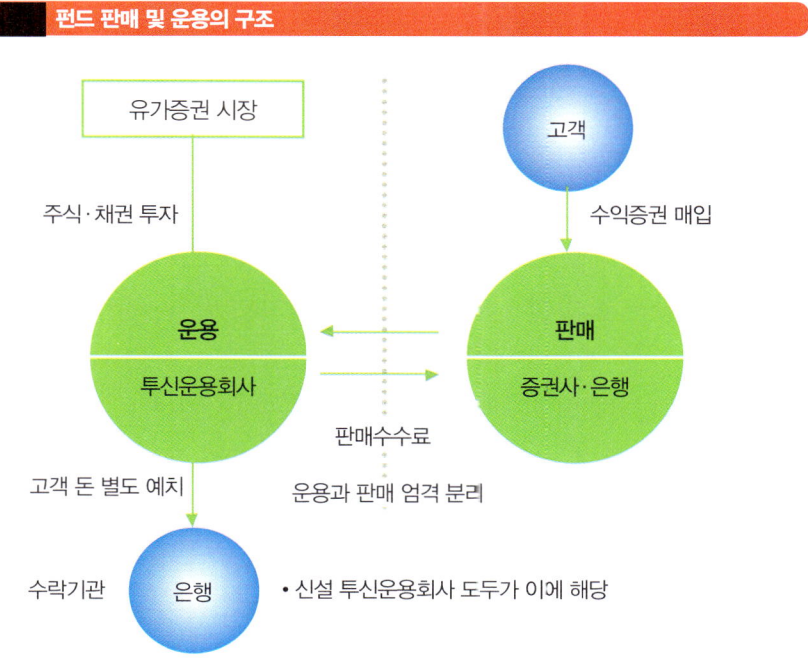

펀드 판매 및 운용의 구조

펀드가 인기를 끌고 있다. 아직까지 펀드에 관심을 가져보지 않았다면 얼마나 시대에 뒤떨어진 사람인가를 생각해볼 필요가 있다.

이제는 펀드(간접투자)가 직접투자보다 훨씬 안전한 수익을 가져다주는 투자방식이라는 인식이 커지고 있다. 주식을 다 알기는 어렵기 때문에 자신이 없다면 펀드에 가입하고 전문가에게 맡기는 편이 낫다. 그렇다고 펀드가 만능은 아니다. 펀드로는 종합주가지수의 상승률보다 조금 높은 수익률을 기대할 수 있다. 그 정도의 수익률에 배고파할 투자자라면 펀드보다 직접투자를 해야 하는데 펀드매니저만큼 연구하고 조사하는 노력을 마다하지 않아야 한다.

펀드는 어떻게 가입하나

2007년은 펀드에 자금을 넣은 사람에게 다른 어떤 금융상품보다 높은 수익을 안겨준 해다. 주식형 펀드에 미리 가입하여 수익을 낸 사람은 주위 사람에게 자랑하기에 바쁘다. 그렇지 못한 투자자는 하루라도 먼저 가입해야겠다는 결심을 하게 된다. 곁에서 "수익이 났다"는 말에 귀 기울지 않을 사람은 별로 없으니까. 그렇다 하더라도 먼저 어떤 펀드에 가입할 것인지는 생각해보아야 한다.

펀드에 가입하려면 증권회사를 찾아가면 된다. 그러나 은행창구에서도 펀드를 판매하고 보험회사에서도 펀드에 가입할 수 있다. 자본통합법금융회사의 영역이 없어지면서 은행, 증권, 보험회사 어디서든 펀드에 가입할 수 있다. 결국 투자자 입장에서 보면 사후 관리를 얼마나 잘해주고 펀드의 내용을 고객에게 정확히 전달해주며 수익을 지속적으로 발생시킬 수 있는가에 초점을 두고 선택하면 된다.

은행 창구에서는 금리가 투자자의 욕심에 미치지 못하게 되면서 적금 대용으로 적립식 펀드를 많이 권유한다. 은행자산관리사(보통 PB라고 불린다)는 투자금액이 2~3억 원 이상 되지 않으면 상담하기도 어려워 적은 돈을 가지고 펀드 상담을 받기 힘들다. 보험회사의 라이프플래너를 통해서도 펀드에 가입할 수 있지만 상품의 선택 폭이 다소 좁으며 직접 보험회사를 방문하여 펀드계약서에 서명을 해야 하는 불편함이 있다. 물론 선택은 투자자 자신이 하면 된다.

증권회사에서 펀드에 가입하려면 먼저 CMA 통장을 만들어 투자하고자 하는 금액을 불입하고 원하는 펀드를 지정해 약정서에 서명을 하면 된다.

펀드투자는 반드시 이익이 나는 것이 아니라 손실도 가져올 수 있으므로 약정서에 반드시 자필 서명을 요구한다. 그렇지 않은 경우는 전화통화 내용을 녹취하여 증빙으로 대신하기도 하므로 그 정도의 수고는 귀찮아하지 말아야 한다. 가입하기 전에 신뢰할 만한 상담자를 만나 투자하고 싶은 펀드의 시장 상황을 알아보는 것도 중요하다.

온라인으로도 펀드에 가입할 수 있다. 증권회사 홈트레이딩시스템을 사용하는 사람은 더 간단하다. 그러나 자신이 거래하는 증권회사나 은행에서는 원하는 펀드를 거래하고 있지 않을 수 있다. 현재 40개 이상의 자산운용회사가 있고 주식형 펀드만 1,000개가 넘는데, 모든 펀드를 다 취급하지는 않기 때문이다.

증권회사에서는 가장 인기 있고 수익률이 높은 펀드만을 구비하는 경우가 대부분인데 대체로 수익률이 좋고 자산 규모가 큰 펀드는 구색으로 갖추고 있다. 꼭 원하는 펀드가 있는데 거래하는 증권회사에 없다면 그 펀드를 판매하는 증권회사를 찾아가야 한다. 해당 투신운용사에 문의하거나 펀드전문 사이트를 통해서 펀드를 검색해보고 해당 증권회사를 찾

장점	공동 투자	공모형 펀드는 불특정다수의 일반투자자들로부터 자금을 모집하여 동일한 관리주체에 의해 공동으로 투자 및 운영되므로 혼자서는 투자할 수 없는 투자대상에 대해서도 투자를 할 수 있다.
	분산 투자	경제성장률, 금리, 물가 등의 리스크와 기업 고유의 위험 등 투자 위험을 최소화하기 위해 일반적으로 다양한 종목들을 대상으로 투자금액을 분산하여 투자할 수 있다.
	시간 절약	투자를 대행시킴으로써 투자자는 본업 및 자기계발이 가능하다.
	다양한 투자	소액자금으로도 증권투자뿐만 아니라 부동산 및 원유, 금 등 다양한 자산에도 투자할 수 있다.
단점	고위험부담 제한	다수 투자자의 자금을 모아서 운용하므로 위험이 따른다.
	비용 부담	직접투자 시에는 매매 시 비용 외에 보관에 따른 별도 비용이 없으나 펀드는 기간별로 수수료를 부담해야 한다.

아가면 된다.

하지만 숨겨진 펀드를 굳이 찾아내서 가입할 필요는 없다. 각 증권회사에서 펀드를 판매할 때 최소한의 검증을 하니 더 특별한 펀드를 찾기보다 많은 사람이 믿고 찾아낸 펀드에 가입하는 것이 좋다.

펀드의 가입 절차

1. 판매회사 방문 : 은행, 증권사
2. 증권계좌 개설 : 펀드가 들어갈 통장(예, 한화증권 CMA, 우리투자증권 옥토 등)
3. 펀드 선택을 위한 상담 : 자금운용 계획에 맞는 펀드, 자신의 투자성향에 맞는 펀드
4. 펀드 선택과 투자설명서에 서명 : 전화 녹취로도 펀드 선택 가능
5. 가입 완료 : 펀드의 수익률과 투자금액의 관리

증권회사에는 CMA가 있다

CMA 기간별 금리 (2007년 12월 26일 기준)

구분	1~30일		31~90일		91~180일
저축형 RP	연 5.0%		연 5.05%		연 5.1%
자유형 RP	연 5.0%				

구분	안전계약형			수익계약형	
계약형 RP	2~29일	30~89일	90일 이상	30~89일	90일 이상
	5%	5.05%	5.1%	5.2%	5.3%

※ 중도환매시 : 안전계약형은 계약수익률의 0.5% 차감, 수익계약형은 계약수익률의 0.7% 차감

CMA 가입 절차 사례(한화증권)

 지점거래시간을 확인 후 구비서류를 지참하여 가까운 지점 방문

 처음 거래신청서와 투자목적기재서 작성후 스마트서비스 및 부가서비스 등록

 처음 거래확인서, 증권카드(혹은 통장), 보안카드, HTS매뉴얼 및 CD 수령

 계좌개설 및 모든 거래 준비 완료

 HTS 또는 홈페이지에서 ID등록 및 공인인증서 지급

한화스마트CMA 혜택

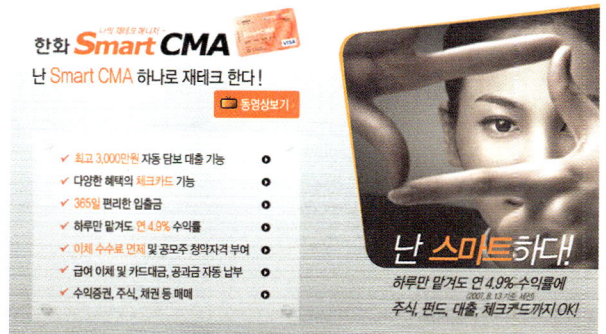

2006년부터 증권회사를 먹여 살린 효자상품이 있다. 바로 CMA다. 은행에만 넣어두었던 투자자의 자금을 증권회사로 이동시킨 역할을 톡톡히 해냈는데 이제는 CMA통장이 없으면 재테크의 기본을 모르는 사람으로 여겨질 만큼 일반화되었다. CMA는 2007년 7월 말 21조가 넘는 잔고를 기록하고 있는데 1년 사이에 140% 이상 증가(2006년 말 기준 8조 8,000억)한 것으로 보인다. 은행의 예탁자금이 대거 이탈하여 증권회사로 옮겨간 결과다. 투자자는 높은 이율을 좇아 통장을 만들게 마련이다. 안전하고 높은 이자율을 제공하는 상품으로 돈을 옮겨 타는 것은 자연스러운 일이다. 은행의 보통예금 통장에 있던 자금이 이자를 많이 주는 CMA로 이동한 것인데 이런 CMA통장을 활용하면 어떤 이점이 있을까?

CMA의 가장 큰 혜택은 보통예금 통장처럼 사용하더라도 정기예금 이자에 맞먹는 이자(2007년 8월 연 4.9~5%)를 매일 지급받는다는 점이다. 공휴일까지 포함한 날짜를 계산해 이자를 지급하기 때문에 통장에 돈이 불어나는 것을 직접 눈으로 확인할 수 있다. 은행의 보통예금 통장에 저금을 하고 수시로 입출금을 하면서 제대로 이자가 붙었다고 좋아하는 사람은 보지 못했다. 단기간에 입출금을 수시로 하면 선입선출법을 적용하여 이자가 거의 붙지 않기 때문이다.

CMA는 영어로 'Cash Management Account'의 약자다. 과거에는 주로 종금사에서 취급하던 상품으로 '어음관리계좌'라고도 하고 '종합자산관리계정'이라고도 한다. 뜻은 다 알지 못해도 상품 이름만 알아두면 사용하는 데 아무 지장 없다.

종금사 CMA가 있고 증권사 CMA가 있는데 요즘엔 그냥 'CMA'라고 하면 증권사 CMA를 말한다. CMA는 증권카드 하나로 모든 증권사 계좌와 은행계좌를 결합시켜 편리성을 추구했다. 한 통장이 여러 기능을 가지기 때문에 '종합자산관리계좌'로 부르게 된 것이다.

그런데 궁금한 게 하나 있다. 어떻게 CMA는 매일 높은 이자를 투자자에게 지급할 수 있을까? CMA에 입금한 자금은 자동적으로 단기 고수익 상품(주로 국공채나 금융채)에 투자되고, 거기서 발생한 이자를 CMA 이자로 제공한다. 채권 이자가 5%대인데도 최소의 운용보수를 제외한 이자를 투자자에게 되돌려주기 때문에 1년짜리 예금 금리보다 높은 금리를 제공할 수 있다. CMA를 운용하는 증권회사 입장에서 보면 '박리다매'인 셈인데 운용에 필요한 최소경비를 제외하고 투자자에게 이익을 배분해주어 회사와 고객이 서로 좋은 '윈윈전략'을 편 것이다.

추가로 CMA의 편리한 점은 증권 업무가 하나의 통장(CMA통장)으로 계좌 간에 대체출금 없이 주식이나 채권 수익증권을 매매할 수 있고 공모주도 청약할 수 있다는 것이다(증권회사마다 다소 차이는 있다). 급여이체나 카드결제 및 공과금 납부 등의 은행 업무도 가능하다.

단점도 있다. CMA는 예금자 보호대상이 아니다(일부 증권사 CMA는 예금자 보호대상 적용이 있긴 하지만 이율이 낮다). 예금자 보호대상이 아니지만 대신 안정적인 국공채나 금융채를 위주로 투자하기 때문에 예금자 보호를 받지 않아도 투자자에게는 안정성을 제공한다. 만약 국공채에 투자하여 잘못된다면 아마 나라의 경제도 파탄에 이르러 예금자 보호라는 의미는 거의 없다고 봐야 한다. 그래도 CMA는 법적으로는 예금자 보호대상은 아니다. 걱정이 너무 많은 소심한 투자자는 저축은행처럼 고이율(보통 정기예금 이율로 6.3%)을 제시하면서 예금자 보호를 해주는 다른 상품을 찾아야 한다. 단 주의 사항이 있다.

무턱대고 금리만을 좇아서는 안 되며 신뢰할 수 있는 우량 업체인지 반드시 확인해야 한다.

CMA

어음관리계좌 또는 종합자산관리계정이라고도 한다. 고객이 예치한 자금을 CP나 양도성예금증서(CD)·국공채 등의 채권에 투자해 그 수익을 고객에게 돌려주는 금융상품이다. 이때 고객이 예치한 금액은 보통예금이라기보다 예탁금으로 간주된다.

RP

RP(Repurchase Agreement)는 일정 기간이 경과한 후에 일정한 가격으로 동일한 채권을 다시 매수하거나 매도하는 조건으로 채권을 매매하는 거래를 말한다.

CMA통장에 현금을 그대로 놔두어도 자동적으로 국공채에 투자되어서 이자를 지급받지만 투자자 자신이 RP의 종류를 선택하여 자금을 운용할 수도 있다.

안전계약형RP와 수익계약형RP가 있다. 안전계약형RP는 국공채, 지방채, 통안채 및 우량회사채(AA- 등급 이상)를 대상으로 하며, 수익계약형RP는 잔존 기간이나 만기가 3년 이하의 다소 등급이 낮은 회사채(BBB- 이상)를 대상으로 한다. 수익률은 수익계약형RP가 안전계약형보다 다소 높지만 중도환매 시에는 계약수익률에서 수익계약형이 안전계약형보다 더 많이 차감하여 금리를 적용하기 때문에 중도해지 시에는 안전계약형보다 수익계약형이 불리할 수 있다는 점을 감안해야 한다.

펀드의 종류

우선 국내펀드에 가입할 것인가 해외펀드에 투자할 것인가를 결정해야 한다. 그런 다음 나눠서 넣을 것인가(적립식 펀드), 아니면 시기를 봐가며 한 번에 넣을 것인가(거치식 펀드)를 정해야 한다.

은행이나 증권회사 창구에서 가입을 권한다고 적금 붓는다는 생각으로 무슨 펀드인지도 정확히 모르면서 매달 불입해서는 안 된다. 그러기

펀드의 구분 및 유형별 특징		
투자국가	국내펀드	한국의 주식·채권 등의 유가증권에 투자
	해외펀드	한국을 포함한 해외의 투자자산에 투자
투자대상	투자증권	증권거래법상의 유가증권(주식, 채권), CP, CD 등
	파생상품	투자증권, 선물, 옵션, 스왑, 장외파생 등
	부동산	부동산관련 주식·채권, 매머, 지상권, 임차권 등
	실물자산	부동산, 금, 원유, 농산물, 철광석, 금속 등
	기타	보험증권, 각종 권리 등
회사 규모 (국내, 자본금)	대형주	증권선물거래소 시가총액 100위 이내 기업
	중형주	시가총액 101~300위 기업
	소형주	301위 초과 기업
스타일 (국내)	성장주	재무구조가 우량하고 성장 가능성이 큰 주식
	가치주	경기변동에 둔감한 내재가치 우량주식에 투자
	배당주	고배당주(배당 성향이 우량한 주식)에 투자하는 펀드
	공모주	증시에 새로 상장하는 공모주를 주로 편입하는 펀드
주식투자 비중	주식형	주식편입 비율이 60% 이상인 펀드
	혼합형	주식편입 비율이 60% 미만인 펀드로 채권과 병행 운용
투자방식	적립식	적금처럼 일정 시점에 주기적으로 불입하는 펀드
	거치식	목돈을 한 번에 불입하거나 부정기적으로 불입하는 펀드
클래스	A클래스	선취수수료를 부과하는 펀드
	C클래스	선취, 후취수수료가 없는 펀드
	E클래스	인터넷 전용펀드(보수가 상대적으로 낮음)
	W클래스	펀드형 랩어카운트에서 편입이 가능한 펀드

엔 현재 나와 있는 펀드의 종류와 특징이 너무도 다양하다. 따라서 좀더 구체적으로 알아보고 가입을 결정하자. 해외펀드라도 지역에 따라 수익률이 천차만별이고 운용사의 실적도 차이가 나 그냥 펀드에 가입했다고 말하는 것은 더 이상 자산관리를 한다고 말할 수 없다.

주식형과 혼합형

주식형 펀드는 주식, 채권, 주가지수선물, 옵션 등에 투자하되 펀드 자

국내 투자펀드 유형별 수익률(단위: %)			
구분	1주 수익률	1개월 수익률	연초 이후 수익률
KOSPI	2.56	1.82	31.67
주식형	2.54	1.82	37.30
혼합형(주식 고)	1.11	0.43	17.94
혼합형(주식 중)	0.58	0.54	10.26
혼합형(주식 저)	0.19	0.40	6.45
채권형	0.03	0.06	2.88
채권종합지수	−0.01	−0.13	2.32

※ 2007년 9월 10일 머니투데이 주간 펀드 동향 자료

금의 60% 이상을 주식에 투자하는 펀드다. 높은 위험을 감수하고 고수익을 추구한다. 혼합형은 주식과 채권에 혼합하여 투자하되 주식 비중의 차이에 따라 분류된다. 혼합형 펀드는 좀더 안정적인 수익을 추구하는 펀드인데, 크게 두 가지로 분류된다. 주식투자 비율이 50% 이상(60% 미만)인 경우는 혼합 주식형, 50% 미만인 경우는 혼합 채권형이다. 시중에 나와 있는 혼합형 펀드는 혼합 채권형이 많다. 주식형 펀드에 투자하는 투자자는 두 가지 방법으로 이익을 얻을 수 있다. 주가 상승으로 인한 매매차익과 주주에 대한 배당금 지급이다.

2 채권형 펀드와 혼합형 펀드

채권형 펀드는 주식에는 전혀 투자하지 않고 국공채나 회사채를 비롯해 단기 금융상품(CP, CD, Call 등)에 투자하는 펀드다. 투자자산에 주식(주식 관련 파생상품 포함)투자가 포함되어 있지 않고(주식투자 비율 0%) 채권투자 비율이 60% 이상인 펀드다. 채권에 투자하여 발생하는 이자수익과 채권을 매매하면서 발생하는 매매차익을 동시에 추구하면서 이익을 투자자에게 돌려준다.

보통은 정기예금 이상의 수익률을 목표하는데 기대에 못 미치는 펀드도 많다. 금리가 상승하면서 투자한 채권 값이 하락하기 때문이다. 대체로 금리가 내리면 채권 가격이 올라 펀드수익률도 오르고, 반대로 금리가 오르면 채권 가격이 떨어져 펀드수익률도 내려간다. 투자 기간에 따라 단기형(3개월 이상), 중기형(6개월 이상), 장기형(1년 이상)으로 구분되는데 단기보다는 장기가 금리가 높다. 그 이유는 투자 기간이 길어질수록, 즉 장기일수록 미래를 예측할 수 없으므로 위험도 더 크기 때문이다. 그러므로 기간에 따라 운용 방법도 달라진다.

단기, 중기형 펀드는 편입 기간이 비교적 짧은 대신 우량 채권 중심으로 운용하면서 유동성과 수익성을 동시에 추구하고 장기형 펀드는 운용 수익률을 높이는 데 더 중점을 둔다.

이런 점에서 장기 채권형 펀드는 기대 수익과 위험이 단기형 펀드, 중기형 펀드에 비해 높다.

또 채권형 펀드도 실적에 따라 수익금을 분배하는 상품이므로 원금이 반드시 보장되는 것은 아니다. 그래서 채권형 펀드만을 투자하기보다 혼합형에 투자하는 것이 마음이 편할 때가 많다. 자금의 상당 부분을 채권에 투자해 안정성을 기하면서도 일부는 주식에 편입시켜 고수익을 노리는 상품인 셈이다. 채권의 안정성과 주식의 수익성을 혼합한 펀드가 장기적으로 안정적인 수익을 가져다줄 수 있다.

3 적립식 펀드와 거치식 펀드

적은 돈으로 목돈을 만들 수 있는 펀드가 적립식 펀드다. '적립한다'는 것은 "매달 일정 금액을 불입한다"는 뜻으로, 꾸준히 적금 붓듯이 넣으면 된다. 반면 일정한 시기에 한꺼번에 투자하는 방식을 '거치식 펀드'라고 한다.

그런데 왜 거치식 펀드보다 적립식 펀드가 수익이 좋다고 말할까? 적립식 펀드라고 해서 거치식 펀드보다 반드시 수익이 좋은 것은 아니다. 정확하게 말하면 펀드의 투자대상이 가장 쌀 때 한꺼번에 불입한다면 거치식 펀드가 유리할 수도 있다. 그러나 주식시장의 불확실성 때문에 일시에 투자하는 것은 위험이 따른다. 완만하게 주가가 상승한다고 생각한다면 매달 꾸준하게 일정액을 불입하는 편이 안전하기도 하고 투자하는

적립식·거치식 펀드의 장단점		
적립식 펀드	장점	• 적은 돈으로 시작할 수 있다. • 좋은 펀드를 분산투자할 수 있다. 가입 당시의 가격이 고점이어도 추가로 투자할 수 있으므로 주가가 하락하면 매입 평균단가를 낮출 수 있다. • 시장 상황에 따라 변화를 줄 수 있다. 불입 금액을 증가 또는 감소시키면서 투자규모를 탄력적으로 운용할 수 있다. 불입일을 변경할 수도 있다. • 매번 같은 날 같은 금액을 약정기간 동안 불입하지 않아도 된다. • 안정성을 확보할 수 있다. • 만기가 되면 환매 수수료 없이 환매할 수 있다.
	단점	• 장기적인 투자가 가능한 자금이어야 한다. • 처음 가입할 시기에 주가가 급등하면 계속해서 비싼 가격에 펀드를 매수하게 되어 기대한 만큼 수익이 나지 않는다. • 장기간 투자한 이후에는 거치식에 불입한 금액만큼 되어서 급등락에 굉장히 민감해진다. • 투자 규모가 커지면 상승 시에는 크게 이익을 보지만 하락 시에는 그동안 올린 수익을 한 달 사이에도 잃어버릴 수 있다.
거치식 펀드	장점	• 펀드 가입 후 시장이 급등하면 이익을 극대화할 수 있다. • 적립식보다 수익률이 높을 수 있다. • 원하는 펀드를 한꺼번에 투자할 수 있고 시장 상황에 따라 의사결정을 하여 최저가에 펀드를 매수할 수 있다. 3~6개월 정도의 단기투자 자금으로 펀드를 갈아탈 수 있다.
	단점	• 일시에 많은 돈이 들어가기 때문에 나중에 투자하고 싶은 펀드가 생겨도 갈아탈 수 없다. • 주가 하락 시 물타기를 하려고 해도 많은 자금이 필요하다. • 손실이 난 경우 빠른 시간 내에 회복하기 힘들다. • 투자에 실패할 경우 펀드 수수료 및 원금 손실 등 이중으로 손해가 커진다.

입장에서는 훨씬 덜 불안하다. 시황에 민감하게 대처하지 않아도 되므로 주가가 너무 내렸다고 해서 겁나서 불입하지 못하는 경우도 없고 너무 올랐다고 하락을 걱정하지 않아도 된다.일정한 날짜에 정확히 일정 금액을 투자하는 펀드다. 투자자는 CMA통장이ㄴ 은행 통장에서 자동이체되기 때문에 시장의 상승만 바라보고 있으면 된다.

적립식 펀드의 가장 큰 장점은 나눠서 분산투자하기 때문에 리스크를 줄일 수 있다는 점과 소액으로 목돈을 만들 수 있다는 점이다. 수익률을 극대화하기 위해서는 거치식과 적립식을 상황에 맞게 적절히 활용해야 한다.

다양한 펀드

1 파생상품펀드

투자자산의 10% 이상을 위험 회피가 아닌 투자 목적으로 파생상품에 투자하는 펀드를 말한다. 대표적인 것으로는 ELF(주가연계펀드) 및 종합주가지수와 비슷한 수익률을 추구하는 인덱스펀드가 있다.

2 인덱스펀드

특정 종목을 골라 투자하는 것이 아니라 지수를 구성하는 종목들에 투자해 지수만큼의 수익률을 추구하는 펀드다. 인덱스 운용방식이란 각기 다른 기업의 유망성에 대한 분석보다는 벤치마크(코스피지수)의 수익률을 달성하는 데 그 목적을 두고 있다. 그러나 인덱스펀드는 코스피지수 상승률과 동일한 수익률을 나타내지는 않는다.

왜 그럴까? 이는 인덱스펀드가 종목을 선택하는 것이 아니라 KRX100,

코스피200 등 대형우량주 중심의 지수를 추종하는 상품에 투자하는 것이 대부분이기 때문이다. 장점은 인덱스펀드의 경우 매입 보유를 원칙으로 하기 때문에, 거래비용과 수수료가 저렴하다는 것이다.

3 | ELF : Equity Linked Fund(주가연동펀드)

대부분의 펀드자산을 국공채나 우량 회사채 등 안전자산에 투자하여 만기 시 원금을 확보하고 나머지 잔여자산을 증권회사에서 발행한 ELS 권리증서(Warrant)를 편입해 펀드수익률이 주가에 연동되도록 설계한 펀드를 말한다. ELF펀드는 고객이 맡긴 예금 중 채권에 편입되는 금액에 대해서만 과세하고 주식 등 옵션투자로 발생한 수익에 대해서는 세금을 물지 않는다. 상품 자체가 펀드로 분류, 옵션 부문의 투자수익은 자본차익으로 인정되는 데 따른 것이다.

ELS는 또 운용상 예금이 아닌 채권으로 분류돼 예금자 보호대상(5,000만 원 한도)에는 포함되지 않지만 전체 자금의 95%가 국공채에 투자, 사

ELS : Equity Linked Securities(주가지수 연동증권)

주가지수에 따라 수익률이 결정되는 신종 금융상품이다. 투자 자금 일부를 주식에 투자하고 나머지는 채권과 파생상품에 투자해 원금은 물론 주가 흐름에 따라 미리 확정된 수익률을 보장한다.

ELD : Equity Linked Deposit(주가지수 연동예금)

투자 원금 중 일부를 원금이 보장되는 이자율로 정기예금에 넣은 뒤 나머지 돈으로 주가지수 옵션 등에 투자한다. 만기 시 예금 원금은 보장하면서도 이자 수익을 가지고 주가지수에 연동해 추가 수익을 내는 구조로 운용되는 상품이다.

구분	ELD	ELS	ELF
운용회사	은행	국내 6개 증권사	자산운용사
판매회사	은행(운용사=판매사)	국내 6개 증권사(운용사=판매사)	증권사, 은행
상품 성격	예금	유가증권	펀드
상품구조	워런트형 예금 워런트(외국증권사) + 예금	워런트형 ELS(운용사, 판매용) 경합된 ELS(창구 단매용)	워런트형 ELS + 채권 주식 + 단기금융상품 등
투자형태	정기예금 가입	유가증권 매입	펀드 가입
만기수익	지수에 따라 사전에 제시한 확정 수익 지급	지수에 따라 사전에 제시한 확정 수익 지급	운용성과에 따라 실적 배당
중도해지 및 환매여부	중도 해지 가능 (해지시 원금 손실 발생)	제한적 (거래소 상장이나 판마사를 통한 현금화가 제한적)	중도 환매 가능 (해지 시 환매 수수료 지불)
상품 다양성	워런트의 경우 점차 다양해 지고 있으나 100% 원금보 장의 보수적 상품만 가능	저위험/저수익 안정형부터 고위험/고수익 공격형까지 다양한 상품 개발 가능	ELD와 ELS의 중간 정도

ELD, ELS, ELF 비교

실상 정기예금보다 예금보장 부문에서 높은 안정성을 확보할 수 있다는 장점이 있다.

4 대형주 펀드

주로 시가총액이 큰 대형주를 위주로 투자하는 펀드다. 국내에는 아직 대형주 펀드라는 명칭을 가진 펀드가 존재하지는 않지만, 사실상 현재 국내에서 운용되는 거의 대부분의 펀드는 대형즈 펀드다. 시장의 중심이 되는 시가총액이 큰 종목을 위주로 펀드의 주요 종목을 편입하기 때문이다.

대형주 펀드의 경우 중소형주 펀드와는 달리 종합주가지수와 거의 동일하게 수익률이 움직이는 펀드이지만 펀드의 운용 능력에 따라서 종합주가지수보다 월등히 높은 펀드들이 나오고 있다. 펀드매니저들은 종합주가지수보다 더 높은 수익을 내려고 노력한 결과인데 강세장에서는 인덱스펀드보다 수익률이 높다.

KT&G와 SK텔레콤을 기초자산으로 한 펀드

'우리 2Star 파생상품 투자신탁 제SKG-1호'는 KT&G와 SK텔레콤이 기초자산이며, 만기 3년으로 조기(만기)상환 시 연 15.1%의 수익을 추구한다. 3년 만기 시에는 최대 45.3%의 수익 달성이 가능하다. 매 6개월마다 중간(만기) 기준가격 결정일에 두 종목의 종가가 모두 최초 기준가격의 90%(6개월, 1년), 85%(18개월, 2년), 80%(30개월, 3년) 이상인 경우 연 15.1%의 수익을 지급하고 조기 상환된다. 만기까지 상환되지 않더라도 투자 기간 중(장중가 포함) 최초 기준가격 대비 40% 초과 하락한 기초자산이 없는 경우에는 만기에 원금 + 21%(연 7%) 수익을 지급한다.

5 중소형주 펀드

펀드자산의 상당 부분을 시가총액이 중간 이하인 중소형주에 투자하는 펀드다. 중소형주 펀드의 경우 저평가된 중소형주에 집중 투자하여 높은 수익을 기대할 수 있는 상품이다. 실제로 월등한 수익으로 스타가 된 펀드들이 많았다. 하지만 중소형주 펀드라고 항상 고수익을 창출하는 것이 아니다. 일반적인 펀드에 비해 손실의 기회가 크므로 주의를 해야 한다.

6 모둠형 신탁

'모둠형 신탁'의 정식 명칭은 'Real Estate Investment Trusts'의 약자로 REITs(리츠), 혹은 부동산 투자신탁을 말한다. 많은 투자자들의 자본으로 부동산을 취득하거나 금융을 제공하기 위해 결합한 회사(corporation)나 영업신탁(business trust)을 말한다. 쉽게 말하면 부동산 투자회사에 투자를 하는 것인데 직접적으로 땅이나 건물을 사는 것이 아니고 간접투자로 위험을 줄이고 수입을 올릴 수 있는 방식이다. 2007년에

이머징마켓

이머징마켓이라 함은 떠오르는 시장, 주로 브릭스(BRICs: 브라질, 러시아, 인도, 중국) 같은 신흥개발국을 말한다. 이머징(emerging)이란 '새로 생겨난'이란 뜻으로, 이머 징마켓은 새로 생겨난 시장을 일컫는다. 금융시장에서 새로 급성장하는 시장을 의미 할 때 사용하는 용어다. 이머징마켓으로 관심을 끌고 있는 지역은 우리나라를 포함하 여 동남아시아, 라틴아메리카, 동유럽 등을 들 수 있다. 특히 중국과 말레이시아, 싱가 포르, 홍콩, 대만 등을 가리킨다. 이러한 이머징마켓의 해외펀드에 투자하면 대체로 단기적으론 위험이 높지만 장기적으론 고수익을 노릴 수 있다. 이들 시장은 성장 잠재 력이 높은 만큼 장기투자에선 높은 수익률을 기대할 수 있다.

선진시장과 이머징마켓의 주요 국가

선진 시장	미국, 영국, 프랑스, 독일, 홍콩, 일본, 호주, 오스트리아, 벨기에, 캐나다, 덴마크, 노르웨이, 핀란드, 그리스, 아일랜드, 이탈리아, 네덜란드, 뉴질랜드, 포르투갈, 싱가포르, 스페인, 스위스
준선진 시장	한국, 대만, 브라질, 멕시코, 남아프리카공화국, 이스라엘
신흥 시장	중국(B Share 등), 인도, 러시아, 말레이시아, 파키스탄, 아르헨티나, 칠레, 콜롬비아, 체코, 이집트, 헝가리, 인도네시아, 모로코, 페루, 필리핀, 폴란드, 태국, 터키

※ 자료: 증권선물거래소

는 대부분의 리츠펀드가 전 세계적인 부동산 경기 침체와 서브프라임 모 기지 여파로 최저의 수익률을 기록했다. 전년도의 수익률이 높다고 무작 정 가입해서는 안 된다는 사례를 보여준 셈이다.

해외펀드

불입 방식에 따라 적립식과 거치식으로 나눌 수 있지만 펀드의 대상이 국내인가 국외인가의 차이로 국내펀드, 해외펀드로 구별할 수 있다. 해 외펀드는 투자대상이 외국의 주식이나 채권, 펀드 또는 부동산이다.

2007년에는 중국 관련 주식에 투자한 차이나펀드에 가입한 투자자가 큰 수익을 올려 과거보다 해외펀드에 대한 관심이 높아졌다. 우리나라보다 경제성장 속도가 빠른 나라로 눈을 돌린 사람에게 더 큰 이익을 안겨준 것이다.

해외펀드는 어느 특정 지역의 주식, 채권, 실물자산 등에 투자하는 방식과 재간접투자 형식인 펀드오브펀드(Fund of Fund) 등 크게 두 가지 종류가 있다. 해외펀드는 재테크에서 전체 금액을 투자하기보다는 위험분산 차원에서 약 20% 정도를 장기투자하는 것이 바람직하다고 전문가들은 말한다. 그러나 실제 펀드에 투자해보면 포트폴리오를 구성한다고 백화점식으로 여러 펀드를 나열하는 것은 수익률이 좋지 않다. 우리나라 경제보다 더 좋을 것이라는 판단이 들면 50% 정도를 해외펀드에 투자하는 방법도 생각해봄직하다. 다만 투자 지역, 투자 상품을 꼼꼼히 살펴보고 국내 주식형 펀드와의 비율을 정해야 한다.

고수익을 원한다면 다소 위험이 따르더라도 신흥 이머징마켓을 대상으로 하는 펀드 중에서 시장이 활성화되어 있는 지역의 펀드를 선정하는 것이 좋다. 눈앞의 급등락에 연연해하지 말고 3~5년 정도 바라보고 꾸준히 투자하는 것이 성장 시장에서 큰 수익을 가져다줄 것이다. 또한 다소 수익이 적더라도 안정적인 것을 원한다면 신흥 이머징마켓에 전부 투자하지 않고 우리나라 주식과 혼합해서 운용하는 펀드나 아예 유럽이나 선진국 시장에 투자하는 펀드에 가입하는 것이 좋다. 해외펀드 선택은 수익률, 환헤지, 수수료, 환매 등 여러 가지 상황을 고려해야 하기 때문에 반드시 증권사, 은행 등의 전문가들과 충분한 상담을 거쳐 가입해야 한다.

해외펀드의 종류			
투자 유형	주식형 펀드, 채권형 펀드, 혼합형 펀드, 대안 펀드 (대안펀드 : 재간접, 실물자산, 부동산, ELS, 파생상품 펀드 등)		
투자 지역	글로벌 투자 펀드, 지역별 투자 펀드(유럽, 아시아, 중남미, 이머징 등) 국가투자 펀드(일본, 미국, 중국 등)		
투자 대상	주식	채권	파생상품	실물자산
	국가별 배당주, 중소 형주, 대형주, 공모주	국가별 국고채, 회사채, 전환사채	주식 금리, 통화, 선물/옵션/스왑 기초 자산 연계 펀드	부동산, 리츠, 에너지, 광물, 농산물, 기후, 선박

※ 자료: 하나대투증권

재간접펀드 = 펀드오브펀드

재간접펀드는 일명 '펀드오브펀드'로 불린다. 투자자산의 50% 이상을 다른 펀드에
투자하기 때문이다. 재간접펀드는 국내 다른 펀드에 투자하기보다는 해외 역외펀드에
투자하여 간접적인 해외투자를 추구하는 경우가 많다

역외펀드

역외펀드와 해외펀드를 구별할 줄 알아야 한다. 해외펀드는 국내 운용
사가 국내법(간접자산투자 운용에 관한 법률)에 의해 펀드를 설정하고 해외
에 투자하는 펀드이고, 역외펀드는 이미 해외에서도 판매 중인 펀드를
한국에서도 판매하는 펀드다.

역외펀드는 우리나라뿐 아니라 그 펀드가 팔리는 어느 나라에서도 투
자할 수 있는 펀드다. 해외펀드와 역외펀드를 구별해야 하는 이유는 펀
드 수익에 대해 과세인가 비과세인가가 다르기 때문이다. 역외펀드는 비
과세 대상이 아니어서 15.4%에 달하는 세금을 물어야 한다. 특히 수익이
4,000만 원을 초과할 경우 근로 · 사업 · 임대소득 등 다른 소득과 합산해
금융소득 종합과세 대상이 되어 최고 38.5%의 누진세가 적용된다. 정부
는 2007년 6월부터 2009년 말까지 해외펀드의 매매 차익에 대해 비과세

혜택을 부여하면서 역외펀드는 대상에서 제외했다.

9 섹터펀드

섹터(sector)는 주식시장에 상장되어 있는 종목을 특성별로 나누는 것을 말한다. 원래 섹터라는 뜻은 사회산업의 구분 또는 분야라는 뜻이다. 그래서 특정 유망업종에 집중하여 투자하는 펀드를 가리킨다. 일반적으로 섹터펀드의 투자대상은 자동차, 반도체, 건강 및 바이오, 은행, 정보통신과 IT, 사회간접자본의 인프라, 금이나 물과 같은 물질, 원자재, 헬스케어 등이 있다.

이렇게 섹터펀드를 만드는 이유는 업종별 특이현상을 이용해 시장의 평균수익률보다 높은 성과를 올리고자 하는 데 있다. 최근에는 이머징마켓의 인프라펀드와 금펀드가 높은 수익률을 올리고 있다. 하지만 섹터펀드는 상황이 돌변할 수 있으므로 수익률 예측이 어렵고 변동이 심해 주의해야 한다. 인프라펀드 중에서도 가스, 도로, 항만 등 실제 공공서비스 관련주에 투자하는 펀드가 있는 반면 공공재뿐만 아니라 운송, 기계, 운수장비 등 투자 범위가 광범위한 펀드도 인프라에 속하니 이름만으로 펀드를 판단하기는 어렵다.

해외펀드에 가입할 때는 섹터펀드만 가입하지 말고 전체 시장과 관련된 펀드 가입 후에 추가로 보완하는 의미로 가입하면 안정적으로 수익률을 높일 수 있다. 예를 들어 중국펀드에 가입하면 섹터펀드를 추가로 가입하는 식의 분산투자가 효과적이다.

10 장기주택마련펀드

장기주택마련펀드는 만 18세 이상의 무주택자 또는 전용면적 85㎡ (25.7평) 이하의 1주택자인 세대주의 주택 마련을 돕기 위해 만든 펀드다.

분기별 300만 원까지 불입할 수 있고 비과세 및 소득공제 혜택이 있다. 불입금액의 40%까지 300만 원 한도에서 소득공제 혜택을 받을 수 있으며 한도 내에서라면 은행상품과도 중복해서 가입할 수 있다. 다만 7년 이상 투자 시에만 비과세혜택을 받을 수 있다.

장기주택마련펀드의 가입 요건 및 세제 혜택	
가입 대상	만 18세 이상 세대주로 무주택 세대주 또는 전용면적 25.7평(공시지가 3억 원 이하) 이하 1주택 소유자
가입 한도	분기마다 300만 원 이내(전 금융기관 합산)
계약 기간	7년 이상
비과세 혜택	가입일로부터 7년 이상 이자소득 전액 비과세
소득 공제	근로소득이 있는 세대주로서 당해연도 저축 불입액의 40% 범위 내에서 최고 300만 원까지 소득공제 가능
유의 사항	가입 후 1년 이내 해지 시 납입액 8%와 60만 원 중 적은 금액, 5년 이내 해지 시 4%와 30만 원 중 적은 금액을 추징

11 배당형 펀드

배당형 펀드는 배당 성향이 높은 종목에 집중 투자하는 펀드다. 배당 성향이 높은 종목은 상대적으로 우량 종목이 많은 대신에 성장성은 다소 낮은 경우가 많다. 따라서 배당형 펀드는 성장형 주식펀드에 비해서는 상대적으로 낮은 수익률과 낮은 위험을 추구하게 된다. 배당형 펀드는 펀드명에 반드시 '배당'이라는 글자가 들어 있어 쉽게 알 수 있다.

12 뮤추얼펀드

주식을 발행하여 투자자로부터 투자자금을 모집한 후 이 자금을 전문적인 자산운용회사에 맡겨 그 이익금을 투자자(즉 주주)에게 배당하는 투자회사를 말한다. 뮤추얼펀드(증권투자회사)는 법인자격을 부여받은 주식

알쏭달쏭 펀드명 코드를 해독하라
(문화일보 2007. 10. 27)

중국펀드 수익이 짭짤하다는 소문을 듣고 펀드에 가입하기 위해 한 증권사 인터넷 펀드몰에 들어간 A씨. '미래에셋차이나솔로몬펀드'를 알아보던 A씨는 한참을 고민하다 결국 펀드 가입을 포기하고 사이트에서 나오고 말았다. '미래에셋차이나솔로몬주식1', '미래에셋차이나솔로몬법인주1ClassI', '미래에셋차이나솔로몬주식2(Class-A)' 등 펀드 이름 뒤에 달린 알파벳이 모두 달라 어느 펀드를 골라야 할지 몰랐기 때문이다. 투자자들을 헷갈리게 만드는 알파벳은 어떤 의미일까?

◆ **알파벳에 숨은 비밀** 우선 이 알파벳들은 멀티클래스 펀드에 붙는다. 같은 펀드를 수수료나 보수 등의 비용이나 투자자 자격 등의 조건에 따라 여러 가지 형태로 만들어낸 것이 멀티클래스 펀드다. 펀드를 A, B, C, D로 나누는 기준은 바로 보수다.

자산운용협회의 분류 기준에 따르면 A형은 선취 판매 수수료가 있고, B형은 후취 판매 수수료가 붙는다. C형은 선·후취 수수료가 없고, D형은 선·후취 수수료가 다 있는 형태다. 우리나라 펀드는 대부분 A형이나 C형이다. 자산운용협회 분류에는 없지만, 투자자나 가입 경로에 따라 다른 형태의 알파벳이 붙기도 한다.

I는 법인전용 펀드를 나타내는데 A씨가 봤던 차이나솔로몬법인주1 Class I가 그 예다. W는 랩어카운트 전용을 뜻한다. 신영마라톤주식(W형)의 경우 증권사에 랩어카운트 계좌가 있는 경우에만 살 수 있는 셈이다. KB e무궁화인덱스파생상품처럼 E가 붙는 펀드는 온라인 전용 펀드다.

◆ **내는 돈이 다르다** 이들 알파벳에 따라 투자자들이 내야 할 펀드 비용이 다르다. 펀드를 고를 때 뒤에 붙은 알파벳을 꼭 살펴봐야 하는 이유다. 펀드 비용은 가입기간 내내 내는 보수와 한 번만 내는 수수료로 크게 구분된다. 보수는 운용보수, 판매보수, 수탁보수, 일반사무보수로 나뉘며 수수료는 판매사에 내는 비용으로, 가입할 때 내는 선취와 환매할 때 내는 후취로 나뉜다. A형은 판매보수가 낮은 대신 판매사가 가입시점에 1%의 수수료를 별도로 가져간다. 총 보수는 원금에 붙는 수익까지 합한 자산에 대해 적용되므로 보통 2~3년 이상의 장기투자에는 선취수수료를 떼는 대신 판매보수가 싼 A형이 유리하다고 알려져 있다.

랩어카운트 계좌 전용인 W형은 판매보수가 없어 A나 C형보다 훨씬 저렴해 보이지만, 랩어카운트 비용을 따로 내야 한다. 법인전용인 I형의 경우도 판매보수가 거의 없는데 법인용의 경우 일정액 이상을 맡겨야 하는 조건이 붙는다.

멀티클래스펀드

한 펀드 내에서 기준가격이 다른 여러 종류의 간접투자증권을 발행하는 펀드를 멀티클래스펀드라고 한다. 이처럼 다양한 클래스를 두는 것은 투자자가 투자자금의 규모 및 투자 기간에 따라 선택할 수 있는 폭을 넓혀주기 의해서다.

Class A : 수수료를 미리 떼는 선취 수수료 펀드
Class B : 선취 수수료 없이 환매 수수료가 있는 펀드
Class C : 선취, 후취 수수료가 모두 없는 펀드
Class D : 선취와 후취 수수료를 모두 내는 펀드

회사이지만 보통의 회사와는 달리 사무실도 직원도 없는 서류상으로만 존재하는 '페이퍼 컴퍼니(Paper company)'다. 때문에 자산운용회사, 판매회사, 일반사무수탁회사, 자산보관회사 등과 같은 여러 회사들이 업무를 분담함으로써 유지·운영된다.

뮤추얼펀드의 장점은 전문적인 운용, 분산투자, 다양성, 유동성, 편리성, 정부의 엄격한 규제와 철저한 공시 등이 있다. 일반펀드와 다른 점은 영업일에 주식시장을 통해서 언제라도 매도할 수 있다는 점이다. 뮤추얼펀드를 매입하면 펀드매니저로 구성된 팀이 펀드의 유형에 가장 적합한 투자수단을 선택하고, 경제 환경이 변화해도 펀드의 유형에서 벗어나지 않도록 포트폴리오를 조정해준다.

펀드의 세금

펀드에 투자하는 사람은 세금 문제에 굉장히 민감하다. 펀드투자자는 직접 주식을 거래하는 사람보다 꼼꼼한 성격을 가지고 있으며 다소 보수적인 성향이 많아 그런 것 같다. 세금과 선취 수수료, 환매 수수료를 따지고 든다. 금융소득이 4,000만 원 이상일 경우 더 예민하게 세금 부분에 대해서 알고 싶어한다.

만약 은행에 적금을 붓고 이자를 얻었다면 모든 이자 부분에 대하여 15.4%의 세금을 내게 되어 있다. 마찬가지로 펀드에서도 이자 부분에 대해서는 세금을 낸다. 하지만 주식거래와 마찬가지로 주식이나 채권을 거래하면서 발생한 매매차익에 대해서는 세금을 부과하지 않는다.

펀드에서 발생하는 수익은 네 가지로 구별할 수 있다. 주식형 펀드일 경우 주식을 매매하면서 발생한 차익과 그 주식을 보유하고 있을 때 받는 배당소득, 채권형일 경우 채권을 매매하면서 발생한 매매차익과 채권을 보유하고 있을 때 받는 이자소득 등 네 가지다.

현재 우리나라에서는 주식의 매매차익에 대해서는 세금을 물리지 않기 때문에 펀드에서도 매매차익에 대해서는 세금을 물리지 않고 있다. 하지만 펀드에서 이익이 발생하는 것은 매매차익뿐만 아니라 배당소득도 상당하기 때문에 주식의 배당소득에 대해서는 세금을 부과한다. 채권형 펀드도 마찬가지 원리로 매매차익에 대해서는 비과세, 이자 부분에 대해서만 과세한다. 세금은 펀드 판매회사가 원천징수하고 투자자는 스스로 신고할 필요는 없다.

펀드의 세금 = {펀드의 매매차익 − (주식이나 채권의 자본손익)} × 세율

펀드를 해약할 때 해약 가액이 원금보다 적을 경우에는 세금이 붙지 않는다. 왜 이렇게 복잡할까? 이유는 주식형 펀드라고 하더라도 100% 주식을 편입하지 않고 채권이나 단기 금융상품에 일정 부분을 투자해 이자소득이 발생하기 때문이다. 다만 역외펀드는 매매차익에 대한 세금을 내야 한다. 펀드의 수익을 구성하는 항목은 크게 두 가지로 분류할 수 있다.

펀드의 수익

주식 및 채권 매매 차익 → 비과세
배당수익 및 채권의 이자수익 → 과세(수익금액의 15.4%)

펀드 투자 시 유의 사항

- 자신의 투자 목적을 결정해야 한다.
- 투자할 자금의 장단기 투자계획을 세워야 한다.
- 목표수익률을 정해야 한다.
- 수익성과 안전성을 고려해 투자하고 싶은 상품을 정해야 한다.
- 펀드의 수수료 및 세금 등 투자비용을 알아야 한다.
- 투자설명서의 약관을 숙지해야 한다.

4 최고의 종목을
최적의 타이밍에
사고파는 방법

내 국에 맞게 설치하는 증권사 HTS

나에게 맞는 돈 되는 종목 찾기

주식, 이렇게 매수하자

주식, 이렇게 매도하자

INVEST
IN STOCKS

내 몸에 맞게 설치하는 증권사 HTS

🗨 HTS는 무엇이고 어떤 기능을 하는가?

홈트레이딩시스템(HTS)은 증권투자자를 위한 증권회사의 매매 프로그램이다. HTS는 투자자를 위한 도우미 역할을 하는데 온라인으로 주식거래를 하기 위한 것이다. 홈트레이딩이 허용된 지 10년이 되어가는데 처음에는 어색해했던 투자자들도 이제는 당연하게 HTS에서 여러 정보를 받아보고 거래한다.

HTS의 가장 기본적인 활용은 주식과 관련된 정보를 조회하고 직접 주문을 내는 일이다. 그런데 증권회사들은 고객을 유치하기 위해 더 좋은 프로그램을 개발하고 개선된 HTS로 업그레이드시켰다. 이제는 주식거래뿐 아니라 부동산, 채권, 예금 등을 편리하게 관리하도록 도와주는 역할을 한다. 특히 펀드도 HTS를 이용하면 수수료를 아낄 수 있어 더 많은 투자자들이 관심을 가지게 되었다. 각 증권사마다 HTS의 특징이 다르므로 자신에게 맞는 HTS를 제공하는 증권사와 거래를 하거나 현재 거래하고 있는 증권사 HTS를 더 세밀하게 활용하여 실전에 도움이 되도록 연구할 필요가 있다.

	한화증권 HTS의 구성과 기능	
01	한화증권만의 원칙투자시스템 (7Rule)	투자의 원칙을 통한 종목선택 및 매매기준 제공
02	최강의 차트분석 기능	멀티차트, 비교차트, 종합차트 등을 통한 투자자위주의 매매환경 지원
03	뉴스 트레이딩 기능	설정한 뉴스 발생시 주문연결 및 뉴스 영향력(주가변동예측)의 실시간 확인
04	스마트 조건검색 기능	800여개 다양한 지표를 통한 실시간 검색지원
05	신호서비스 기능	실전투자대회 우승자들이 이용하는 설정을 통한 매매신호 제공
06	Stoploss 주문 기능	가격추적매매 및 Stop주문을 통한 이익관리 및 손실회피 툴 제공
07	멀티주문 기능	선물옵션의 여러 종목의 호가를 보며 실시간 매매주문실행
08	펀드 트레이더 시스템	다양한 금융상품 포트폴리오에 대한 쉬운 접근 및 매매
09	MDI / SDI	바탕화면을 이용한 멀티태스킹 기능의 완벽한 지원
10	메뉴, 툴바, 맞춤화면, 자석식화면 기능	사용자별 투자성향과 선호도에 따라 선택/재구성이 가능한 맞춤 서비스
11	EZ메신저	실시간 상담을 통한 온라인 컨설팅

HTS는 어떻게 설치하나?

최소한 주문하는 과정은 알아야 HTS를 활용한다고 말할 수 있다. 주가와 뉴스, 차트, 해외정보를 빠르고도 쉽게 열을 수 있다. 어떤 투자자는 HTS를 설치하는 게 귀찮아 인터넷의 증권시세를 보고 주문하기도 한다.

하지만 인터넷 사이트에 나오는 주가는 실시간으로 거래되는 시세보다 20~30분 늦어 주의를 요한다. HTS를 증권회사 홈페이지에서 다운받아 주문 내는 방법만이라도 확실하게 알아보자.

1 증권회사 홈페이지에서 ID를 등록한다

2 HTS를 다운로드 받는다

① 한화증권 홈페이지(www.koreastock.co.kr)에 접속하여 주십시오.
② 홈페이지 아래에 있는[다운로드]를 클릭하세요
③ 한화증권 홈페이지의 다운로드 화면이 열립니다.
④ 다운로드한 파일을 실행하시면 해당PC로 프로그램이 인스톨 됩니다.

Tip. 영업점에서 CD를 받으신 고객님께서는 홈페이지에서의 다운로드 없이 해당CD로 직접 인스톨 하실 수 있습니다. (문의사항 : 이지콜센타 1544-8282)

다운받은 프로그램을 인스톨하고 실행시킨다

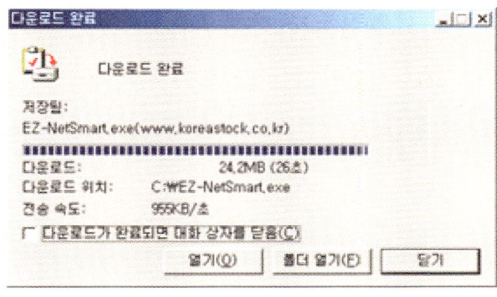

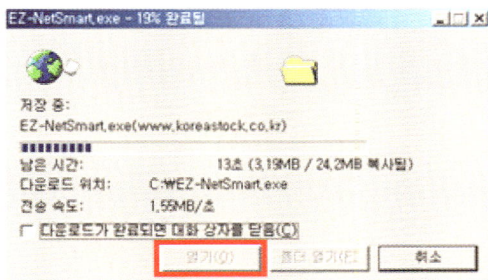

HTS에 접속한다. 접속할 때는 ID와 공인인증서 비밀번호가 필요하다

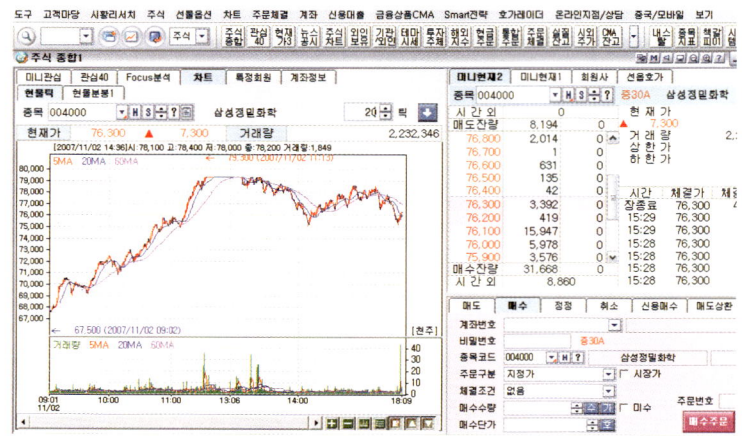

차트를 활용해 매수 타이밍을 잡는 방법은?

1 차트에 너무 의존하지 말아야

실력과 경험이 부족한 초보 투자자가 차트에 모든 것을 의존할 경우 투자에 실패하기 쉽다. 그러나 차트로 주가 역사를 파악해보면 향후 진행 방향을 예측할 수 있고, 매수·매도의 적당한 가격을 결정하는 데 도움이 되기 때문에 무시하고 넘어갈 수는 없다.

또한 차트를 이용하면 더 세밀한 매매가 가능하다. 먼저 가장 기초적인 내용을 공부해보자. 차트만으로 주가 흐름을 정확히 예측할 수 있다면 차트에 전적으로 의존하면 되겠지만, 같은 차트를 보고 투자자들이 서로 다르게 매매하는 것을 보면 분명 같은 그림도 보는 이에 따라 다르게 해석할 수 있음을 알 수 있다.

"차트가 왜 틀려요?", "차트는 올라가는 모양인데 왜 떨어져요?"와 같은 질문은 우문에 지나지 않는다. 차트가 좋아서 올라가는 것이 아니라 상승할 만한 이유가 있으니까 주가가 올라가는 것이고 그 결과 차트 모양이 오르는 형상으로 나타나는 것이다.

일에도 선후가 있듯이 주식이 먼저고 차트가 이를 반영한다. 이 사실을 정확히 기억한다면 "차트 모양이 좋은데 왜 주가가 하락하지?" 하는 바보 같은 질문은 더 이상 하지 않게 된다.

매매 타이밍 잡는 도구

앞의 질문 내용은 "주식이 좋아야 차트가 좋아진다", "주식에 문제가 있어 차트가 망가진다"로 표현해야 맞다. 그러나 투자하는 사람은 차트를 이용할 수 있는, 역으로 차트를 통해 주식의 좋고 나쁨을 판단할 수 있다. 차트가 주식을 만드는 것이 아니라 차트로 주식을 판단하면 그만이다. "주가가 차트에 영향을 미친다"는 것이다.

차트는 매매 시점을 잡는 데 유용한 도구다. 다시 말하면 '도구'일 뿐이다. 그렇다고 차트를 무시해도 좋다는 말이 아니다. 차트로 주식을 판단하는 것은 한계가 있다는 말이다. 주가가 차트를 만든다는 것을 잊지 말자.

인터넷을 검색하다 보면 사이버 고수들을 만나게 된다. 그들은 대부분 급등하는 차트 모양의 종목을 추천한다. 물론 차트 분석에 경험이 많은 고수들이라 잘 골라내기도 한다. 그러나 이들이 주로 말하는 종목을 찾아보면 '보기 좋은 차트', '급등하는 차트', '대박 종목' 등으로 '모양 좋은 차트'를 찾아내서 추천하는 방법을 쓴다.

이른바 차트 초보자에게는 매매하기 어려운 종목이 많다. 차트 모양만으로 추천한 종목을 따라서 매매하는 것은 올바른 방법이 아니다. 특히 모양 좋은 차트를 좇아 매매 의사를 결정하는 것에는 결코 동의할 수 없다. 실제 경험을 해본 사람이면 다 안다. 그렇게 회사 내용도 잘 모르고 주가 상승의 이유도 모른 채 막연히 '급등한다'고 추천하는 종목을 매수했다가 큰 손실을 보았을 것이기 때문이다. 관심은 가지되 함부로 따라해서는 안 된다는 점을 잊지 말자.

차트 모양을 검색해서 급등하는 주식을 찾기보다 자기가 사고 싶은 종목을 매매하는 데 차트를 이용해 적절한 가격을 찾아내는 것으로도 충분하고 실질적인 도움을 준다. 차트는 매매 시점을 결정하는 도구로만 활용해야 재미있다. 차트는 필요한 도구이지만 주식투자의 모든 것은 아니다.

증권사에서 제공하는 차트는 아주 복잡하다. 잘 알고 활용하면 모든 기능이 다 도움이 되지만 짧은 시간 안에 터득하기가 힘들다. 물론 모든 기능을 다 알더라도 주식매매를 잘할 수 있는 것은 아니므로 걱정하지 않아도 된다. 이용자 자신이 원하는 기능만 익혀서 정확하게 자기 것으로 만드는 일이 더 중요하다. 시간이 날 때마다 각각의 기능이 갖는 특성을 익히되 여러 차례 검증을 통해서 차트가 나타내는 의미를 파악해야 한다.

차트 분석의 기본은 무엇인가?

1 일봉, 이동평균선, 거래량

주식을 하면서 가장 많이 활용하는 자료는 일봉과 이동평균선, 그리고 거래량이다.

고수들 중에는 "일봉과 이동평균선, 거래량만으로 주가를 판단한다"고 얘기하는 사람들이 많다. '설마 그럴까?'라는 의문이 생길 수 있지만, 어느 정도 차트에 익숙한 사람이라면 '일봉'과 '이동평균선', '거래량'이 차트의 기본 요소라는 사실을 알기 때문에 왜 고수들이 그런 말을 하는지 쉽게 이해할 수 있다.

고수들은 "차트 해석의 기본에 충실해 차트를 잘 해석할 수 있고, 그 기준을 잘 지킨다"는 말을 그렇게 달리 표현한 것이다. '기본에 충실한 차트 활용'을 통한 주가 판단 능력이 스스로 뛰어나다고 넌지시 자랑하는 말투다. 그들은 매일 주가 움직임을 열심히 관찰하고 이동평균선 변화와 거래량 증감을 민감하게(다른 사람보다 훨씬 더 빨리, 예민하게) 찾아내 매매에 활용한다. 그러니 당연히 수익이 높아진다(오를 주식을 빨리 찾아내니 수익이 높을 수밖에).

주가 판단에 영향을 미치는 다른 기준을 무시한다는 뜻이 아니다. 주가 변화의 기본 요소들을 머릿속에 꿰차고 매매 결정을 차트 변화에 많이 의존한다는 말이다.

고수일수록 주가의 변화를 감지하는 능력이 뛰어나다. 그 활용 기술이 일반투자자들과 큰 차이가 나 아무리 가르쳐주고 알려줘도 일반투자자들은 습득하기 어렵다.

하나의 그림을 보고 사람들마다 느끼는 감성이 다르듯이 차트를 보는 관점도 서로 다르다. 차트를 잘 활용하려면 경험과 훈련이 필요하지만 개인적인 감각 차이를 무시할 수는 없다. 스스로 판단해 동물적 감각이 있다고 자신하면 차트를 더 열심히 공부해도 좋지만 그렇지 못할 때는 기본만 따라하는 것이 더 나을 수 있다.

이에 대해 또 하나의 의문이 생긴다. 고수들은 일봉과 이동평균선만으로 주가를 판단하고 다른 보조지표를 전혀 활용하지 않는 것일까?

생각해보라. 우리가 접할 수 있는 보조지표는 활용하라고 있는 것이지 썩히라고 있는 것이 아니다. 증권회사에서 제공하는 보조지표가 수십 종인데 아무도 활용하지 않는 것을 일부러 복잡하게 만들진 않았을 것이다.

다만 자료에 따라서 신뢰할 수 있는 정도가 다르고, 실제 제대로 활용하지 못하는 것뿐이다. 수많은 선배들이 최고의 매매 타이밍을 알기 위한 방법을 찾기 위해서 만든 지표다.

내가 《알기 쉬운 주가차트》라는 책을 내면서 보조지표의 원리와 활용방법을 자세히 설명했지만 현실적으로 직접 활용하는 지표는 한정되어 있다. 나의 경험으로 봐서는 거짓 신호가 적게 발생하고, 자신의 의사결정을 쉽게 도와주는 보조지표가 좋다.

우리에게 제공되는 보조지표가 너무 많아 다 검증해보지는 못했다. 고수들의 강의를 들어보면 나름대로 이유가 있고 활용도도 높은 것 같지만 막상 자신이 실전에서 활용하려면 힘이 든다. 검증하려다 오히려 손실을 볼 우려가 있어 자꾸 피하게 되고 믿음이 가는 보조지표만 주로 쓰게 된다. 주식 박사가 되고자 여러 가지 보조지표를 다 알려고 하더라도 잠시 보류하고(매매 의사를 스스로 정확하게 결정할 수 있을 만큼 능숙하게 활용할 때까지) 연습에서만 활용하기를 권하다. 자신이 매수해야 할 주식이라면 신뢰할 수 있는 보조지표를 확실하게 사용하는 것이 낫다. "책에 쓰여 있는 대로 매수했는데, 왜 주가가 하락하느냐?"고 항의해보았자 귀담아들어주는 사람은 아무도 없다.

똑같은 차트를 보는데도 사람마다 다르게 해석하는 것을 보면 차트 분석에도 분명 급수가 있는 듯하다. 그렇다고 기죽을 필요는 없다. 가장 간단한 기준 몇 가지만 확실하게 사용하면 대충 알아서 혼동하는 것보다 훨씬 효과적이니까.

2 봉으로 판단하는 방법

봉차트는 17세기 일본의 미두거래상 혼마가 미두시장에서 쌀의 시세 변화를 기록하기 위해 개발한 그래프가 그 시초인데, 1970년 이후 서양에 전해져서 캔들 차트라는 이름으로 많은 연구가 이뤄져왔다. 각종 차

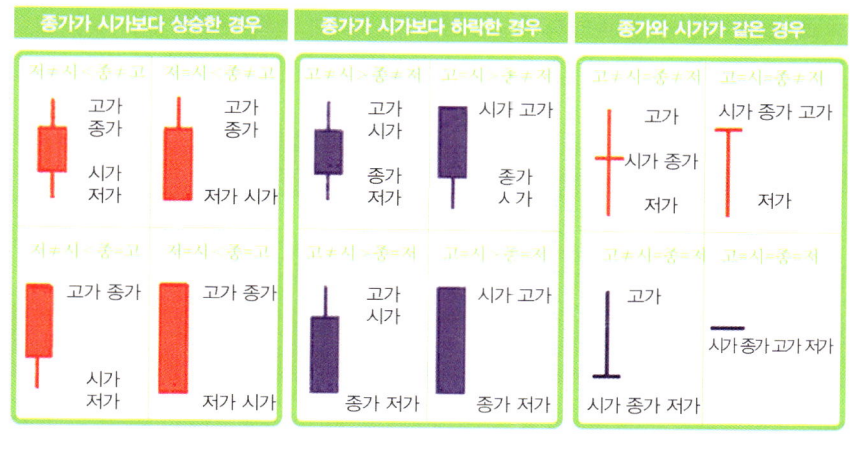

트 중에서 가장 폭넓은 분석이론이 있으며 가장 기본이 되는 차트다.

봉차트를 캔들 차트(candle chart)라고도 부른다. 봉은 막대, 캔들은 양초 란 뜻인데, 막대나 양초 모양처럼 그렸다고 해서 그러한 이름이 붙었다.

봉에는 양봉과 음봉이 있는데 양봉은 붉은색으로, 음봉은 푸른색으로 그린다. 봉 하나를 보면 주가가 하루에 어떻게 움직였는지 알 수 있다. 봉을 보고 시가, 저가, 고가, 종가를 알 수 있어야 한다.

그런데 차트는 봉 하나로 표시되지 않고 일봉을 줄줄이 묶어서 나타낸 다. 주로 8/12/24주 등으로 묶어서 일봉을 도시하는데, 왜 그럴까? 봉 하 나로 당일 주가의 힘을 알 수 있다고 했는데 그것으로 충분히 주가를 예 측할 수 있지 않을까? 일봉을 서로 연결해 차트를 만들어 활용하는 이유 가 무엇일까? 그것은 주가의 추세를 알기 위해서다.

추세를 트렌드(trend)라고도 하는데 당일 주가의 힘을 아는 것만으론 향후 주가의 방향을 점치기 어렵다. 따라서 그동안 주가가 흘러온 역사 를 한데 묶어서 현재까지의 주가 흐름을 한눈에 쉽게 보고, 앞으로 주가가 어떻게 움직일까 편리하게 추측해내기 위함이다.

중기적인 관점에서는 24주 차트를 활용하는 것이 좋지만 단기적인 움직임을 볼 때는 8주 차트를 봐도 상관없다. 단기일수록 일봉의 움직임을 예민하게 관찰할 수 있어서 세밀한 판단이 필요할 때는 24/12/8/1주, 전일＋당일 등과 같이 점차 기간을 축소해가면서 관찰하도록 한다.

그런 방법이 시간이 걸린다고 한다면 일봉을 어느 정도 볼 줄 아는 사람이므로 나름대로 필요하다고 생각하는 차트만 선별해서 보면 된다.

추세가 변하는 시점을 간과하기 위해 일봉을 몇 개씩 묶어서 판단하는 방법이 주로 쓰인다. 먼 과거보다 최근 주가의 움직임이 더 중요하기 때문인데, 일봉을 묶어서 그 의미가 '상승전환', '하락전환'이라는 뜻을 가진 단어가 나타날 때만 매매에 가담하면 큰 도움이 된다.

일봉의 묶음을 보고 어떻게 그 의미를 알 수 있을까? 수많은 상황이 벌어질 수 있으므로 모두 머릿속에 넣고 활용하기는 힘들다. 경험으로 익히기에는 시간도 많이 걸리니 천천히 배워가는 수밖에 없다. 일봉의 모양에 따라 현재 위치가 어떤 상황인지 분석해주는 곳도 있으니 참조하면 편리하게 사용할 수 있다.

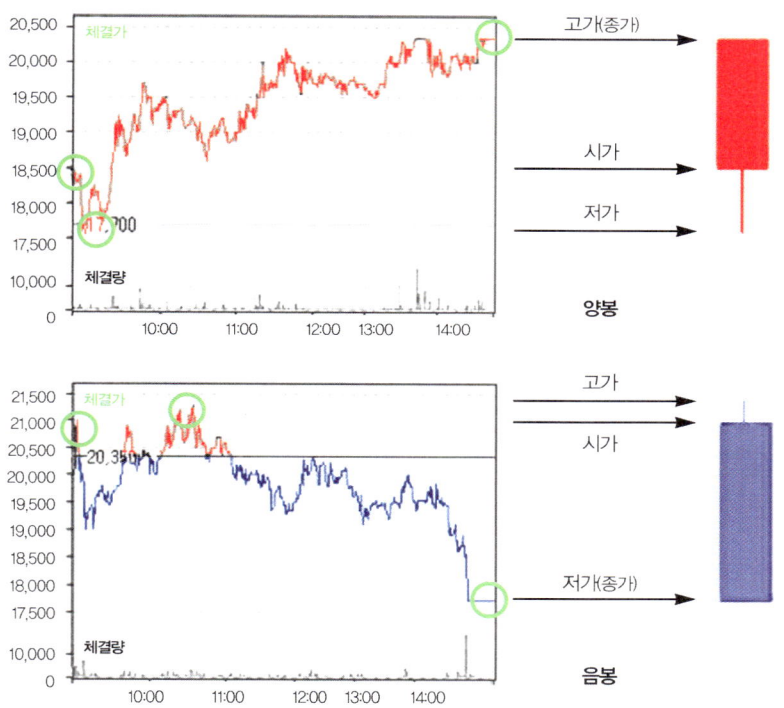

위 그림은 주가의 일일 변동과정이다. 그것을 단순화해 오른쪽의 봉 하나에 담은 것이 봉차트다. 일봉을 모아놓은 차트에는 봉 하나만이 표시되므로 봉 모습을 보고 그날의 움직임을 추측해낼 수 있다. 양봉은 시초가보다 높게 종가가 형성될 경우를 뜻하며 붉은색으로 표시한다. 음봉은 시초가보다 낮게 종가가 형성될 경우를 뜻하며 푸른색으로 표시하는데 붉은색과 푸른색은 당일 주가의 상승 또는 하락과 무관하므로 혼동하지 말아야 한다. 봉의 의미는 당일 시작할 때와 끝날 때의 매수와 매도의 힘을 표기한 것이므로 붉은색은 매수 강도가 점차 강해짐을, 푸른색은 매도 강도가 점차 강해지고 있다고 해석해야 맞다. 정확히 하루의 주가 등락을 알 수는 없어도 어느 가격에서 오르고 어느 가격에서 하락했는지 봉을 보고 의사결정에 활용하면 된다.

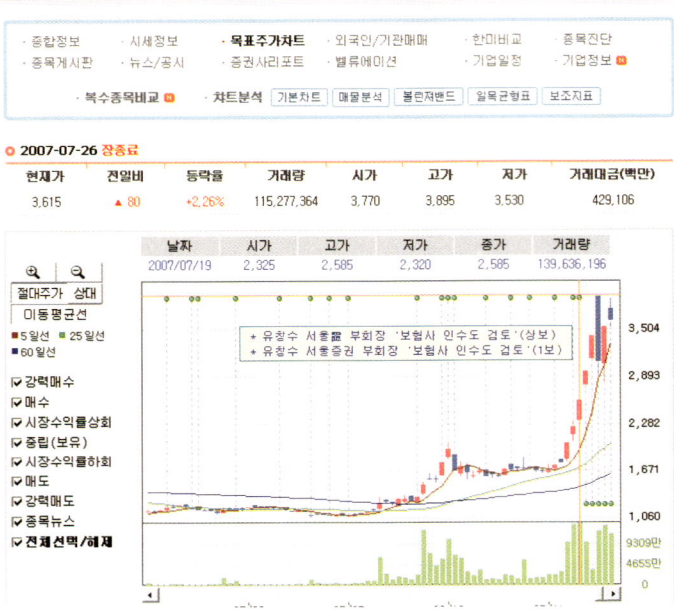

인터넷사이트(네이버)에서 제공하는 정보(서울증권 사례)

· 종합정보	· 시세정보	**· 목표주가차트**	· 외국인/기관매매	· 한미비교	· 종목진단
· 종목게시판	· 뉴스/공시	· 증권사리포트	· 밸류에이션	· 기업일정	· 기업정보

· 복수종목비교   · 차트분석 [기본차트] [매물분석] [볼린저밴드] [일목균형표] [보조지표]

○ **2007-07-26 장종료**

현재가	전일비	등락률	거래량	시가	고가	저가	거래대금(백만)
3,615	▲ 80	+2.26%	115,277,364	3,770	3,895	3,530	429,106

인터넷 검색사이트에서 차트를 활용하는 방법을 간단히 소개하겠다. 투자자 입장에서는 증권전문 사이트보다 검색사이트를 사용하는 방법이 훨씬 편하다. 자신이 찾고자 하는 회사 이름을 먼저 통합검색란에 입력한 뒤, 다음 화면에서 그 회사의 '종목진단'이나 '차트'를 누르면 여러 자료를 쉽게 찾을 수 있다. 여기에서 제공하는 정보는 '회사에 대한 종합정보', '시세정보', '종목뉴스', '공시정보', '외국인 투자자 매매', '증권사 리포트', '종목입체 차트', '기업일정', '기업개요', '재무분석', '종목진단' 등이다. 각 항목별로 일자별로 모아놓았으므로 빠짐없이 쉽게 찾을 수 있다(단, 종목진단은 유료 서비스다). 그 가운데 '종목입체 차트'를 검색하면 일봉차트가 나온다. 화면 아래쪽에는 일봉의 모습에 대한 해설이 있다. 일봉을 며칠 동안의 모습과 연결해 그 의미를 교과서적으로 해석한 것인데, 초보투자자에게는 아주 유용한 정보다. 특히 추세가 전환되는 시점을 찾아내는 데 상당히 긴요하게 활용할 수 있다. 애매모호하다고 생각하면 한 번 더 검색해 자신의 판단과 비교해 의사결정을 하면 된다. 자신의 생각과 일봉의 해설이 비슷하다면 매매에 자신감을 얻을 수 있고, 반대라면 자신의 생각과 다른 이유가 무엇인지 되돌아볼 수 있기 때문이다.

샛별형 상승반전형(Mornig Star)
긴 음선 이후 갭을 두고 작은 몸통이 발생한 후, 두 번째와 겹치지 않고 처음의 음선 영역 내에서 움직인 양선으로 구성된다. 두 번째 몸통은 양선이든 음선이든 상관이 없다. 이 형태는 하나의 봉으로 치환하면 해머형과 같다.

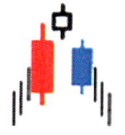

석별형 하락반전형(Evening Star)
긴 양선 이후 갭을 두고 작은 몸통이 발생한 후, 두 번째와 겹치지 않고 처음의 양선 영역 내에서 움직인 음선으로 구성된다. 두 번째 몸통은 양선이든 음선이든 상관이 없다. 이 형태는 하나의 봉으로 치환하면 유성형과 같다.

상승반전형(Bullish Doji Star)
전일의 긴 음선 이후 도지(Doji)가 발생하는 것으로서 조만간 상승전환할 것이라는 예고다.

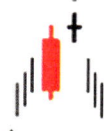

하락반전형(Bearish Doji Star)
전일의 긴 양선 이후 도지가 발생하는 것으로서 조만간 하락전환할 것이라는 예고다.

십자샛별형 상승반전형(Mornig Doji Star)
샛별형 상승반전형의 특별한 경우로서 작은 몸통이 도지로 형성된 경우다. 해머형과 같은 의미다.

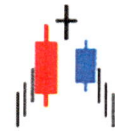

십자석별형 하락반전형(Evening Doji Star)
석별형 하락반전형의 특별한 경우로서 작은 몸통이 도지로 형성된 경우다. 유성형과 같은 의미다.

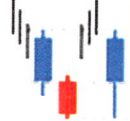

상승반격형(상승반전형/상승접선형)(Bullish Counter A.tack Line)
첫 번째 음선의 종가와 두 번째 양선의 종가가 일치하는 경우를 말한다. 각각의 몸통은 길어야 한다.

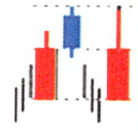

하락반격형(하락반전형/하락접선형)(Bearish Counter Attack Line)
첫 번째 양선의 종가와 두 번째 음선의 종가가 일치하는 경우를 말한다. 각각의 몸통은 길어야 한다.

3 이동평균선으로 매매 시점 포착

　이동평균선은 봉 이상으로 중요하다. 이동평균선은 차트 분석의 기본이 되는데 이를 이해했다면 차트의 반 이상을 이해한 셈이다.

　이동평균이란 일정 기간 주가의 평균가격을 뜻한다. 구하는 방식에 따라서 단순이동평균, 누적이동평균, 기하이동평균, 가중이동평균, 지수이동평균 등이 있다. 보통 차트에서는 기본적으로 단순이동평균을 사용하고, MACD 등 기술적 지표의 공식에서는 지수이동평균을 사용한다. 이동평균선은 대부분 3/5/10/20/120/200일 등을 사용하는데, 이동평균의 값을 자신이 직접 입력해 그릴 수도 있다. 35일선을 그리기도 하고, 9/26/33/65일선을 그리는 사람도 있다(일목균형표에서 주로 사용하는 수치다).

　이때 본인이 직접 계산해서 그려넣는 것은 아니고 컴퓨터가 알아서 계산해주므로 투자자 취향대로 편리하게 만들 수 있으나 원리는 모두 같다. 따라서 어떤 것이 투자에 도움이 된다고 딱 부러지게 말하기는 어렵다. 각자 나름대로 연습과 경험에서 선택한 것이니만큼 그 어느 것이든 좋다. 주가를 일정 기간 합산해 날짜로 나눈 평균값이므로 모두 의미가 있다고 하겠다. 평균가격, 즉 이동평균선 위에 주가가 있다면 그 기간에 주식을 산 사람은 대부분 이익을 보았다는 의미이며 이동평균선 아래에 주가가 있다면 그 기간에 주식을 산 사람은 대부분 손해를 보고 있다는 의미로 해석할 줄 알면 기본은 된 것이다. 이익을 보았다면 주가 상승에 대한 기대가 점점 커져 매물이 나오지 않게 될 것이고, 손해를 보았다면 주가 하락에 대한 우려가 점점 커져 주식을 팔고 싶어하는 사람이 시간이 갈수록 많아질 것이라고 해석하면 된다.

　따라서 상승할 수 있는 이동평균선의 모양은 주가가 이동평균선 위에 놓여 있고 장기간 주식을 가지고 있었던 사람보다 최근에 주식을 산 사람의 평균가격이 높으면 주가 상승의 기대가 커지고 있다는 표시인데, 이렇게 될 때 '주가 > 단기이동평균선 > 장기 이동평균선'의 형태가 된다. 이를 '정배열되었다'고 말한다.

반대로 하락할 수 있는 이동평균선의 모양은 주가가 이동평균선 아래에 놓여 있고 장기간 주식을 가지고 있던 사람보다 최근에 주식을 산 사람의 평균가격이 낮으면 하락에 대한 두려움이 커지고 있다는 표시인데, 이렇게 될 때 '주가 < 단기이동평균선 < 장기 이동평균선'의 형태가 된다. 이를 '역배열되었다'고 말한다.

이런 원리를 이용해 매수 타이밍을 잡을 수 있다. 주가는 상승하면 지속 상승하는 속성이 있으므로 상승하는 주식을 찾는 방법으로 정배열되어가는 종목을 찾으면 된다.

이동평균선만으로도 그 종목의 '줄기를 잡는 일'이 가능하다. 상승하는 종목인지 하락하는 종목인지를 판단할 때 이동평균선을 주로 본다. 이동평균선을 보고 매매 의사를 결정하는 방법은 '후행성' 논란이 있긴 하지만 차트 분석의 기본이므로 공부에 시간을 들인다고 해도 낭비는 아니다. 처음 투자하는 사람은 이동평균선 매매 방법 전부를 따라하기 어렵다. 조금 안다고 주가 판단을 교과서적인 내용에 맞추려 하면 낭패를 볼 수 있으니 주의해야 한다. 이동평균선에서의 대매 신호는 여러 방법이 있지만 가장 요긴한 방법 한 가지만이라도 자기 것으로 만들어 매매 기준으로 삼으면 도움이 된다.

이동평균선으로 판단할 수 있는 매매 신호는 다양하다. 그러나 수많은 매매 방법을 전부 머릿속에 넣어두었더라도 실전에서는 잘 기억나지 않아 경험으로 터득해야 제대로 활용할 수 있다. 장중에 이동평균선을 보고 주가를 판단하려고 하면, 현재의 위치가 어떤 상황인지 알기 어렵다. 올라갈 것인지 떨어질 것인지 분명하다면 한쪽으로만 매매가 집중되어

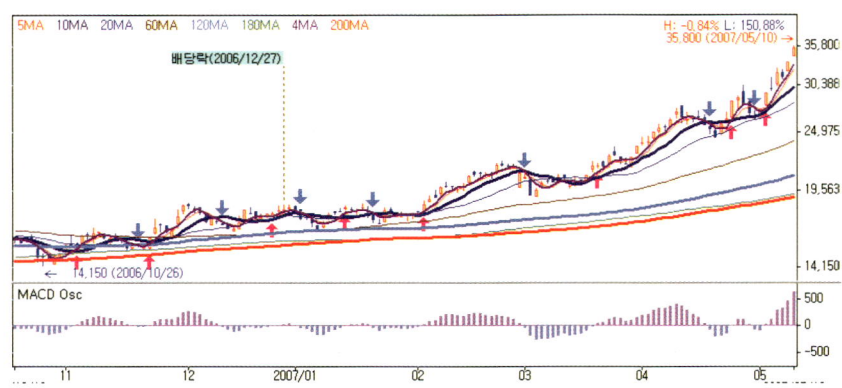

이동평균선으로 상승 주식을 판단하는 것은 바람직하지 않다. 관심 있는 종목이 상승하고 있는 주식인가를 판단할 때 활용하는 정도가 좋다.

이동평균선이 모였다가 확산되는 모양을 그리면 상승하는 종목이다. 상승 폭이 커지면 이동평균선의 간격이 커지는데 주가의 상승 정도가 단기이동평균선에는 많이 반영되고 장기이동평균선에는 적게 반영되기 때문이다.(이해가 가지 않는다면 직접 계산해보라. 한 달 내내 가격이 같았다고 할 때 오늘 상한가를 쳤다면 5일선에는 1/5이, 20일선에는 1/20이 반영되기 때문에 장기이동평균선이 천천히 움직이게 된다. 그래도 모르겠다면 이동평균선의 원리를 이해해보도록 한다.)

전문가는 "입을 모았다가 벌리는 종목이 급등한다"라고 하는데, 더 정확하게 말하면 "입을 모으고 있던 주식이 급등하면서 입을 벌린다"가 맞다. 그래서 이동평균선이 서로 모여 있다가 점점 벌어지고 있는 종목은 매수해도 좋다.

급등하거나 급락하겠지만 애매한 모습이 나타나므로 사실 매수·매도 판단이 쉽지 않다.

'단기적인 매매'보다 '줄기'를 찾는 데 이동평균선을 이용하면 실패할 확률이 적다. 5일선은 5일의 주가 평균, 20일선은 20일의 주가 평균이라는 점을 감안하면 적어도 5일 이상의 주가 움직임을 알기 위한 지표임을 잊지 말아야 한다. 하루의 주가를 예측하는 도구가 아님을 다시 한 번 강조한다.

또 차트 참조는 장중에 해서는 안 된다. 매매 실수를 채 생각하지도 못하고 차트에 따라 즉흥적으로 실행하기 쉬운데, 주가가 이리저리 움직이는 걸 보면 오히려 혼란스러워져 판단이 더욱 흐려진다. 따라서 주가의 '줄기'를 판단하기 위해 이동평균선을 검토한다면 장이 종료된 후에 해야 한다. 시세에 영향을 받지 않고 편안한 다음으로 판단해야 냉정하게 주가가 어느 위치에 와 있는지를 알게 된다.

4 MACD가 중요한가?

봉차트와 이동평균선 차트를 더 잘 판단하기 위해서 똑똑한 선배들이 고안해낸 것이 보조지표다. 차트로 매매 신호를 쉽게 알아낼 수 있는 좋은 방법이 없을까 궁리 끝에 만든 작품들이다. 어떻게 해도 판단이 서지 않을 때 의사결정을 편히 하도록 도와준다고 해서 보조지표라고 한다. 현실에서는 보조지표가 너무 많아서 무엇을 어떻게 활용해야 하는지조차 모를 때가 많다.

하지만 보조지표라고 해서 특별히 다른 내용으로 만든 것은 아니다. 만든 원리를 보면 주가, 이동평균선, 거래량을 조합하고 가공해 선으로 주가 흐름을 표기한 것이다.

사실 차트의 기본을 정확히 알면 보조지표가 필요하지 않다. 하지만 투자자도 인간인 이상 차트를 잘못 판단해 실수할 수 있다. 또 혼자서 매매하기 때문에 누군가가 조언을 해준다면 더 잘할 수 있다. 그럴 때 보조지표가 빛을 발한다. 더욱 완벽한 매매 시점을 찾고, 자신의 생각을 보조지표의 신호로 확신할 수 있기 때문이다. 생각을 검증하는 차원에서 보조지표를 활용하면 별 탈 없이 도움을 받을 수 있다. 어떤 사람은 보조지표만으로 투자 시기를 결정하기도 하는데 이따금 속임수가 발생하므로 주의해야 한다.

무슨 일이든 주객이 전도되면 화를 부른다는 것을 잊지 말자. 보조는 영원한 보조일 뿐이다. 보조지표 중 가장 대표적인 것이 MACD다. MACD는 'Moving Average Convergence and Divergence'의 약어다. 해석하면 '이동평균의 수렴과 확산'이다. 미국의 제럴드 애플(Gerald Appel)이 개발한 이 지표는 두 개의 이동평균선의 괴리도가 가장 큰 시점을 찾아내므로 이동평균이 갖는 후행성을 극복하려는 의도에서 만들어 졌다. 원리는 이동평균선의 간격이 크게 벌어지면 다시 줄어드는데 그때 가 최적의 매매 시점이라는 것이다.

맞는 얘기다. 한번 차트를 놓고 분석해보자. 주가가 하락하기 시작하면 벌어졌던 이동평균선 사이의 간격이 점차 줄어들고, 상승하기 시작하면 줄어들었던 이동평균선의 간격이 다시 벌어진다. 그 '간격의 변화' 시점을 잡아내려고 할 때 MACD를 이용하면 많은 도움이 된다.

MACD는 기본적으로 두 가지 선, 즉 단기와 장기 지수이동평균선의 차이인 MACD선과 MACD선 자체의 지수이동평균선인 시그널선으로 구성된다. 개발자인 애플은 단기와 장기를 12일과 26일을 기준으로 설정하고 시그널선은 9일 지수이동평균선을 설정했다.

MACD는 추세 변화나 방향을 잡는 데 이용하면 좋다. MACD는 이른바 '가는 종목'인지 '안 가는 종목'인지를 구별하려고 할 때 정확하게 알려준다. 선택한 종목이 상승 추세에 있는지를 검증해보고 싶을 때 MACD를 보면 된다. MACD는 횡보하는 시장이나 보합 국면보다 추세 시장에서 더욱 효과적이다.

MACD를 이용한 기본적인 전략은 MACD가 시그널선을 상향 교차하는 순간 매수하고, 시그널선을 하향 교차하는 순간 매도하는 것이다.

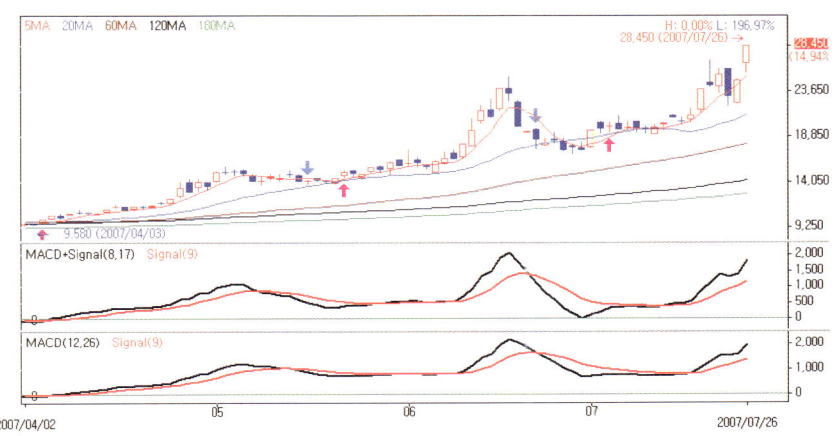

MACD를 이용한 매수 시점 포착(교보증권)

MACD를 이용할 때 유의 사항 MACD 곡선과 시그널곡선은 이동평균하는 기간에 따라 수치가 달라지므로 매수·매도 시점 또한 달라질 수밖에 없다. 만약 기간을 짧게 잡는다면 MACD와 시그널선의 교차가 빈번해 속임수가 발생할 확률이 점점 커지는 반면, 기간을 길게 잡으면 MACD와 시그널선의 교차 빈도수가 줄어들지만 정확도는 높아진다.

따라서 투자대상이나 기간 및 투자금액의 성격을 고려해 기간에 차이를 두는 것이 좋다. 보통은 12/26일선을 기준으로 시그널선을 9일로 설정해 활용하는데, 개수 시점을 더욱 빨리 알려면 8/17일선을 기준으로 시그널선을 9일로 바꾸어서 활용할 수 있다. 사용하는 사람에 따라 가장 적절한 기준으로 바꿀 수 있는데, 자신이 없다면 그대로 사용해도 무방하다.

MACD선과 시그널선과의 교차 시점을 추세 전환의 시발점으로 본다. 그런데 매수는 한 템포 느려도 추세가 전환되는 국면이라면 별문제가 없지만, 매도는 MACD를 이용하는 방법을 사용하면 추세 전환이 하락으로 전환된 이후에 신호가 발생하기 때문에 다소 늦다. MACD를 이용해 매도 시점을 잡는 방법은 권하고 싶지 않다.

MACD = 단기지수이동평균 － 장기지수이동평균

시그널선 = n일 MACD 지수이동평균

MACD를 이용해 매수하는 방법

1. 신호선 교차 – MACD가 시그널선을 상향 교차하는 순간
2. 0선 교차 – MACD가 0선을 상향 교차하는 순간

5 볼린저밴드의 활용 방법은?

볼린저밴드(Bollinger Band)라는 말을 들어본 사람이 있는지 모르겠다. 요즘은 신문에서도 주가의 추가 상승 여부를 얘기할 때 볼린저밴드를 자주 거론한다. 볼린저밴드는 가격만을 놓고 판단하는 보조지표로서, 매수·매도 시점을 정확히 알기 위해 기관투자가나 펀드매니저들이 주로 활용한다.

개인투자자들도 사용하면 도움이 되지 않을까 싶다.

존 볼린저라는 사람이 주가의 움직임을 예측할 방법을 찾다가 과거의 주가를 기준으로 향후 주가가 움직일 범위를 정할 수 있다고 판단해 간든 것이 볼린저밴드다. 이것이 만들어진 원리는 이동평균선(추세중심선)에 일정한 표준편차를 더하거나 빼서 상·하한 밴드를 만들어 주가의 움직임에 따라 밴드도 함께 움직이게끔 했는데, 주가에 따라 밴드도 변화면서 활동적인 모습을 띤다. 주가가 위로 움직일 수 있는 범위를 '상한 밴드', 아래로 움직일 수 있는 범위를 '하한 밴드'라 하고, 주가가 밴드를 거의 벗어나지 않고 그 안에서 움직이도록 할 수만 있다면 현재의 주가가 높은지 낮은지를 알 수 있는 지표다.

밴드는 통계학에서 사용하는 표준편차를 이용하여 만들었는데 원리는

몰라도 상관없다(정확하게 이해하는 사람은 거의 없으니 신경 쓰지 않아도 된다. 관심 있는 사람은 별도로 공부하면 되겠지만, 주식에 몰두하다 보면 알았던 원리도 금방 잊어버린다).

그래도 궁금한 사람을 위해서 몇 마디 하면, 표준편차는 평균에서 얼마나 흩어져 있는가를 수치로 표현한 것이다. '표준편차가 클수록 평균으로부터 많이 떨어져 흩어져 있다'고 볼 수 있다.

만약 어떤 주식의 표준편차가 작으면 평균적인 거래가격에서 크게 벗어나지 않고 있다는 뜻으로 현재 변동성이 낮아 향후에 변동성이 커질 확률이 높은 상황이라고 볼 수 있다. 또 표준편차가 크면 주가가 위아래로 크게 움직여서 이후 주가가 안정되었을 때 변동성이 낮아질 가능성이 높은 상황으로 예측할 수 있다는 것이다. 이렇듯 볼린저밴드는 주가의 변동 가능성을 기준으로 그려진다.

볼린저밴드는 크게 상한선, 하한선, 추세중심선으로 구성된다. 추세중심선은 이동평균선을 활용하며 여기에 일정한 표준편차를 더하거나 빼서 상·하한 밴드를 만들어 주가의 변동에 따라 밴드도 함께 움직이도록 만들었다. 일반적으로 표준편차에 2를 곱하여 사용한다. 그 이유는 2×표준편차 내에서 주가가 움직일 확률이 95.4%이기 때문이다. 그래서 큰 변화 요인이 없다면 주가는 밴드 내에서 움직이는 것이 일반적이다. 주가가 밴드를 벗어나 움직인다는 것은 주가 추세에 어떤 변화가 발생했다는 의미다. 볼린저밴드는 밴드 내에서 주가가 움직일 확률이 95.44%가 되도록 상·하한 밴드를 인위적으로 계산하여 만들어 밴드 안에서 주가가 움직일 확률이 95.44%가 되므로 투자자는 이를 그대로 실전에 활용해도 무리가 없다. 만약 투자자가 볼린저밴드의 상한 밴드에서 매도했다면 그 매도 가격은 꼭짓점이 될 확률이 95.44%라는 의미다.

그렇다면 "밴드를 벗어나면 꼭짓점에서 매수·매도한 게 아닌가?"라는 의문이 드는데, 당연히 4.56%는 상한 밴드 밖으로 더 상승·하락할 수도 있다는 점을 염두에 둬야 한다. 과거의 움직임으로 미래의 주가를 판단하기는 어렵지만 그 범위를 벗어날 확률도 적다. 특별히 상승 또는 하락의 기운이 센 종목의 주가는 밴드를 이탈하게 된다. 밴드 밖으로 강하게 이탈하는 주식은 급등주 또는 급락주가 되는데 이는 평범한 주식이 아니라 특별한 4.56%의 주식에 해당한다.

"왜 주가가 밴드를 이탈하느냐?"라고 묻는 것은 어리석다. 주가는 예측불허다. 그러니 밴드를 이탈하는 주식이 보이면 "주가가 이상하게 움직이네.", "어, 이 주식 상승 힘이 센데."라고 생각하면 그만이다. 차트를 보고 '주식의 힘이 세다', '그렇지 못하다' 라는 것만 제대로 알아도 큰 소득이다.

상승과 하락에 관계없이 밴드를 이탈하는 주식이 가장 힘이 세다. 이런 원리를 기본으로 '밴드 위로 이탈했던 종목이 조정을 받으면 다시 상승할 수 있으며, 밴드 아래로 이탈했던 종목이 반등하면 다시 하락할 수 있다'고 판단할 수 있다면 볼린저밴드를 다 이해한 것이다.

물론 볼린저밴드라고 해서 완벽한 신호를 주지는 않는다. 예를 들어 "밴드 상단이 고점이라고 하면서도 밴드를 이탈하면 힘이 강하다"라는 말은 다소 모순이다. 그래서 밴드의 유형을 보고 각각의 상황에 따라 밴드 상한선이 매도 시기이자 매수 시기가 되기도 한다.

"오래 엎드려 있던 새는 반드시 높이 날 수 있다(伏久者 飛必高)." 볼린저밴드를 잘 연구하면 이렇게 오래 엎드려 있는 주식이 올라가기 위해 몸을 움직이기 시작하는 시점을 포착할 수 있다. 주가가 엎드려 있을 때는 밴드의 폭이 좁고 길게 나타나며, 주가가 움직이기 시작할 때는 밴드의 폭이 넓어지면서 위아래로 커져 의사결정을 명확하게 하는 데 많은 도움이 된다.

볼린저밴드를 이용한 매수시점 포착(CJ)

볼린저밴드를 통해 본 급등의 과정을 익혀두면 매개하는 데 도움이 된다.

1. 밴드의 폭이 좁아지면 향후 주가의 변화가 올 것이라고 예상한다.

2. 밴드 폭이 좁아졌다가 다시 넓어지면서 상향으로 전환할 때 매수한다. 이때 주가가 추세중심선 위에서 형성되는지 여부를 살펴야 한다.

3. 추세중심선 근처에서 매수하지 못했다면 주가가 양선을 만들면서 밴드 밖으로 이탈할 때 추격 매수한다.

4. 주가가 밴드 밖에서 움직이면 지속 상승할 가능성이 높다. 하지간 일정 부분 이익이 난 상태이기 때문에 밴드 안으로 진입하는지 여부를 주시해야 한다.

5. 주가가 밴드 밖에서 움직이면서 상승하면 매도 시기를 늦춰서 수익률을 극대화한다.

또한 밴드의 폭이 좁아져 있는 상태에서 점점 커지는(이는 주가 움직임의 변동 폭이 커지고 있다는 표시한다. 그러니 상승 추세에서는 힘도 강해지고 있다는 것을 알 수 있다) 형태를 띨 때 '밴드의 이탈에도 매수할 수 있다'라고 해석해야 한다.

그리고 횡보하던 주식이 상승하면서 볼린저밴드의 상단으로 이탈하는 종목을 두고 밴드를 이탈할 것인가 하지 않을 것인가를 두고 고민할 수도 있다. 이런 상황에 부딪혔을 경우 주가의 밴드 이탈 여부를 따지기 전에 먼저 중심선이 상향으로 돌아서면서 중심선 위에서 상승하는가에 관심을 가지면 밴드를 상향 이탈하기 전에도 주식을 매수할 수 있다.

지표가 나타내는 매매 신호를 확인한 후 매매를 하면 늦기 때문에 지표를 보면서 '나름대로의 예상'이 필요하다. 차트를 보고 같은 생각을 하는 사람이 많다면 주가가 한쪽 방향으로 움직이게 되는데, 이럴 때 남들보다 한 발짝 앞서 생각하고 행동해야 그만큼 수익을 크게 낼 수 있다. 물론 예상이 틀렸을 때는 그만큼 손해를 감수해야 한다. 따라서 볼린저밴드를 이용해 매수하려면 추세중심선과 밴드의 폭이 상향으로 넓어지면서 밴드를 처음 이탈했다가 다시 추세중심선 위에서 상승하는 종목을 매수 대상으로 삼는다.

볼린저밴드의 계산

- 상한밴드＝추세중심선＋(승수×표준편차)
- 하한밴드＝추세중심선＋(승수×표준편차)
- 추세중심선＝n일 이동평균선

볼린저밴드를 이용해 매수하는 방법

- 밴드의 추세중심선이 상향으로 돌아서고, 밴드가 좁아진 상태에서 점점 넓어지는 시점
- 주가가 좁은(이 의미가 중요하다) 밴드를 상향 이탈하여 양선을 만드는 시점

나에게 맞는
돈 되는
종목 찾기

오르는 종목을 고르는 방법은?

휴일을 이용해 좋은 종목을 찾는 방법

투자자는 한 주 동안 전쟁을 치르고 나면 자신이 무엇을 했는지 모를 때가 많다. 계획했던 매매보다 시류에 흔들려 이리저리 주가 흐름을 따라다닌 게 아닌가 하고 후회하기도 한다. 그렇다고 장이 열리지 않는 이틀 동안 마냥 쉬지도 못한다. 다음 주가 어떻게 전개될지 궁금하기도 하고, 혹시 하락할지 몰라 불안해서다.

그러므로 투자자는 장이 열리지 않는 동안 다가올 한 주를 위해 주식시장을 예측해보고 전략을 구상해야 한다(자기 예측이 맞는지 여부는 크게 중요하지 않다. 준비하는 자세가 필요하고, 어떤 방향이든 대비하려는 마음을 가져야 주가 변화에 능동적으로 대처할 수 있다). 주말을 이용해 주식시장에 대한 그림을 어떻게 짜야 할까?

❶ 매매 원칙을 지켰는지 자기 점검을 하라

먼저 지나간 한 주를 반성해본다. 장이 끝나고 나서는 잘했다고 기뻐한 날보다 후회스러운 날이 더 많다. 투자자 대부분은 매일 반성을 하니 황금 같은 휴식시간을 평소와 같은 내용을 검토하면서 보낼 필요는 없다. 다만 자신이 무엇을 잘못했는지 모를 정도로 매매 기준이 없었다면 잠시 되돌아봐야 한다. 반성도 좋지만 '앞으로 잘하는 방법이 더 실익이 있다'는 것을 기억하자.

❷ 다음 주에 시장을 주도할 테마를 연구하라

다가올 주의 예상되는 주류 테마를 분석하고 상황이 예상대로 전개된다면 어떻게 매매할 것인가에 대한 전략을 구상해야 한다. 제일 좋은 방법은 신문을 뒤적이면서 어떤 내용을 지나쳤는지 조사해보는 것이다. 중요한 기사나 증시에 영향을 줄 만한 기사를 정리하면서 큰 줄기를 체크해보면 그동안 자신이 가졌던 생각과 비교해서 정리할 수 있다.

주변 여건이나 수급을 무시하고 종합주가지수 차트나 다우 차트, 심지어는 일본 닛케이의 차트를 분석해보기도 하는데, 우리가 아무리 연구를 잘한다 하더라도 외국 자료는 그들 실정에 가장 잘 맞는 것이다. 날마다 보는 우리나라 종합주가지수를 판단하는 것도 힘든데, 외국 차트를 우리나라 투자자의 시각으로 분석하면 오히려 예상에서 빗나갈 확률이 높다. 자신이 해외 증시의 전문가가 아니라면 미국 시장을 분석하는 일은 전문가에게 맡기는 편이 차라리 낫다. 모든 것을 직접 분석하려 하지 말고 각 분야의 전문가의 말에 귀 기울여야 한다.

그렇다고 미국의 다우나 나스닥의 차트를 보지 말라는 말은 아니다.

건성으로 살펴봐서는 정확한 판단을 이끌어내기 어렵다는 뜻이므로 어차피 분석하려거든 매일 꾸준히 살펴보아야 한다는 말이다. 그래야 미국 시장의 큰 흐름을 이해할 수 있다.

❸ 외국인과 기관의 동향을 주시하라

지난 한 주 주식시장에서 이뤄진 수급을 알아두면 줄기가 그려지는데 다음과 같은 방법을 쓰면 유용하다.

첫째, 외국인이나 기관이 어떤 종목에 관심을 가지고 있는지 그 매매 패턴을 연구해본다.

먼저 신문기사의 핵심을 파악하고, 행간의 의미를 음미하면서 전체 줄거리를 훑어봐야 한다. 이렇게 한 주를 분석한 기사를 보거나 외국인 투자자와 기관투자가의 '매매 상위 종목표'를 보면서 앞으로 어떤 방향으로 시장이 흘러갈 것인가를 추측해내야 한다.

외국인과 기관이 매매하는 종목 중에서 자신이 동참해야 하는 종목은 어떤 것이 있는지 관심을 가져본다. 2007년 이후 우리 주식시장은 과거와 달리 '기관투자가와 외국인 투자자의 싸움'이 아니다. 우리나라 기관을 다윗에, 외국인을 골리앗에 비교하여 외국인의 힘을 인정했으나 지금은 상황이 바뀌었다. 개인투자자들도 기관 못지않은 매수의 힘을 보이고 있는데 2000포인트를 돌파하는 시점에서는 외국인은 지속적으로 매도하고 기관과 일반투자자들이 시장을 선도했다. 과거에는 기관투자가와 외국인 투자자, 두 황소의 힘겨루기에서 외국인의 매매 비중이 컸지만 국내 주식시장에 주식형 펀드의 수탁고가 증가하면서 오히려 기관의 힘이 세진 느낌이다. 기관투자가의 힘이 커지면서 외국인의 매매 행보를 유심히 관찰하면 어느 쪽으로 가야 할지 방향을 정할 수 있다.

둘째, 새로 부각되는 종목을 살펴서 조정 기간에 싸게 매수할 수 있도록 종목을 점찍어둔다.

외국인이나 기관투자가가 그동안 매수하지 않았다가 새롭게 매수하기 시작하는 종목에 관심을 가지는 것이 좋다. 이 방법은 리스크도 있지만 상승 초기의 주식을 매수할 수 있는 기회를 제공하기도 한다. 하지만 일시적으로 매기가 형성되었다가 사라지는 종목도 많으므로 손절매 가격을 미리 설정해놓고 매매에 임해야 실수를 줄일 수 있다.

셋째, 선택할 종목을 어느 가격에 매수할 것인가 고민해본다.

만약 자신이 보유한 종목이 외국인이나 기관투자가의 주요 매수 종목에 포함되어 있으면 상승 시 어느 가격에 매도할 것인가를 결정하고, 매도 후 다시 매수한다면 어느 가격에 매수할 것인가를 생각해봐야 한다. 주요 매수처가 있는 종목이라도 'N자형'의 상승을 거치는 것이 일반적이므로 적절히 매수·매도할 기회를 엿보아야 한다.

넷째, 무조건 쫓아갈 이유는 없다.

기관투자가의 매매 종목 순위보다 매매 수량에 관심을 가져라. 외국인 투자자나 기관투자가의 적은 수량의 매매로는 시장 가격에 영향을 주지 못한다. 다만 심리적 안정감을 유지시켜줄 뿐이다. 꾸준히 매수하는 종목이나 대량으로 매수하는 종목에 관심을 가져야 한다. 입질하듯 소량 매수한 종목은 주가가 상승하지 못하면 빠른 시간 내에 되파는 경우도 흔히 발생한다. 리스크 관리에 철저한 기관투자가는 매수했다가 추가적인 상승 모멘텀이 없다고 판단되면 손절매도 과감하게 실현하기 때문이다.

❹ 전문가들의 전망에 귀 기울여라

전문가들은 어떻게 전망하는지 인터넷 서핑을 하면서 시장의 일정한 흐름을 파악하라. 검색 포털사이트를 통해서도 수많은 고수들의 얘기가 매일 쏟아져나온다. 그 가운데 스스로 잘한다고 생각하는 고수들의 얘기에 귀 기울이다 보면 많은 도움이 된다. 또 여러 사람들의 얘기를 자세히 읽어보고 자신의 견해와 비슷한 글이 있다면 체크해놓고 분석해본다.

종목 선정에서도 전문가들이 제시하는 종목 가운데 축약해서 관심을 가지면 큰 실수는 피할 수 있다. 다만 상승 초기에는 무료로 정보를 제공하지 않기 때문에 어느 정도 상승한 종목이 많다. 그 종목 중에서도 잘만 하면 시장 주도주를 찾을 수 있다. 돈을 들이지 않고 급하게 상승하는 종목을 찾고자 한다면 이 방법이 값지다. 모든 종목을 검색하며 자신이 직접 종목을 찾는 방법은 시간도 많이 들고 확률도 떨어진다. 증권전문 사이트에서 추천하는 종목 중에서 기업 내용과 차트를 잘 검토해 관심 종목으로 선정하면 의외의 성과를 거둘 수 있다.

2 분봉을 활용해 장중에 좋은 종목을 찾는 방법

시장에서 가장 빨리 움직이는 종목이 무엇인지 안다면 큰 손실을 보지 않고 매매할 수 있다. 그렇다면 이러한 종목을 어떻게 찾아낼 수 있을까?

장중에 종목을 선정하고 매매 시점을 잡는 방법을 순서대로 살펴보자.

❶ 최근의 주가를 먼저 살펴보고 며칠 동안 하락한 상태에서 반전이 언제 이루어질 것인가를 유심히 관찰한다. 과연 이 종목이 상승할 것인가에 의문을 가지고 접근한다.

❷ 주가가 횡보하다 갑자기 상승하면서 분봉에서 양봉을 만드는지 관찰한다. 이때 양봉을 만들면 추격 매수해도 상관없다. 이러한 시점을 포착하는 데는 센스가 필요하다. 관심대상 종목이 갑자기 위로 움직일 때는 확신을 가지고 따라간다. 단, 추격 매수하기 전에 왜 주가가 오르는지를 알아야

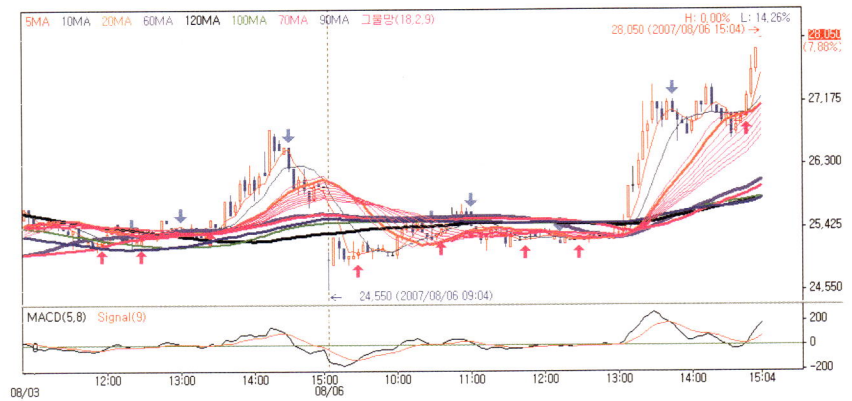

　　　　　장중에 단기 매매를 위해서는 분봉을 사용한다. 분봉(2분봉이나 4분봉을 취향대로 선택하여 중복해 비교하면서 활용하면 실수를 줄일 수 있다)을 계속 관찰하면서 매매해야 한다.

한다. 즉 상승을 이끌고 있는 재료(내용)로 무엇이 나왔는지 살펴보라.

❸ 현재가 화면에서 10단계 호가 창을 통해 매수·매도 수량을 정확히 파악할 수 있다.

❹ 빠르게 양선을 만들고 올라가는 종목의 뉴스를 확인한다. 현재가 화면에서 〈머니투데이〉와 〈이데일리〉와 같은 실시간 뉴스를 곧바로 볼 수 있도록 접속해놓아야 재빠르게 행동할 수 있다.

❺ 양봉이 출현하는 순간 추격 매수해도 무방하지만 만약 이러한 상승

초기에 매매 시점을 놓쳤다면 잠시 보류해야 한다.

사례로 본 교보증권은 고점 대비 낙폭이 컸으므로 반등을 모색하던 시점에서 일시에 매수가 몰린 결과 주가가 상승했다. M&A 재료가 있는 상태에서 주가의 급락은 매수 기회를 다시 제공한다. 주가는 하락 반전 이후 재반등을 시도하는 것이 당연한 수순인데 그 타이밍을 노려야 한다. 어떤 주식이든지 그 주식을 오랫동안 관찰해보면 속성을 알 수 있다. 상승 기운이 강해 한 번에 상한가로 가는 종목이 있는가 하면, 여러 차례 등락을 하면서 상승하는 종목이 있다. 그러므로 어느 가격대에 물량이 많고 어떤 가격에서 상승을 처음 시도했는지 알아두면 매수 기회를 포착하는 데 아주 유용하다.

❻ 흔들림이 많다고 판단한 종목을 잠시 보류해두었다가 재매수하려고 할 때 어느 가격대가 적당할까?

첫 양봉을 만든 가격이 가장 적절한 재매수 가격이다. 왜 그 가격이 재매수 가격이 될까? 이유는 그 뉴스를 알아도 매수에 가담하지 못했던 투자자가 마음 편하게 다시 매수에 가담할 수 있는 가격이 첫 양봉을 만들 때이기 때문이다. 이렇게 자신의 판단보다 그 종목에 관심이 많은 다른 투자자의 입장에서 생각해보면 적절한 매수 가격을 정할 수 있다.

주가가 횡보하다 처음 오르기 시작하면 보유한 사람이 매도하려고 내놓은 물량이 소화되면서 첫 양봉이 만들어진다. 첫 양봉을 만들고 나서 지속적으로 오르지 못하더라도 양봉을 만든 가격까지 가격 조정이 온다면 적극적인 매수를 해도 무방하다. 다만 그 자리(첫 양봉이 만들어진 자리)에서 제대로 반등하지 못하고 내려갈 경우에는 뉴스에 따른 '반짝 상승'으로 해석하고 손절매해야 한다.

분봉에서도 이동평균선을 잘 활용해야 한다. 횡보한 후에 상승으로 전환할 때 매수에 가담해야 하는데 이를 놓쳤다면 눌림목에서 매수하면 된다. 일봉으로만 눌림목이 나타나는 것이 아니라 분봉으로도 이를 활용할 수 있다.

3 갭을 이용해 장중에 좋은 종목을 찾는 방법

장중에 움직이는 종목을 찾아서 매수하려고 할 때 어떤 매매 계획을 세워야 하는지 생각해보자.

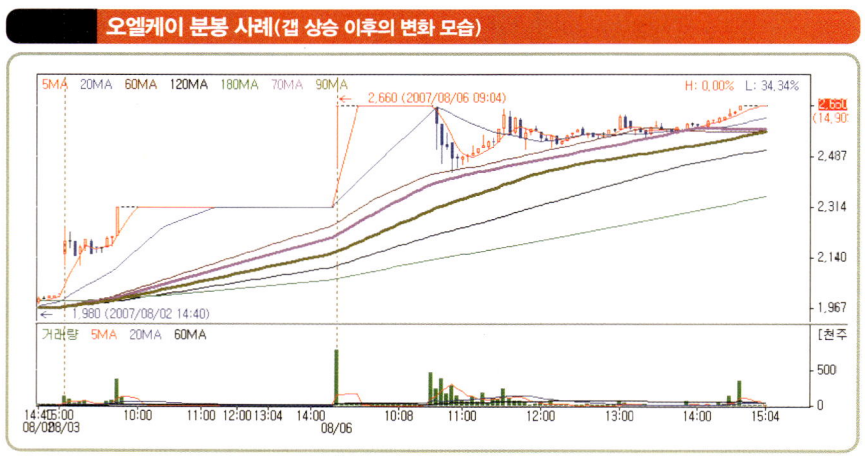

오엘케이 분봉 사례(갭 상승 이후의 변화 모습)

❶ 먼저 시초가에 갭이 발생했는지의 여부가 중요하다. 시초가가 전일 종가보다 높게 형성되는 것을 두고 갭이 발생했다고 한다. 시초가에 갭을 형성한 종목은 매수세가 강한 종목으로 그날의 시장을 주도할 가능성이 크다. 다만 최근의 주가 흐름을 주시해야 하는데 며칠 동안 조정받은 종목에서 갭이 발생하고 상승하면 재차 상승하는 것이지만, 줄곧 상승하던 종목이 시초가에 갭 상승으로 시작했다면 매수세가 한꺼번에 몰린 것으로 사고자 했던 사람이 시초가로 모두 매수하고 나면 추가 매수세가

실종되면서 주가는 자연스럽게 하락한다. 따라서 시초가 갭 상승의 의미를 최근의 주가 흐름에 따라 다르게 해석해야 한다.

❷ 시초가 이후 한 시간 내로 상승 갭이 다 채워지면 추가 상승에 한계가 있다. 강한 상승을 보인 종목이라도 상승하는 시기를 틈타 매도세가 증가할 때 상승 갭을 메우게 된다. 이러한 현상은 이 종목에 대해 관심을 가진 투자자가 적다는 뜻이며, 더욱 싼 가격에 사려는 사람이 많은 것으로 풀이해야 한다. 사려는 사람이 자꾸 싸게 사려고 한다면 주가는 상승하기 어렵다. 이를 간파한 매도세는 상황이 변했다는 것을 인식해 가격을 불문하고 주식을 팔아치우려고 하여 전일 종가 아래(시초가의 상승 갭이 발생했던 가격 아래)까지 하락할 수 있다. 이런 경우에는 '주가가 다시 상승하리라고 믿는 투자자가 적어졌다'는 뜻이므로 손절매해야 한다. 즉 상승 갭이 발생한 주식이 상승 힘이 약해져서 시초가 근처, 또는 시초가 아래로 하락한다면 '상승 실패'로 이해하고 다른 종목을 선택해야 한다.

물론 주가 변동을 빨리 알아차릴 수 있는 센스 있는 사람은 주가가 전일 종가로 가려는 움직임이 있다면 미리 매도해도 무방하다.

❸ 매수 시기를 놓쳤다고 생각하면 추격 개수를 보류한다. 오전에 강하게 상승하는 종목을 선택했더라도 재빠르게 추격 매수하여 장중 단기매매에 성공하지 못했다면 잠시 기다려야 한다.

그렇다면 어느 가격에서 매수하면 안전할까? 시초가와 상승 갭 사이가 다음 매수 예정 가격이다. 처음 갭을 만든 가격이 매수세가 집중된 지점인데, 다시 이 가격대 아래까지 주가가 조정받으면 새로운 매수세가 형성되면서 상승할 수 있다. 따라서 갭이 발생한 가격 아래로 시초가 이후 조정을 받을 때 매수할 수 있는 가격대가 된다.

❹ 손절매는 갭이 메워지면 재빠르게 해야 한다. 시초가에 갭 상승하고 나서 전일 종가를 하향 돌파하면 오늘의 상승 움직임은 거짓 상승이 되어버리므로 빨리 손절매해야 한다.

종목을 발견했다고 해서 무턱대고 따라가면 안 된다. 추격 매수하거나 그렇지 못한 경우 천천히 생각하고 다음 기회를 노리는 것이 안전하다. 주식은 언제든 흔들리면서 상승 또는 하락하므로 자기가 쳐놓은 그물망에 주가가 들어올 때까지 참고 기다리는 인내가 필요하다.

4 미국 시장의 조정을 활용해 장중에 좋은 종목을 찾는 방법

미국 시장이 조정받을 때 우리 시장은 어떻게 변할까?

우리나라보다 하루 전에 열린 미국 시장의 움직임에 국내 주식시장이 영향받는 것을 못마땅해하지 말아야 한다. 그것이 세계화된 금융 메커니즘의 현실이다. 상황을 있는 대로 받아들여야 한다.

그렇다면 미국 시장의 영향권 아래에서 어떤 종목을 매매해야 좋을까? 머리가 복잡할수록 단순화시켜서 생각하는 것이 시장의 큰 틀에서 벗어나지 않는 방법이다. 우리나라의 종합주가지수가 크게 상승한 상태에서 미국이 조정을 받으면 외국인 투자자의 매매가 위축되게 마련이므로 조금 보수적인 관점으로 시장에 접근해야 한다. 그럴 경우 시장의 분위기와 무관하게 상승할 수 있는 종목이 좋다.

2007년 8월 3일 미국의 시장은 다우존스지수가 281포인트 하락했다. 우리 시장이 한 주를 마감한 금요일 저녁에 미국 시장이 큰 폭으로 폭락하자 많은 투자자들이 국내 시장의 급락을 예상하여 시초가부터 매도했다. 그런데 결과는 다소 다른 모습을 보여주었다.

월요일 종합주가지수는 44포인트 갭 하락으로 시작해 21포인트 하락으로 장을 마감했다. 미국 시장이 큰 폭으로 하락한다고 우리 시장이 반

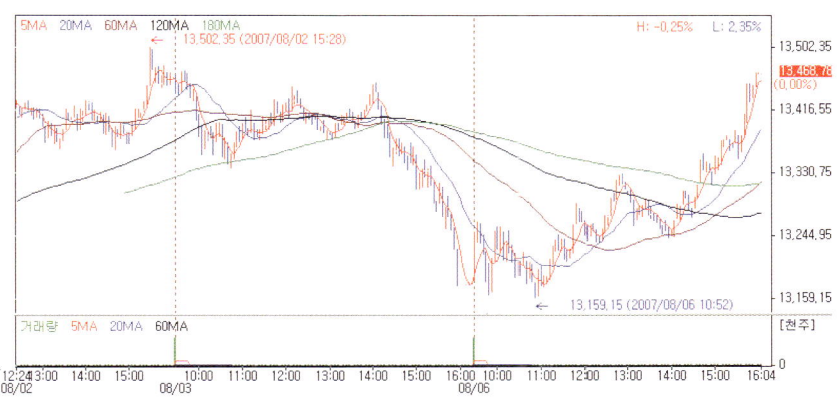

미국의 다우지수는 시간이 갈수록 하락했으며 다음 날 우리나라 종합주가지수는 시초가에 저점을 형성한 이후 지속적으로 등락을 거듭하다가 급등에서 하락을 멈추는 선에서 마감했다. 다우지수의 움직임만으로 우리 시장을 판단해서는 다소 오류가 생길 수 있다.

다음 날 미국 시장은 286포인트나 폭등하여 우리 시장의 상승에 기대를 가질 수 있으나 시초가 이후 줄곧 반락하는 모습을 보여 매매에 미국 시장을 역이용할 줄도 알아야 한다.

드시 비슷한 폭으로 하락하지 않는다는 것을 보여준 사례다. 양국의 시장은 서로 상관관계를 가지면서 움직이지만 똑같이 반영되지는 않는다. 미국 시장에 큰 폭의 조정이 있을 경우 투자심리가 위축되기 때문에 매수하고 싶어도 가격이 비싸 매수하지 못했던 종목을 싸게 살 수 있는 기회로 활용하면 된다. 대다수의 투자자가 시장이 나쁘다고만 생각하면서 일시적으로 매도에 임할 때 저점이 형성되기 때문이다.

실제 매매하기에 앞서 자신의 마음을 죽이는 일이 필요하다. 심리전에 이기기 위해서는 다른 사람과 거꾸로 갈 줄도 알아야 하는데 특히 급락과 급등 시에 가져야 할 자세다. 대세를 따라갈 때는 대중의 심리와 유사하게 행동하고 급락과 급등이 있을 때는 대중과 반대로 행동해야 매매에서 이길 수 있다. 특히 줄곧 지켜보던 주식이 하락하면 괜히 초조해진다. 더 하락할 것 같아 주문도 내지 못한다. 사고 싶은 종목은 하락할 때 과감하게 매수하는 용기가 필요하다. 하락했다가 반전하는 주식을 보고도 매수하지 못하면 시장을 마치고도 아쉽다. 그럴 경우 다음 기회를 노리면서 마음을 비워야 한다.

시장은 늘 열리고 앞으로도 주식거래는 죽 계속되므로 초조해할 필요는 없다. 한두 번의 기회를 놓쳤어도 다음에 또 비슷한 상황이 연출되면 자신감 있게 매매하면 된다.

그래서 지수가 큰 폭으로 조정받는 날에는 차기에 상승할 수 있는 종목을 발굴해내야 한다.

5 종합주가지수 하락을 이용해 장중에 좋은 종목을 찾는 방법

대체로 하락장에서는 수익을 내기가 힘들다. 하지만 주가 상승기에서는 하락에서 상승으로 반전하는 날이 많아져서 큰 폭 상승하는 날보다 하락으로 시작하는 날은 수익 내기에 더 좋은 기회가 된다. 아침 동시호가부터 하락하는 날은 장중 매매하기가 더 쉽다. 이런 날은 큰 폭으로 하락하지 않는다면 주가 등락이 더욱 심해진다(이런 상황을 파악하기 위해서는 전체 시장에 대한 흐름을 이해해야 하나 종합주가지수가 하락하는 날은 장중 매매가 더욱 쉬워진다). 급격한 상승으로 시작한 날보다 위험은 커지지만 하락이 멈추는 시점을 잘 잡으면 수익은 더 커진다.

일반적으로 시초가가 하락한 날은 수익 내기가 어렵다는 사실을 경험이 많은 투자자는 알고 있을 것이다. 덜컥 매수에 가담하기 때문이다. 또 다른 실패 원인은 매매 가능 폭을 보통때보다 줄여야 하는데, 평소와 같은 범위에서 기대하기 때문이다.

종합주가지수가 상승하는 날은 상승 종목 수가 늘어나므로 상승 종목을 선택할 수 있는 확률이 비교적 높아진다. 반대로 하락하는 날은 선택 폭이 좁아지지만 몇몇의 상승 종목으로 투자자의 관심이 집중되면서 상승하는 종목은 더 쉽게 상승하는 특징이 나타난다. 그러므로 잘만 고르면 매수세의 집중으로 인해 단기간에 수익을 올릴 수 있다.

시장 전체가 상승 폭이 큰 날은 최고가에 팔지 못해서 심리적인 박탈감을 느끼긴 해도 수익을 낼 수 있는 기회가 많다. 또 시장 전체가 하락하는 날은 어디까지 하락할지 모르는 불안한 상태에서 매매해야 하므로 용기가 필요하다. 매매하기 전에 손절매 가격을 확실하게 정해놓고 매매를 시작해야 한다. 어느 정도의 위험을 감수할 때 이익도 따르게 마련이다.

시장이 하락하고 있을 때는 종합주가지수에 영향을 미치는 대형 우량주를 중심으로 살펴서 그 가격의 저점을 설정한 후 지수와 연동하여 판단하면 쉽다. 종합주가지수만을 기준으로 놓고 판단하려고 하면 실수하기 쉬우므로 대표 종목의 가격 변화에 더 신경을 써야 한다. 또 재료도, 좋은 뉴스거리도 없는 숨고르기 시장이라면 교체 매매의 시기로 잡는 것이 좋다.

"조정이 끝난 다음에는 어떤 종목이 상승할까", "어떤 종목으로 갈아탈까", "시장 전체가 하락한다고 해도 하방경직을 이루면서 손실을 최소화할 수 있는 종목은 무엇일까" 등을 고민해야 하고, 가장 강한 주가 움직임을 보이는 종목으로 바꿔야 한다.

그러면 어떻게 상승할 종목을 찾을 수 있는지 연구해보자.

❶ 먼저 종합주가지수 차트를 본다. 시장 전체가 조정을 보인다면 그 이후의 시장은 두 가지 상황, 즉 상승 아니면 하락이다. 그러므로 만약 상승할 거라고 판단하면 어떤 종목이 상승할 것인가를 알아내야 한다. 투자자는 시장이 상승할 것인가 아닌가를 판단해야 할 뿐만 아니라 향후 시장을 주도할 종목을 찾아내는 일 두 가지를 동시에 생각해야 한다.

만약 하락한다고 판단할 때는 하락장에서 견뎌내는 방법을 미리 생각해 행동하는 것이 주식시장에서 생존하는 방법이다. 시장의 하락 폭보다 큰 하락 주도 종목은 되도록 빨리 손절매해야 한다.

❷ 종합주가지수에 대한 분석이 끝나면 종합주가지수 차트를 잘 기억해 자신이 선택한 종목과 비교해본다. 주가 방향은 어느 누구도 장담할 수 없으므로 편한 대로 생각해도 무방하다. 조정 기간에는 지수 하락 방향과 반대 추세, 즉 상승 추세를 타고 있는 종목인지 판별한다. 그래야만 하락하려는 힘보다 상승하려는 힘이 강한 종목을 고를 수 있고 조정 폭도 작은 종목을 고를 수 있다. 상승 종목 중 힘이 센 주식을 찾을 때는 하루의 가격뿐 아니라 일봉 및 주봉 차트를 보고 추후 상승 가능성이 있는지 확인해야 하고, 종합주가지수에 대비해 어떻게 움직이는지 봐야 한다.

❸ 종합주가지수가 상승 전환할 가능성이 보이면 시장 전체에 영향을 주는 지수 관련주가 상승할 수밖에 없다. 이때는 개별 종목보다 대형 우

량주 중심으로 관심을 가져야 안전하다. 조정장에서는 차기 주도주를 선택해야 안전하고, 손실을 최소화하며 버틸 수 있다. 만약 마이너스권에서 시장이 움직인다면 시장 참여자(외국인 투자자 또는 기관투자가)의 관심 밖 종목은 털어버리고 그동안 매수하고 싶었지만 사지 못했던 종목으로 교체 매매를 해야 한다. 시장의 하락은 종목을 바꿔치기 할 수 있는 좋은 기회이기도 하다.

최저가에 사고 최고가에 팔 수 없나?

사는 것보다 파는 것이 더 힘들어

"원하는 투자 수익을 달성하려면 더욱 유연하게 기회를 살펴야 한다." 월가의 거장으로 불리는 피터 번스타인의 말이다. "주식을 보유하는 것도 좋지만 더 중요한 것은 시장 상황에 맞춰 적절한 시기에 매도할 수 있어야 한다"는 것이다.

번스타인은 또 "주식은 매우 위험한 투자르 종종 잘못할 수도 있기 때문에 이를 바로잡는 것이 중요하며, 리스크를 제대로 관리해야 한다"고 조언했다.

아무리 실력 있는 사람도 운이 따라주지 않을 경우 매매에서 실패할 수 있고, 그 횟수도 한 번으로 끝나지 않고 반복해 일어날 수 있다는 말도 했는데, "잘못된 매수라면 빠른 손절매를 해야 하고, 주식시장이 나빠질 것 같으면 이익 실현을 통해 주식 보유를 줄이라"는 원론적인 얘기다. 투자 수익을 늘리기 위해 우량한 주식을 골라 사는 것뿐 아니라 이익을 실현하는 것에 대한 강조다.

대부분의 사람들이 "주식을 사는 것보다 파는 것이 더 어렵다"고 말한다. 최저 바닥에서 매수해 꼭대기 시세에 판다면 가장 좋겠지만 실제로 그렇게 할 수 있는 사람은 극히 드물다. 하루에 주가가 1만 원에서 11,000원까지 움직였다고 할 때, 최저가에 매수해 최고가에 매도할 수 있는 확률은 얼마나 될까?

시장 참여자의 모든 거래 가운데 최저가 거래량과 최고가 거래량을 합한 수를 자신이 거래한 수로 나누어보면 자신이 최상의 거래를 선택할 수 있는 확률이 나온다. 한번 계산해보면 1,000분의 1이나 1만 분의 1 정도에 지나지 않는다. 얼마나 어려운 일인가! 공부하는 학생이 내신 1% 안에 들어가는 것도 대단한 일인데, 가장 최선의 선택으로 매매할 확률이 0.01%에 지나지 않으니 얼마나 힘든 일인지 알 수 있다.

몇 천만 주씩 거래되는 종목이라면 자신이 가장 싸게 사서 가장 비싸게 팔 가능성은 더 희박해진다. 다른 시장 참여자들도 수익을 내고자 최선을 다해 연구와 노력을 기울이고 있다는 증거다. 서로 주고받는 치열한 거래에서 자신만이 높은 수익을 얻으려는 기대는 한낱 욕심에 지나지 않는다는 것을 인정하고 투자를 시작하는 게 좋다.

2 ┃ 수익 창출이 목표

그렇다면 어떤 경우에 최선의 매매를 할 수 있을까?

누군가가 가장 싼 가격에 주식을 팔아야 하고, 자신이 그 주식을 매수해야 한다. 또 자신이 산 가격보다 비싼 가격으로 많은 사람들이 매수해줘야 주가는 오르며, 최고가에서는 적극적으로 사려는 사람이 존재하되 자신은 '더 오를지 모른다'는 욕심을 버리고 주식을 팔아야 '최저가 매수, 최고가 매도'의 거래가 성립한다. 이렇듯 조건이 많다.

어떤 매매에서 이익을 보든 손해를 보든 심리적으로는 늘 '손해 봤다'라고 생각하는 것은 투자자마다 모두 '최저가'와 '최고가'만을 염두에 두기 때문이다. 최저가와 최고가를 정확하게 짚어내 수익을 추구하는 것은 사실상 불가능하다. 적절한 수익을 내면서 다른 사람보다 '조금 앞서는 정도'의 실력을 발휘하는 것으로 만족해야 한다. 이는 노력과 열정으로 가능하다. 최고는 될 수 없어도 '수익'은 올릴 수 있다. 주식투자의 목표는 '수익 창출'이란 점을 생각하면 나름대로 만족한 수준에 이를 수 있다.

　　"무릎에 사서 어깨에 팔라"는 선배들의 즈언은 수많은 실전 경험에서 나온 말이다. 어떻게 하면 마음에 드는 가격에 매수하고 매도할 수 있을까? 투자자에게는 영원한 숙제다.

주식, 이렇게 매수하자

나에게 맞는 종목 고르는 방법은?

주위에서 좋다고 하는 종목에 몰빵하는 투자자도 있다. 수익이 난다면 좋겠지만 그렇지 못할 경우엔 손실도 크다. 어떤 결과가 나온 뒤에 후회한들 소용없다. 미리 투자계획을 세워 자기 스타일의 매매를 해야 한다.

이익을 크게 하는 것이 제일 맘에 들겠지만 하이리스크 하이리턴이다. 투자자 자신이 주가 하락 시에도 감내할 수 있는 종목을 선택해야 한다. 수익이 안정적으로 나는 회사라면 하락에도 겁내지 않고 기다릴 수 있지만 아무 내용 없이 급등하는 종목을 무조건 쫓아가다가는 주가의 출렁거림에 심장이 멎는다.

자신의 성격을 염두에 두고 주식매매 방법을 달리하는 것이 좋다.

공격적인가, 보수적인가? 공격적인 스타일은 하루에 2~3% 정도 움직이는 대형주에는 별반 흥미를 느끼지 못할 것이고, 보수적인 스타일은 상한가와 하한가를 오고 가는 종목을 바라보는 것조차 힘들 것이다. 주식투자도 맘 편히 해야 하는데 종목을 택할 때에도 그 주식을 가지고 있으면 뿌듯한 기분이 드는 종목이 좋다. 삼성전자나 LG전자를 매수한 뒤 그 회사의 주주 역할을 하는 것 같아 주식의 오르내림과 무관하게 흐뭇해하는 투자자도 많이 볼 수 있다. 보수적인 투자다. 또 자신이 가지고 있는 종목이 어떤 종류의 종목이건 회사의 가치와 무관하게 최소 10% 이상 오르지 않으면 답답해하면서 지겨워하는 투자자도 있다. 공격적인 투자자다. 주식에 관심이 많으면서도 수익을 기대한다면 가치 있는 주식 중에서 발 빠르게 움직이는 종목을 찾아내는 일이 최선이다.

어떤 종목을 골라야 하나?

가격보다는 수익률

주식은 단순하게 표현된다. 종목명과 가격이다.

"얼마짜리"라고 말한다. 무슨 옷도 아닌데, "비싸다", "싸다"라는 말들이 많다. 그 가격이 비싼지 싼지 알기도 어려운데 "주식이 얼마다"라고 말하고 "아, 비싸네!" 하는 식이다. 즉 "30만 원이 넘는 현대중공업이 너무 비싸다"고들 말한다. "내가 사고 싶은 것은 현대중공업인데, 내 주머니 사정으로는 어쩔 수 없이 5만 원대의 삼성중공업을 살 수밖에 없다"고 말하는 투자자가 많다.

그런데 자금사정이 여의치 않아 한 단계 낮은 가격에 사려고 마음먹어도 막상 주문을 내려면 성에 차지 않는다. 주당 5만 원도 비싸다는 느낌이다.

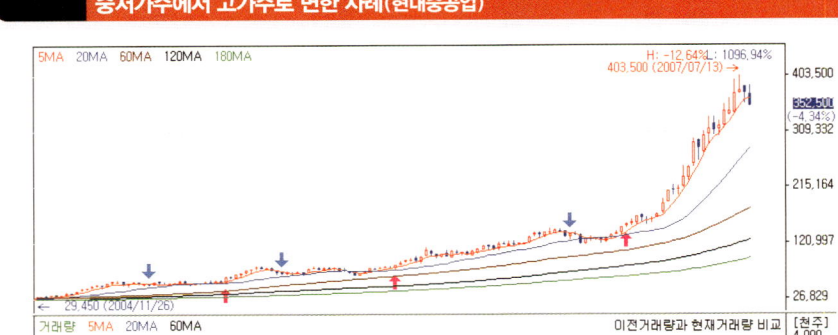

중저가주에서 고가주로 변한 사례(현대중공업)

중장기적으로 꾸준히 상승한 종목으로 현대중공업을 꼽을 수 있다. 2005년 3만 원대에서 40만 원까지 상승하는 데 3년이 채 걸리지 않았다. 향후 3년간의 수주물량을 확보했다는 조선업의 호황을 등에 업고 상승한 것이다. 실적이 뒷받침되면서 3만 원대에서 6만 원대까지 상승하고 횡보한 후 재차 8만 원, 14만 원의 고점을 뚫고 급상승한 사례다.

투자자들은 몇 백 주 사지 못하면 주식을 산 기분이 나지 않는다. 1,000만 원을 투자한다고 가정해보면 5만 원짜리 200주 정도밖에 살 수 없으니 말이다.

일반적으로 개인투자자들은 돈의 규모보다 보유할 주식 수량에 더 관심을 가진다. 그래서 보통 액면가 5,000원 미만의 주식에 관심이 많다. 1,000원에서 2,000원 정도가 가장 인기다. 심지어 1,000원 미만의 주식도 아주 잘 산다.

하지만 주식 보유 수보다 자기 자산의 전체 규모에 신경을 써야 한다. 주식투자는 수익률 게임이다. 주식 수량 늘리기 게임이 아니다.

예를 들어, 포스코와 NHN과 같이 비싼 종목을 없는 살림에 사라는 말은 아니지만 가격의 높고 낮음을 따지지 말고 등락이 큰 종목, 정확히 말하면 상승률이 큰 종목을 사는 것이 안전하다. 가격이 비싸기만 하고 잘 움직이지 않는 종목은 수수료 물기도 바쁘다. 비싼 주식이라고 해서 모두 안정적이지는 않다. 떨어질 때는 가격 하락에 비해 하락률이 적으므로 손해가 적겠지만 시장이 상승할 때 상승률이 다른 종목보다 낮으면 괜한 소외감을 느끼게 된다.

주식의 종목을 고르기 전에 주식 가격에 대한 고정관념을 버리라는 뜻이다. "싸거나 비싸거나 크게 상승할 수 있는 종목이 좋다"는 생각을 가지라는 뜻이다. 비싸서 잘 움직이지 않는 우량주를 매수해놓고 목 빠져라 기다리는 것보다 시장에서 좀더 빨리 움직이는 종목을 찾아서 가격과 상관없이 매수해야 한다.

2 종목의 축소가 필요

주식을 연구하다 보면 자기가 매수할 수 있는 여력은 정해져 있는데 사고 싶은 종목이 여럿일 수 있다. 보통 '갈등 생긴다'고 한다. 뭘 사야 하나 고민이다. 이걸 사면 저게 오를 거 같그, 저걸 사면 이게 오를 것 같다. 언제나 선택 앞에서 갈등하게 된다. 마 순간 선택의 결과로 우리의 인생이 만들어지듯 주식시장도 마찬가지다. 그렇지만 관심 종목 모두를 매수할 수는 없다. 그러면서도 매수하지 못한 것에 대해 애석하게 여긴다. 사지 못한 종목이 급등하면 아쉽기만 하다. "내가 저 종목에 몽땅 투자하려고 했는데." 하면서 말이다. 사지 못한 주식이 올랐으니 '기회비용'이 들어간 셈이다. 놓친 고기가 더 커 보이듯 자꾸 그 종목에 시선이 간다. 그런 일이야 수없이 많으니 마음을 비워야 한다. 이때는 두 가지 생각이 필요하다.

"그래, 이번엔 운이 없었어. 다음엔 잘되겠지."

"그래, 나는 아직 실력이 모자라. 좀더 실력을 키우면 잘될 거야. 여기까지 왔는데 조금만 더 잘하면 할 수 있겠는걸."하는 마음으로 투자에 임해야 한다.

3 미인 찾기, 유행 타는 테마주에 관심

시장의 줄기를 찾기 위해서 시장이 움직일 때 '가장 빨리 반응하는 테마'를 아는 것이 중요하다. 어차피 관심 종목 모두를 매수할 수 없으니 여기에는 선택의 기술이 필요하다.

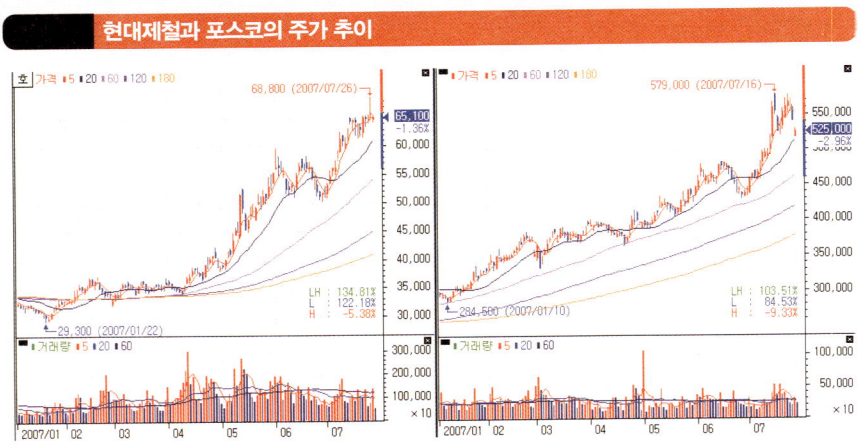

테마로 움직이는 종목의 유사성을 비교해보자. 기본적인 펀더멘털은 다를지라도 수익이 급증하고 영업실적이 좋아진다는 점에서 일치한다. 포스코가 선도에 섰으며 1월부터 3월까지 현대제철은 쉬고 있다가 4월 이후로 상승커브를 그리기 시작했다. 비슷한 내용으로 수익성이 확보되었다면 2선에서 움직이는 종목 중 우량 종목을 선택하는 것도 좋은 매매 방법이다.

관심 종목 중에서 미인을 골라내는 일은 테마를 알아야 가능하다. 종목을 줄여나가는 과정에서 조금이라도 맘이 내키지 않으면 제쳐두고 확실한 것을 뽑아야 한다. 수익률 높고 안전한 종목에 집중 투자하기 위해서다. 더 솔직히 말하면 자기 마음에 드는 종목(누가 아무리 뭐라 해도 의사결정권자는 자신이다)으로 걸러내는 일이다. 이런 과정은 아주 중요하다. 순간의 차이로 수익률이 왔다 갔다 한다.

어떻게 해야 하나? 먼저 나름의 기준을 만드는 것이 필요하다. 일이 복잡할수록 단순하게 생각하고 행동해야 해결기 난다. 주식의 복잡한 여러 조건을 간단하게 정리해야 한다. 선택 과정은 간단명료해야 한다. 그래서 기준을 세우는 일을 먼저 하면 정리가 쉽다.

'매수 대상의 조건은 이렇다' 라고 기준을 정했다면, 그 기준에 합당할 때까지 주식을 매수하지 않는 전략을 펴는 것이 제일이다. 기준이 틀릴 수 있지만 모두 책에서 배우고 경험을 통해 얻은 것이므로 그럴 가능성은 별로 없다. 잘못된 것이 있다면 그 기준을 지키지 못하는 사람의 마음이다.

손해 보지 않고 매매하는 방법이 있나?

매일 이익 내기는 힘들어

서점에 가면 '하루에 얼마씩 벌 수 있다' 는 부류의 책을 볼 수 있다. 이른바 데이트레이딩으로 수익을 내는 방법을 가르쳐주는 비법전서다.

그런데 정말 날마다 돈을 벌 수 있을까? 궁금하기도 하다. 우리 주머니에 매일 이자 들어오듯 적은 돈이라도 꼬박꼬박 들어온다면 얼마나 행복할까!

많은 사람들이 주식시장에 참여해 손해도 보고 수익도 내는 것을 보아왔지만 매일 거래하면서 수익을 내는 사람은 보기 힘들다. 데이트레이딩으로 이익을 내는 사람은 동물적 감각을 가진 사람만이 가능하다. 맹수가 사냥을 하듯 주식을 물어서 낚아채는 기술이 뛰어나야 가능하다. 데이트레이딩으로 수익을 내는 사람은 남보다 조금 달라야 한다. 실제로 내가 아는 고객은 3억으로 하루 100억을 사고파는데 엄청나게 빠르게 매매한다. 수익을 크게 낼 때도 있지만 막대한 손실을 하루 사이에 볼 때도 있다. 데이트레이더로 재능이 뛰어나야 성공할 수 있음을 보여준다.

미국 시장에서도 데이트레이딩을 전업으로 하는 사람이 수십만 명에 이른다고 하니 직업으로서도 가능한 모양이다. 우리나라에도 전업투자자의 대부분이 데이트레이더였으나 대세 상승이 시작된 이후로는 점차 자취를 감추는 양상이다.

특히 옵션이나 선물거래로 데이트레이딩하는 투자자는 수익을 내기는커녕 대부분 두 손 들고 나갔다. 어느 정도 상승하고 나면 대체로 매도에 임하는데 그것을 뛰어넘어 주가가 상승하면서 깡통계좌가 된 경우다. 그들은 자금이 거의 다 떨어지고 나서야 포기한다. 코스닥 하락기인 2000년에도 지속적으로 주가가 하락하면서 많은 데이트레이더들이 시장에서 사라졌다.

2 승률을 높이거나 수익액을 크게 해야

주식투자에서 수익을 내는 방법에는 두 가지가 있다. 승률을 높이거나 수익액을 키워야 한다. 그래야 이익이 난다. 열 번 매매해서 여섯 번 이상 수익을 내거나 매매에서 몇 번을 실패했건 간에 잃은 돈보다 많이 벌어들여야 수익액이 커진다. 간단한 이론 같지만 실제로 자금을 주식에 투자해서 그렇게 되려면 녹록하지 않다. 데이트레이딩은 수익액을 크게 하기보다 '승률을 높이는 게임' 이다. 잦은 펀치로 이익을 조금씩 쌓아가는 매매 방법이다. 하루에도 몇 번씩 매매를 하면서 짧은 수익을 여러 차례 내려고 하지만 시장의 흐름으로 봐서 그렇게 쉽지는 않다. 특히 변동폭이 작으면서 지루한 진행이 되면 수익을 을리기 더 힘들다.

또한 데이트레이더는 잦은 수수료를 부담해야 하기 때문에 수익액이 크지 않다. 수수료에 대한 두려움을 제대로 인식하지 못하지만 데이트레이더의 수익 가운데 3분의 2 이상이 수수료로 빠져나간다. 게다가 살 때와 팔 때의 수수료가 다르므로(매도 시 세금), 주식을 사면 수수료를 빼고 이익을 볼 수 있는 매도 가격을 정하는데 이런 방법으로 매매를 하면 수익금액이 제한될 수밖에 없다. 잘나가는 종목을 매수해놓고도 이익을 조금밖에 얻지 못하게 된다. 수익을 내는 방법의 하나인 수익을 크게 하는 전략에 차질이 생긴다.

하루의 주가 움직임을 보면 상승하는 종목이라도 지그재그 형태로 상승하는 것이 대부분이다. 시세를 계속 보면서 등락을 이용해 수익을 내려면 심리적으로 매우 편안한 상태여야 한다. 주가가 오르면 추격 매수하고 싶고, 떨어지면 쫓아가서 팔고 싶은 것이 사람의 심리다. 이는 자연스러운 현상이다. 그런데 반대의 심리를 가져야 단기매매에 성공할 수 있으니 머리보다 마음을 이겨낼 줄 알아야 한다.

따라서 초보자일수록 데이트레이딩보다 1주일 정도 상승할 수 있는 종목을 선정해 시장의 흐름 속에서 수익을 내려는 방법이 현명하다.

60% 이상의 승률을 올릴 수 없다면 데이트레이딩을 하지 말아야 한다. 수익을 크게 내고 싶으면 한 번이라도 급등하는 종목을 찾아 올라갈 만큼 보유하고 있어야 한다. 수익을 낼 수 있는 종목을 선택하고서도 데이트레이딩으로 금방 매도해버리면 기회를 날려버리는 결과가 된다. 수익은 언제나 나는 것이 아니므로 날 때 잘 잡아야 한다. 수익액이 커야 손실이 적다.

SK 증권의 4분봉 움직임(2007. 8. 1)

데이트레이딩은 먼저 매수하고 다음에 매도하는 방법을 취해야 한다. 다른 매매 방법은 없다. 선물처럼 매도를 먼저하고 매수하는 방법이 없는 '한쪽 방향 매매'다. 그러므로 저점에서 사서 고점에서 팔아야만 이익을 남길 수 있는데, 시장이 크게 오르지 않고 박스권에서 움직일 경우 저점 매수가 쉽지 않다. 이날은 전날 투자자의 관심이 증권주에 집중되었던 다음 날이기 때문에 장이 시작될 때 조금 상승하는 듯하다가 더 이상의 시세를 주지 않았다. 이때 추격 매수한 사람은 대부분 손해를 볼 수밖에 없었는데 데이트레이딩은 '주식을 보유하지 않고 현금화'하는 전략이 기본이므로 향후 장세의 호전 여부를 떠나서 당일은 손해를 감수해야 한다.

데이트레이딩으로 성공하려면 그날 상한가 칠 종목을 선택해야 안전하지만 그것이 그렇게 쉽지는 않다. 핵심은 '당일 가장 힘이 센 주식을 찾아내는 일'이다. 그것이 먼저 해결되지 않으면 연속 실패하게 된다.

종목을 간단하게 고르는 방법이 있나?

1 외국인과 기관투자가 투자 종목 검색

국내 주식시장에는 생각보다 많은 종목이 오르내린다. 거래소와 코스닥 종목 모두 합쳐 1,800개가 넘는다. 이들 중에서 내 입맛에 딱 맞으면서도 수익이 날 것 같은 종목을 선택하기란 여간 어려운 일이 아니다. 투자를 하지 않을 때는 그렇게도 잘 보이던 주식이 막상 고르려 하면 힘들다. 될성싶은 주식 10개를 고르라면 잘할 수 있으련만, 1~2개로 줄여 투자하려니 선택이 힘들다. 관심 가는 종목 중에는 틀림없이 강하게 상승하는 것이 있을 수 있고, 눈에 보이지도 않고 날아가버릴 주식이 있게 마련이므로 어떤 선택이든 안타까울 수밖에 없다.

그러나 내가 사지 않은 주식이 오른다고 아까워할 이유는 없다. 자신이 매수하지 않은 주식에 대해서는 철저하게 남의 주식으로 보면 오히려 마음이 편해진다. 주식시장은 내일도, 또 내일도 열릴 것이므로 편하게 시장을 대하다 보면 언젠가 기회가 온다.

2 종목 선정의 연습

모든 투자자는 최상의 선택을 해서 수익을 극대화하려고 한다. 불가능하다고 생각하는 순간 그런 일은 가능하지 않다. 언제든 자신한테도 행운이 찾아온다고 믿고 수익 나는 종목을 열심히 찾고 공부할 일이다. 그래도 누군가의 도움이 필요하다면 나의 경험 몇 가지를 제시하겠다.

첫째, 시장 전체의 흐름을 파악하는 일이 먼저다. 투자할 것인가 말 것인가를 결정하기 전에 경제 상황이나 시장 전망에 대한 리포트를 반드시 읽어봐야 한다. 그러고 나서 주식시장에 참여해도 괜찮겠다는 확신이 선다면 어떤 식으로 투자할 것인가를 생각해야 한다. 주식형 수익증권과 같은 간접 금융상품에 투자하지 않을 거라면 스스로 종목을 골라야 한다. 대세상승기에 종목을 찾기 힘들다면 주식형 펀드로 자금을 편입하는 것이 수익률을 유지할 수 있는 방법이다. 적은 금액으로 시가총액이 큰 종목을 제대로 매수할 수 없기 때문인데 적립식으로 적은 돈을 꾸준하게 불입한다면 몇 년 후에 큰 수익을 가져다줄 것이다.

코스피가 상승하고 경제가 호전되더라도 종목 선택을 잘하지 못하면 자신이 보유하고 있는 주식은 오르지 않고 반대로 가기 일쑤다. 그럴 경우 상대적 박탈감이 더욱 든다. 어떤 때는 우울해지기도 하고 때론 화도 난다.

"왜 내 주식만 오르지 않는 거야?", "내가 뭘 잘못했지?" 하면서 자책도 해보지만 소용없다. 당신은 시장의 많은 참여자 중 한 명에 불과하다. 도도한 시장의 물결은 그저 제 갈 길을 갈 뿐이다. 투자하는 사람이 그 물결을 따라가는 수밖에 없다.

둘째, 주식을 하는 사람은 자신이 직접 거래소를 방문해 주문을 낼 수 없기 때문에 어찌되었든 증권회사를 선택해서 거래해야 한다. 증권회사에서는 여러 정보자료를 고객에게 보내주는데 요즘은 이메일을 통해서 투자전략을 세울 수 있도록 도와준다. 이것을 참조하여 선택한다.

셋째, 대부분의 투자자들은 주식시장에 대해 연구할 시간이 없으므로 가장 필요한 사항부터 검토해보는 것이 좋다. 종목을 고르려면 특히 '매수처가 확실한 종목'부터 관심을 가지는 것이 효율적이다. 외국인 투자자와 기관투자가의 주요 매수 · 매도 종목부터 찾아본다. 재료를 가진 종목보다 수급의 측면에서 누가 사는지 아는 것만으로도 안심할 수 있다. "수급 논리가 재료보다 우월하다"는 시장의 원리는 개별 종목에 대한 접근에서도 적용된다. 자금이 풍부한 외국인 투자자와 기관투자가가 매수하는 종목으로 관심의 폭을 좁혀야 한다.

증권회사에서 보내주는 메일을 통해서도 알 수 있지만, 외국인 투자자와 기관투자가의 전일 거래 내역이 각 신문에 게재되므로 누구나 알 수 있다. 그렇다고 그 종목을 무작정 따라서 매매할 수는 없으므로 자기 마음과 다른 투자자들의 마음을 끌 수 있는 종목을 찾아내야 한다.

사례를 통해 알아보자.

▶ 외국인 순매수 (단위:천주, 백만원)

07/07/30			07/07/31			07/08/01		
종목명	수량	금액	종목명	수량	금액	종목명	수량	금액
대우증권	333	11,114	삼성전자	87	53,447	삼성테크윈	278	16,443
LG필립스LCD	150	6,345	하이닉스	501	18,834	신한지주	218	13,370
LG데이콤	221	5,578	신한지주	287	17,886	우리금융	507	11,843
LG화학	62	5,541	현대차	202	16,453	우리투자증권	375	11,142
우리금융	219	5,244	우리금융	434	10,303	KTF	342	9,763
대한항공	68	4,607	대한항공	140	10,127	LG필립스LCD	170	7,002
SK증권	942	4,433	하나금융지주	195	9,711	기업은행	266	5,829
교보증권	117	3,649	LG전자	112	8,691	현대산업	66	4,986
일양약품	47	3,260	대우조선해양	144	8,535	S-Oil	60	4,918
기아차	217	3,033	대림산업	53	8,307	웅진씽크빅	265	4,766
동양종금증권	151	2,996	현대미포조선	28	8,224	LG	76	4,014
두산인프라코어	81	2,779	현대건설	96	7,619	현대백화점	40	3,987
삼성엔지니어링	26	2,618	삼성테크윈	132	7,543	웅진코웨이	129	3,904
STX엔진	29	1,806	한국전력	149	6,592	LG전자우	84	3,692
LG패션	51	1,602	GS건설	47	6,572	미래에셋증권	39	3,395

▶ 기관 순매수 (단위:천주, 백만원)

07/07/30			07/07/31			07/08/01		
종목명	수량	금액	종목명	수량	금액	종목명	수량	금액
삼성전자	78	47,274	KODEX200	2,313	56,153	LG전자	393	30,773
KODEX200	1,484	35,365	현대제철	260	17,511	TIGERKRX100	749	28,316
POSCO	58	30,375	한진해운	308	17,507	STX조선	548	28,100
TIGERKRX100	749	28,391	STX조선	348	17,438	KODEX200	1,081	25,857
SK	158	26,801	삼성증권	176	15,089	삼성테크윈	286	17,117
현대차	283	22,723	TIGERKRX100	366	14,112	SK	88	14,850
현대제철	317	20,626	현대해상	701	12,557	현대해상	742	13,630
현대모비스	169	17,019	현대건설	155	12,319	금호산업	203	12,780
하나금융지주	270	13,213	삼성테크윈	208	11,797	대한전선	260	11,737
삼성전기	254	12,247	SKC	299	10,076	효성	166	9,951
한국전력	256	11,184	호남석유	69	8,548	LG화학	101	9,294
대우건설	395	10,598	대한전선	184	8,056	두산인프라코어	247	8,879
대림산업	70	10,249	삼성카드	116	7,572	호남석유	66	8,485
KT&G	148	10,125	두산중공업	68	6,696	한진해운	144	8,212
두산중공업	106	10,071	우리투자증권	216	6,605	LG손해보험	320	8,071

앞의 표는 2007년 8월 1일 외국인 투자자와 기관투자가의 매수·매도 종목이다. 만약 이를 알았다고 하면 어떻게 행동해야 할까? 사례에서 토 듯 외국인 투자자 매수 종목 15개, 기관투자가 매수 종목 15개에서 중봉되는 종목 중 눈에 띄는 종목은 삼성테크윈이다.

기관이 먼저 사기 시작하고 외국인이 대량으로 매수했다. 그들은 왜 삼성테크윈을 샀을까? 무슨 좋은 재료가 있었나? 외국인 투자자와 기관투자가가 함께 사는 종목은 별로 없던데……, 좋은 재료가 나온 것은 아닐까? 실적은 어떨까? 주가는 적정한가? 최근의 주가 움직임은 어떠했나?

만약 한 번도 매매해보지 않은 종목이라면 여러 각도에서 의문을 품어보고 그것을 해결하려는 노력을 기울여야 한다. '차트 모양이 좋다'는 식의 단편적인 접근으로는 주가가 떨어질 때 어떻게 처신해야 할지 몰라 당황하게 된다. 왜냐하면 주가 하락이 있다면 기대했던 좋은 모양의 차트가 망가져버리는데 그렇게 되면 주식을 보유할 어떠한 이유도 찾을 수 없다.

이틀에 걸쳐 100포인트 이상 하락하는 조정기의 약세장에서도 주가가 탄력적으로 상승할 수 있었던 것은 외국인과 기관의 합작품으로 볼 수 있다.

어떤 이유로 외국인과 기관이 적극 매수할 수 있었을까? 기사를 살펴보자.

삼성테크윈은 전일(1일) 디지털카메라 부문의 마케팅과 개발을 삼성전자 수원사업장으로 이전하고 삼성전자 사장(디지털미디어총괄)이 삼성테크윈 카메라사업부장(신설)을 겸직한다고 밝혔다. 대신증권 연구원은 "삼성테크윈의 디지털카메라 점유율이 상승할 것으로 전망된다"며 목표 주가를 종전 6만 원에서 75,000원으로 상향 조정했다. "삼성전자와의 전략적 제휴로 삼성전자의 글로벌 유통망을 활용해 세계시장 점유율을 높일 수 있다"며 "시장이 확대되는 DSLR 카메라의 선두권업체와 기술 격차를 조기어 단축시킬 수 있을 것"이라고 평가했다.

삼성전자의 기술과 마케팅 전략을 공유할 수 있고 시장점유율의 확대가 호재로 받아들여진 것으로 보인다. 외국인과 기관이 공동으로 매수하는 종목에 대한 관심은 쉽고도 빠른 종목 선택 방법이다.

삼성테크윈의 주가							
일 자	전일대비	등락율	거래량	외인보유	외인비중	외인대비	기관매매
2007/08/02 ▲	2,600	4.57	1,728,844	16,143,517	20.96%	0	67,000
2007/08/01 ▼	700	-1.22	3,340,228	16,143,517	20.96%	277,942	286,050
2007/07/31 ▲	3,000	5.50	1,541,264	15,865,575	20.60%	131,786	208,201
2007/07/30 ▲	2,000	3.81	1,038,224	15,733,789	20.43%	-77,915	88,719
2007/07/27 ▼	2,300	-4.20	1,440,749	15,811,704	20.53%	-52,100	136,697
2007/07/26 ▲	1,300	2.43	1,945,864	15,863,804	20.60%	-83,637	613,381
2007/07/25 ▲	400	0.75	869,424	15,947,441	20.71%	-35,819	119,580
2007/07/24 ▼	900	-1.67	853,025	15,983,260	20.75%	36,800	-97,376
2007/07/23 ▼	1,800	-3.23	1,077,948	15,946,460	20.70%	-13,442	-140,737
2007/07/20 ▲	1,600	2.95	1,326,427	15,959,902	20.72%	33,951	201,646
2007/07/19 ▲	1,900	3.63	1,091,289	15,925,951	20.68%	160,011	161,118
2007/07/18 ▼	1,200	-2.24	1,781,103	15,765,940	20.47%	41,766	-39,705
2007/07/16 ▲	300	0.56	1,253,721	15,724,174	20.42%	17,424	199,687
2007/07/13 ▲	2,900	5.77	2,020,374	15,706,750	20.39%	-171,061	194,547
2007/07/12 ▲	750	1.51	1,797,280	15,877,811	20.62%	-371,110	237,624
2007/07/11 ▼	1,550	-3.03	2,133,764	16,248,921	21.10%	-144,447	-966,271

반대로 외국인과 기관이 동시에 매도한다면 매물 압박에 시달리게 된다. 누군가가 사주어야 주가가 상승할 수 있는데 자금력을 바탕으로 매수세가 탄탄하게 붙은 종목은 시장이 흔들려도 주가를 유지하는 경향이 있다.

국민은행은 외국인과 기관의 매수가 서로 반대 형태를 띠다가 실적이 악화되었다는 소식과 함께 동시에 매도에 나섰다. 2분기 실적을 부정적으로 평가한 리포트가 나오면서 양쪽이 모두 매도하기 시작했는데 전 분기에 비해 이익이 80% 감소했으며 예상 추정치를 훨씬 밑돌 것이라는 내용이 나오면서 추가 하락한 모습이다.

일 자	종 가	전일대비	등락율	거래량	외인보유	외인비중	외인대비	기관매매
2007/08/06	73,500 ▼	2,200	-2.90	655,041	282,514,337	83.98%	0	-48,000
2007/08/03	75,700 ▲	1,300	1.75	2,247,307	282,514,337	83.98%	-39,367	-38,438
2007/08/02	74,400 ▼	1,600	-2.11	3,530,175	282,553,704	83.99%	242,305	-739,548
2007/08/01	76,000 ▼	4,200	-5.24	4,931,549	282,311,399	83.92%	-1,121,066	-595,769
2007/07/31	80,200 ▼	2,700	-3.26	4,508,153	283,432,465	84.25%	-757,869	-1,208,878
2007/07/30	82,900 ▼	1,200	-1.43	1,419,022	284,190,334	84.48%	-200,153	-62,573
2007/07/27	84,100 ▼	3,200	-3.67	2,321,244	284,390,487	84.54%	-436,383	-210,550
2007/07/26	87,300 ▼	200	-0.23	1,885,982	284,826,870	84.67%	250,658	-174,969
2007/07/25	87,500 ▼	1,000	-1.13	1,928,871	284,576,212	84.59%	-463,811	125,367
2007/07/24	88,500 ▲	900	1.03	2,951,815	285,040,023	84.73%	232,547	312,489
2007/07/23	87,600 ▲	1,600	1.86	2,764,990	284,807,476	84.66%	-604,715	951,254
2007/07/20	86,000 ▲	1,200	1.42	2,200,931	285,412,191	84.84%	-653,159	482,600
2007/07/19	84,800 ▲	2,900	3.54	2,155,899	286,065,350	85.04%	-386,010	788,514

외국인과 기관이 동시에 매도한 경우(국민은행)

 ## 관심 종목을 어떤 식으로 검토해야 하는가?

1 기업의 개요를 살펴본다

회사에 대한 지식이 우선이다. 어떤 업종인지, 무엇을 만들어 파는 회사인지 알아야 한다. 일일이 기업 설명 핸드북을 찾아보는 사람도 있는데 시간도 걸리고 불편하다. HTS 화면 중 '현재가 화면' 옆에 기업정보 또는 기업 분석 화면을 클릭하면 검색하고자 하는 기업의 개요가 나온다. 대부분의 증권회사에서는 한국신용평가정보와 제휴해 기업에 대한 정보를 동일하게 공유하고 있다. 다른 사람이라고 특별한 정보를 보는 것은 아니므로 "이것 말고 더 정확한 회사 소개가 없나?" 하고 찾지 않아도 된다.

HTS 화면에 접속되지 않거나 다른 화면으로 시세 변화를 보고 싶다면 다음이나 네이버, 엠파스, 야후, 파란 등의 검색사이트를 모니터에 띄워놓고 궁금한 사항이 있을 때마다 찾아본다. 증권회사 홈페이지에서 찾는 것보다 빠르게 검색할 수 있으며 보기에도 편하다.

장중에 들어오는 속보를 더 빨리 알고 싶을 때는 머니투데이나 이데일리 등의 뉴스 정보사이트 창을 같이 열어놓고 매매해도 좋다. 여러 방법 중에 검색 포털사이트를 이용하는 편이 검색하기 편하나 본인의 취향대로 선택하면 된다.

증권회사 시황 리서치 화면을 통해 뉴스 또는 공시 화면을 보면 실시간으로 정보가 제공되고 과거의 공시 내용과 실적 등을 쉽게 찾아볼 수 있다.

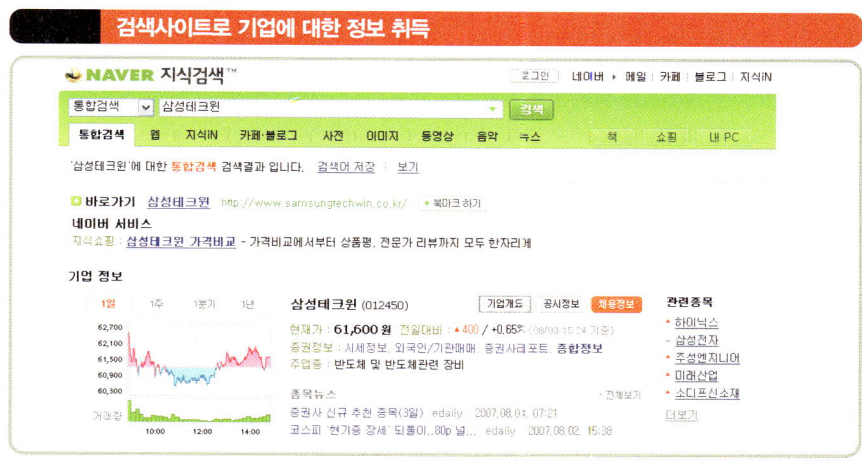

2 실적과 전망에 대해 검토한다

인터넷 사이트에서 관심 있는 기업의 실적과 전망에 대한 모든 정보를 검색한 사례다.

삼성테크윈을 예로 들어 기업정보를 검삭해보겠다. 어떻게 분석할 것인가 알아보자.

기업정보 검색결과

[기업명 ▼] [_____] [검색]

↳ **삼성테크윈(주)**

· 기업개요 · **기업뉴스** · 재무정보 · 주가정보 · 기업일정 · 사업장정보 · 상품정보

삼성테크윈 vs 캐논, 증시서도 추월 '주목'	[아이뉴스24 2007-08-03 10:26]
삼성테크윈주가 '사장 인사' 효과 톡톡	[동아일보 2007-08-03 03:15]
삼성테크윈 6만원 첫 진입 … 삼성전자와 협력강화 동력 확보	[한국경제 2007-08-02 18:32]
[fn 화제주 - 코스피] **삼성테크윈**-삼성전자와 협력강화 신고가	[파이낸셜뉴스 2007-08-02 18:03]
[전문가 추천주] **삼성테크윈** (012450)	[서울경제 2007-08-02 16:33]
(특징주)**삼성테크윈** 6만원 안착중.. '삼성전자와 시너지'	[이데일리 2007-08-02 11:13]
삼성테크윈, 디지털카메라 기대..5%대 강세	[머니투데이 2007-08-02 10:11]
[**삼성테크윈**, '디카로 주가 날개 달다'..또 신고가]	[연합인포맥스 2007-08-02 10:09]
"**삼성테크윈** 장기성장 전망 긍정적"	[파이낸셜뉴스 2007-08-02 09:39]
삼성테크윈, 목표주가 7.5만원 '상향 [대신證]	[매일경제 2007-08-02 08:32]
삼성테크윈, 디카 점유율 상승 전망..목표가↑-대신	[이데일리 2007-08-02 08:30]
삼성테크윈, 카메라 글로벌 톱 위해서라면…	[한국경제 2007-08-01 18:32]
삼성테크윈"글로벌망 활용해 캐논 잡겠다"	[매일경제 2007-08-01 17:23]
삼성테크윈-전자 협력…그룹 차원 핵심사업 육성 의지	[서울경제 2007-08-01 17:21]
삼성전자-**삼성테크윈** 손잡아	[서울경제 2007-08-01 17:18]
삼성테크윈 디카사업 '날개달다'(종합)	[머니투데이 2007-08-01 11:27]
삼성테크윈에 어떤 변화오나	[이데일리 2007-08-01 11:16]
삼성테크윈, 디지털카메라 세계1위 캐논 잡는다	[헤럴드 생생뉴스 2007-08-01 10:32]

"디지털카메라 세계1위 캐논 잡는다"는 점이 투자자의 시선을 사로잡는다. 일단 세계 1위라는 말이 마음에 든다. 삼성의 모든 회사가 세계 최고를 지향하지만 계열사 모두가 세계 1위를 차지할 수는 없다. 그런데 세계에서 제일 큰 회사를 추월할 수 있는 국내 기업은 몇 안 된다. 반도체, 조선, 건설 등이 최고의 기술력을 가지고 있다고 볼 수 있지만 회사로 세계 최고가 되는 기업은 거의 없다는 점에서 미래지향적이다.

'꿈이 있는 회사'야말로 주식투자자에게 최고의 먹잇감이다. 성장력이 있고 그를 뒷받침할 기술력이 있다는 사실만으로 당장 눈앞의 이익이 없더라도 주가는 꿈틀댈 수 있다.

미래에 대한 확신을 가져야 주가는 쉽게 상승 반전하는데 적자에서 흑자로 돌아서는 턴어라운드 종목이 좋은 매수 대상이다. 특히 경기회복과 맞물리거나 업종의 호전이 예상된다면 그 상승의 힘이 강하다. 현재 좋

지는 않지만 적자기업이 흑자를 기록했다는 것만으로도 향후 회사의 발전이 기대되고 확신에 찬 매수를 할 수 있게 된다.

3 주요 지표를 확인해본다

회사의 전망이 좋게 나왔다 하더라도 현재의 기업 내용을 수치로 다시한 번 확인해봐야 신뢰할 수 있다. 진짜 괜찮은 회사인지 의심을 해봐야실패가 없다. 수치로도 이해하기 어렵다면 회사에 전화를 걸어 주식 담당자나 경리부, 기획실 등의 직원에게 물어보는 것이 좋다. 생각 외로 신문에 나오지 않은 좋은 얘기를 들을 수 있다.

기업보고서를 쓰는 애널리스트들은 해당 기업을 수시로 찾아가 정확한 회사 동향을 파악하는데 일반투자자들은 전화로도 충분하다. 정확하게 통계 수치가 나와 있지 않은 자료는 한번쯤 의심을 가지는 습관을 들여야 한다.

삼성테크윈 연도별 손익계산서

손익계산서 [누적]   단위:억원

항목	2004.12	2005.12	2006.12	2007.03	전년동기	증감률(%)
매출액	19,806	23,914	28,687	6,852	5,974	14.7
매출원가	17,710	20,787	24,979	5,952	5,079	17.2
매출총이익	2,095	3,126	3,708	899	894	0.6
판매비와 일반관리비	1,599	2,107	2,561	547	431	26.9
인건비	415	484	532	156	113	38.1
감가상각비	85	32	32	7	8	-12.5
연구개발관련비용	134	418	396	60	54	11.1
영업이익	496	1,020	1,147	353	463	-23.8
EBITDA	1,923	2,025	2,155	554	658	-15.8
영업외손익	-268	-135	643	113	17	564.7
순금융비용	296	166	58	-2		
유가증권관련손익	37	-1	181			
외화관련손익	265	243	379	6		
지분법손익	571	426	53	83	-52	흑자전환
세전계속사업손익	229	885	1,790	465	480	-3.1
법인세비용	-30	20	211	75		
계속사업손익	258	864	1,579	390	474	-17.7
중단사업손익						
*법인세효과						
당기순이익	258	864	1,579	390	474	-17.7
EPS(원)(Reported)	337	1,128	2,068	510	621	-17.9

삼성테크윈의 사례를 보면 2004년을 기점으로 실적이 점차 호전되어가는 기업임을 알 수 있다. 적자로 반전할 가능성은 거의 없어 보인다. 실적 호전이 더 기대된다는 사실로 보아 추가적인 이익 창출이 가능해 보인다.

표의 맨 아랫부분의 EPS(주당순이익)를 보면 2004년을 기점으로 점차 상승하고 있다. 337원에서 2,068원으로 상승했으면 1분기에는 510원으로, 1년을 예상해보면 전년보다 더 좋아지고 있음을 추정할 수 있다. 주가가 싼지 비싼지 구별하는 방법으로 EPS가 많이 쓰이는데 EPS가 증가했다는 것은 수익을 그만큼 내고 있다는 뜻이다.

4 PER와 EPS

실적 중에서는 영업이익이 중요하다. 그런데 영업이익이 100억 원이라고 하면, 그 영업이익이 얼마나 주가에 반영되어 있는지를 판단하기 어렵다. 회사 이익이 주가에 얼마나 반영되어 있는가를 쉽게 알기 위해서 만든 수치가 바로 PER다. 이익을 주가와 비교해서 만들었으니 PER에는 주가가 하나의 종속변수로 들어간 셈이므로, 이를 통해 주가가 이익에 비해 높은지 낮은지를 알 수 있다.

PER는 주당순이익비율이라고 하는데, 어떤 기업의 현재 주가를 동 기업의 주당순이익으로 나눈 값이다. 주당순이익은 EPS라고 하는데 당기 순이익을 주식 수로 나눈 값이다.

1990년대 외국인 투자자가 처음 우리나라 주식을 사들이면서 매수 기준으로 삼은 지표다. 그들은 당시 백양, 남영나일론 등 이익이 많이 났던 저PER 종목만을 집중 매수했다. 그 결과 다른 종목은 계속 하락하는데도 PER가 낮다는 이유 하나만으로도 주가가 몇 배씩 상승했다. 일반투자자들은 주로 작전종목이나 업종 투자에 익숙해서 외국인 투자자들이 왜 저 PER 종목을 매수하는지 이해하지 못했다. 시간이 지나서야 PER를 기준으로 하는 것이 올바른 가치투자 방법이라는 것을 깨달았다.

그때를 '저PER혁명의 시기'라고 부른다. 특정 종목의 가격이 몇 배씩 올라 '혁명'이란 단어가 붙은 것이 아니라 주식을 바라보는 우리 투자자의 투자 기준을 바꾸었다고 해서 혁명이라고 한다.

일반적으로 PER가 낮을수록 수익에 비해 주가가 저평가되었다고 할 수 있으며, 시장 평균치나 같은 업종 평균치 등과 비교해 현재 주가 수준의 적정성을 평가하는 데 유용하게 쓰인다. 그런데 현재 PER는 이미 나와 있는 실적을 기준으로 한 것이기 때문에 PER가 낮은데 주식이 왜 오르지 않느냐고 의문을 제기할 필요가 없다. 기업의 장래 수익성을 높이 평가하면 주가가 상승하면서 PER가 자연스레 높아지고, 낮게 전망하면 주가가 하락하면서 PER가 낮아진다. 이는 투자자들이 당해기업의 미래 기대 수익력에 대한 평가를 주가에 반영하는 과정에서 나타난다. 따라서 '현재의 PER'보다 미래 이익을 반영할 수 있는 '미래의 PER'를 생각해야 한다. 영업이익이 점점 커지는 회사는 미래의 PER가 낮아지고, 영업이익이 줄어드는 회사는 미래의 PER가 자연히 높아가므로 서로 연결해서 생각하면 발전하는 회사인지 아닌지를 알 수 있다. 이를 통해 주가에 수익이 어느 정도 반영되었는지 이해할 수 있고, 이익이 꾸준히 증가하는 회사 주식을 고른다면 곧 미래의 저PER 종목을 말한다.

기본적으로 영업이익률이 높고 PER가 낮은 종목에 관심을 가져야 한다. 이는 실적이 양호하고, 배당 여력이 많다는 뜻이므로 당연히 주가에 긍정적인 영향을 미친다.

5 경제적 부가가치(EVA)

EVA(Economic Value Added)는 세후 영업이익에서 자본 비용을 뺀 값으로 주주가 기업에 투자한 자본으로 얼마만큼의 부가가치를 생산했느냐를 나타내는 척도다. 최근 들어 증권 분석에서 기업의 내재가치를 평가할 때 중요한 지표로 사용하는 EPS보다 주가 추이를 더 잘 설명해주는 것으로 평가한다. 당연히 그 값이 높을수록 분석대상 기업의 수익성과 안정성이 높고, 따라서 주가 역시 상승 여력이 있는 것으로 판단한다.

증권회사에서 제공하는 투자지표의 사례다. 매출, 영업이익, 순이익, EPS, ROE를 간단히 전년도와 대비하고 향후 목표치를 제시했다. EPS의 상승이 가능하다면 주가 상승을 기대해볼 수 있다.

포스코 투자지표(단위 : 억 원, %)			
구분	2006년	2007년	2008년
매출	200,434	226,500	229,743
영업이익	38,926	46,869	49,894
순이익	32,069	40,800	43,107
EPS	36,782	46,796	49,442
ROE	13.7	17.0	15.6

※2007년 이후는 추정치(자료:메리츠 증권)

EPS(Earning Per Share, 주당순이익)

기업이 벌어들인 순이익(당기순이익)을 그 기업이 발행한 총 주식수로 나눈 값.

EPS = 당기순이익/주식 수

1주당 이익을 얼마나 창출하였느냐를 나타내는 지표로 그 회사가 1년간 올린 수익에 대한 주주의 몫을 나타내는 지표다. EPS가 높을수록 주식의 투자가치는 높다고 볼 수 있다. EPS가 높다는 것은 그만큼 경영실적이 양호하다는 뜻이며, 배당 여력도 많으므로 주가에 긍정적인 영향을 미친다. EPS는 당기순이익 규모가 늘면 높아지게 되고, 전환사채의 주식전환이나 증자로 주식 수가 많아지면 낮아진다. 최근 주식시장의 패턴이 기업의 수익성을 중시하는 쪽으로 바뀌면서 EPS의 크기가 중요시되고 있다. 또한 주당순이익은 주가수익비율(PER) 계산의 기초가 되기도 한다.

BPS(Book-value Per Share, 즈당순자산가치)

기업의 순자산을 발행 주식 수로 나눈 것이다. 기업의 총자산에서 총부채를 뺀 것이 자기자본인데 여기서 상표권, 영업권 등 무형 고정자산과 배당금, 임원상여금 등 사외 유출분을 제외하면 '순자산'이 된다. 순자산을 발행 주식 수로 나눠 산출한 것이 주당 순자산가치(BPS)로, '청산가치'라고도 한다. 주당순자산가치가 높다는 것은 자기자본의 비중이 크고 실제 투자가치가 높다는 것을 의미한다. 따라서 주당순자산가치는 기업 내용의 충실도와 직결될 뿐 아니라 자산 충실도가 주가에 얼마나 반영돼 있는지를 나타내는 척도다.

PER(Price Earning Ratio, 주가수익률)

수익액 1단위가 현재의 시장에서 평가되는 정도와 주가의 적정 수준을 판단하는 지표로 이용된다. 주가를 1주당 연간 세공제(稅控除) 후 이익금으로 나누어서 산출하는데, 이 비율이 높으면 회사의 이익에 비해 주가가 상대적으로 높은 것을 뜻하며, 반대일 때는 주가가 이익에 비해 낮다는 의미다.

PBR(Price on Book-value Ratio, 주가순자산비율)

시가총액을 순자산(총자산−부채)으로 나눈 값이다. 현재 주식시장에서 거래되고 있는 기업가치가 그 기업이 보유한 자산의 몇 배인가를 나타낸다.

ROE(Return On common Equity, 자기자본수익률)

자기자본은 자본금에 자본잉여금과 이익잉여금을 포함한 금액을 말하며 이를 순이익에서 나눈 값이다. 흔히 은행 이자율과 비교된다. 은행에 돈을 맡겨놓는 데 대한 보상이 이자라면 기업에 투자한 데 대한 보상은 ROE다. ROE가 20%를 상회하면 기업의 효율성이 상당히 우수한 것이다. 이런 기업들의 수익이 장기적으로 유지된다면 투자에 매력적인데 ROE가 높고 PER와 PBR이 낮으면 저평가 종목으로 볼 수 있다. 이런 종목이 상승하기 시작하면 상승 폭이 커진다. PBR이 1배 미만이라는 것은 주가가 회사의 청산가치(주당순자산가치)에 못 미칠 만큼 저평가된 것을 의미한다.

6 최근 뉴스와 공시를 확인해본다

인터넷 검색사이트에서 관심 있는 기업에 대한 최근 뉴스를 쉽게 찾을 수 있다. 상승하는 종목을 발견하면 즉시 뉴스 검색부터 하는 습관을 가져야 한다. 그냥 무턱대고 매수에 가담하지 말고, 한숨 돌리고 뉴스 검색을 통해 왜 오르는지 알아야 뇌동 매매를 막을 수 있다.

아무런 뉴스 없이 상승했다면 매집 세력에 의해 일차로 매수되고 있는 과정이거나 작전세력이 임의로 주가를 조작하기 위해서 가세한 것이다. 주가의 변동 이유를 뉴스 검색으로 찾아보고 그래도 모르겠다면 참아야 한다. 이때 다른 사람들이 비싸게 사주어야 하는데 아무런 내용이 없다면 매수세가 점차 줄어들고 주가는 반락하게 된다. 만약 재료 없이 계속 상승을 유지한다면 주가를 끌어올리려는 작전세력 때문이다. 그러니 오른다고 무조건 따라가서는 안 된다. 혹시 "잃어도 좋다."고 생각하는 눈먼 돈이라면 몰라도 애지중지하는 자기 자금으로는 참아야 한다.

또 주가가 급등한 이후 뉴스거리나 공시를 공표해 달려드는 일반투자자에게 물량을 떠넘기기 위한 악성 공시나 뉴스가 있을 수 있으므로 뉴스의 질을 선별해야 한다. 합작과 제휴, 합병, 사업추진 계획 등의 얘기 중에는 루머가 많고, 유상증자도 일회성 재료로 그치는 경우가 많다는 점을 기억하고 있다면, 뉴스를 통한 주가 움직임에 매수했더라도 투자를 짧게 가져가야 한다.

단기차익을 노리는 투자자가 많으면 주가가 급등과 급락을 반복한다. 사자마자 되팔려는 욕심을 가지고 매수하는 사람이 많은데, 이때는 주가가 오래 상승할 수 없다. 중소형주가 급등했다가 급락하는 경우다. 모두 '잠깐 해먹고 나오자.'는 생각으로 어지간한 재료를 발표한 회사에 덤벼들어서다. 투자자 마음 그대로 주가 역시 그렇게 움직일 수밖에 없다. 매수하는 사람에게 어떤 기대를 가지게 하는 뉴스인가에 따라 주가가 오러 상승하느냐 짧게 한판 올랐다 떨어지느냐가 결정된다. 그래서 꿈을 주는 재료나 뉴스가 주가의 중장기적인 상승을 이끌어낸다. 뉴스를 보고 장기적인 영향을 줄 것인가 단기적인 영향으로 그칠 것인가 생각해봐야 한다.

숫자로 밝혀지는 실적은 발표되는 시간이 다소 늦기는 하지만 그래도 중장기적으로 믿을 만하다. 최근에는 어느 기업에 대한 리포트가 뉴스로 보도되는 것 하나만으로도 주가가 들썩거린다. 투자자들이 그만큼 정보에 대한 집착과 열성이 크다는 얘기다. 주가에 영향을 줄 만한 좋은 얘기를 먼저 접할 수 있어야 싼 가격에 주식을 매수할 수 있기 때문이다.

중소형주와 인터넷 관련 코스닥 종목은 '리포트가 없으면 상승하지 않는다'고 봐도 무방하다. "안전하고 성장성 있다"는 전문가의 말 한마디에 "이 종목을 샀다가 혹시 잘못되진 않을까?" 하며 불안감으로 투자를 꺼리던 사람들의 마음을 한 번에 진정시켜주기 때문이다.

리포트는 그 회사를 잘 몰랐던 사람들에게 새로운 관심을 불러일으키기도 하고, 기업 선전의 효과도 있어 유명한 애널리스트의 연구 대상이 되는 것만으로도 주가 상승이 약속된 것이나 다름없다.

그래서 회사 측에서는 정기적인 기업 IR(Investor Relation, 기업이 자본시장에서 정당한 평가를 얻기 위해 기관투자가와 애널리스트들을 대상으로 실시하는 홍보 활동)을 실시하면서 회사에 관심을 가져달라고 애를 쓰기도 한다. IR을 통해 회사 비전과 실적 전망을 기관투자가에게 알려주면서 저평가되어 있는 회사의 주식을 매수하는 데 주저하지 않도록 하고, 애널리스트에게는 대중에게 잘 알려지지 않은 비전 있는 경영 계획이나 실적 향상 등을 리포트로 작성해서 발표해달라는 의사표현을 넌지시 하는 셈이다.

IR 자체도 뉴스거리가 되므로 여러 각도로 사람들의 시선을 모으는 내용이 주가에 영향을 미치는 것만은 틀림없다.

뉴스는 인터넷으로도 보도되지만 TV로도 방영된다. 증권회사 객장에 가보면 하루 종일 한경와우나 MBN, YTN 등의 증권전문 방송을 켜놓는 곳이 대부분이다. TV에서 추천 종목이 방영되거나 호재성 뉴스가 발표되면 1분도 안 되어 주가가 움직이는 것을 볼 수 있다. TV를 보면서 투자하는 사람이 많다는 것을 느끼게 된다.

그런데 그 효과가 10분쯤에서 끝난다는 점도 흥미롭다. 가장 빠르게 뉴스를 듣고 매수한 뒤 5분 뒤에 매도해 2~3%의 이익을 얻는 경우를 자주 봐왔다. 재빨리 맨 앞에 서서 선착순 경품을 탄 사람들의 열성과 비슷한 혜택이다. 뉴스가 방영되는 순간 처음 주식을 매수한 투자자에게는 이익을 가져다주지만 조금 행동이 늦거나 판단이 늦은 투자자는 짧은 시간에 몇 퍼센트의 손실을 보게 된다.

그러니 뉴스를 들었더라도 '늦었다'고 생각하면 빨리 포기하고, 천천히 다시 생각해야 한다. 하루가 지나도 주가가 장기간 상승할 좋은 내용이라면 시기적으로 늦지 않다. 열심히 따라갔다가 급등·급락에 손해 보는 투자자는 대체로 그 주식을 탓하기보다 "왜 난 이렇게 흥분을 잘하지? 난 체질이 아닌가 봐."하고 자신을 원망하게 된다.

뉴스 때문에 자신을 흥분 잘하는 다혈질의 사람으로 여길 필요는 없다. 뉴스가 주는 영향력을 잘 판단해야 한다.

머니투데이, 이데일리 등의 인터넷 뉴스사이트는 아주 유용하게 활용되므로 장중에 수시로 열어보면서 주가에 영향을 미칠 기사거리가 있는지 봐야 한다.

매매에 자신감을 가지려면 여러 각도에서 그 회사와 친해져야 하는데 뉴스를 검색하다 보면 상승과 하락의 이유를 찾을 수 있고, 앞으로 매매를 어떻게 해야 하는지 생각할 수 있다. 기사화된 것을 발표 일자 순서대로 읽어보면 과거 주가 흐름이 왜 그렇게 변화해왔는지를 발견하게 된다.

1   상승 초기단계라면 적극 매수한다.

2   횡보 또는 조정 이후 첫 상한가라면 더욱 좋다. 재료 내용에 자신이 있으면 두 번째 상한가에 도 추격 매수한다.

3   전일 긴 양봉(상한가가 아님)을 만들면서 강한 상승을 했다면 다음 날 매수를 서두르지 말고 1차 물량이 털릴 때까지 기다렸다가 매수한다.

4   "시장의 테마에 부합하면서 실적이 호전된다"는 리포트가 있다면 바닥이라고 생각하지 말고 그 리포트가 나온 시기부터 1개월 정도의 주가 추이를 지켜본다.

5   외국인 투자자나 기관투자가가 연속적으로 매수하는 종목은 상승하면서 쉽게 매물이 나오지 않아 상승 탄력성이 커진다. 매수 후 짧은 시세차익보다 적어도 5일 이상 지켜보는 인내를 가진다.

6   실적이 좋지 않고 업황이 불확실한데도 상승하는 주식은 포기해야 한다. 그래도 매매하고 싶다면 단기로 처리하겠다는 자세로 매수한다.

7   상한가를 기록할 수 있다는 기대감을 불러일으키는 주식에 관심을 가져야 오히려 안전하다. 많은 사람들이 비슷한 생각을 가지고 덤벼들기 때문이다.

8   기회가 왔을 때는 과감하게 행동하라.

9   기회라고 생각하면 과감하게 매수하는 용기를 가진다. 더 오를 것 같다는 확신이 있으면 상승 한 가격에 너무 구애받지 마라.

10   매수하고자 하는 종목에 대한 공시나 뉴스거리가 있는지 살펴본다.

11   전문가의 종목 진단이 어떻게 나왔나 조사한다. 만약 자신의 생각과 달리 비관적인 견해가 많다면 판단을 유보하고 주가의 추이를 지켜본다.

12   한 번 크게 올랐다가 다시 오르는 주식은 기대치를 줄여서 짧게 매매한다. 다시 고점까지 상승할 것이라는 생각을 접고 '하락 폭의 반만 이득을 취한다'는 겸허한 마음가짐을 가진다.

13   판단은 신중하게, 매수는 빠르고 신속하게 한다.

14   관심 종목의 범위를 축소하고 매일 지속적인 관심을 가진다. 오랜 기간 관찰해야 시세의 높고 낮음을 알게 된다.

15   알고 행하지 않는 것은 모르는 것과 같다.

7 차트를 놓고 상승할 종목인가를 검토해본다

　다음 차트를 보면 삼성테크윈의 주가는 고점을 돌파하느냐 못하느냐의 기로에 서 있는 모습이다. 고점을 돌파하기 위해 서너 차례 상승을 시도한 적이 있고 거래를 수반하면 상승하는 모습이므로 고점돌파가 가능하다고 보고 매매를 하는 것이 낫다.

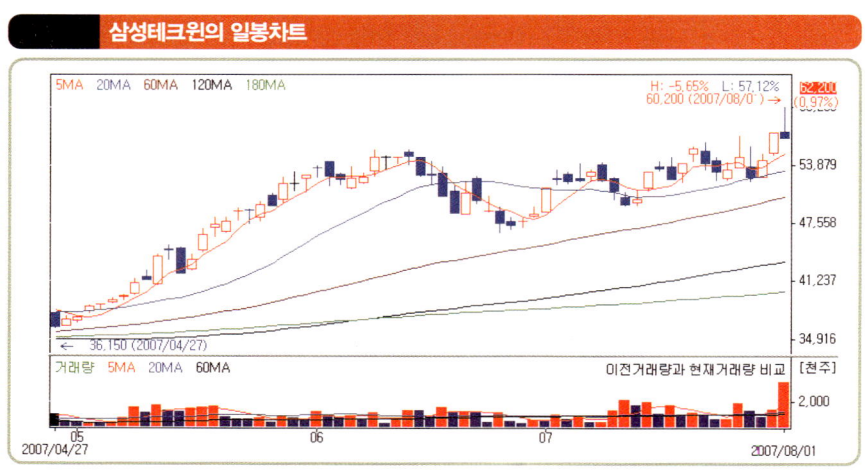

　차트를 통해 주가 추이를 한눈에 알 수 있다. 차트에 숨어 있는 뜻이 무엇인지 몰라도 과거의 주가 흐름을 보는 것으로 충분하다. 차트에 대한 얘기는 아무리 많이 해도 끝이 없다. 처음 차트를 보는 사람이나 아무리 책을 보고 공부해도 자신이 없다면 전문가의 얘기를 귀담아들을 일이다. 다만 언제까지나 다른 사람의 얘기를 빌릴 수는 없으므로 조금씩 공부해 나가야 한다.

　자기 혼자만 "차트 모양이 좋다. 그러니 이 종목이 크게 상승할 거야."라고 고집만 피우지 않으면 된다. 초기 단계에서 상승하는 신선한 종목인지 차트를 보고 판단하면 그것으로 충분하다.

차트를 보지 않는 투자자는 없으므로 나쁜 모양을 그리는 차트의 주식은 보유하지 않으면 된다. 보기 좋은 떡이 먹기도 좋듯 차트도 모양이 좋아야 매수자가 따라붙는다.

차트 모양이 좋은 종목에 관심을 두는 것은 그 종목을 노리는 사람이 많기 때문이다. 오르기 시작하면 한꺼번에 심리가 호전되어서 급등할 소지가 많다. 차트를 통해서 다른 투자자의 심리도 파악할 수 있다.

매수 의사결정

주가의 오름 폭도 크지 않고 여러 조건이 마음에 들었다면 매수를 결정한다. 관심을 가지는 것으로 그치지 않고, 직접 실행으로 옮기겠다는 의사결정을 하는 것이다.

"생각을 실천하지 않으면, 절대로 수익을 낼 수 없다."

"생각을 실천하지 않으면, 절대로 손해는 없다. 늘 본전이다."

두 상반된 논리를 잘 생각해 매매에 활용해야 한다. 앞말은 '괜찮은 종목이 있다면 도전해봐야 수익을 낼 수 있다'는 뜻이고, 뒷말은 '섣불리 덤벼들지 않으면 본전이라는 생각으로 느긋하게 주식을 바라보라'는 뜻이다.

하지만 이익을 내려면 주식을 매수해야 한다. 어느 정도 자신이 생겨 '70% 이상 먹을 것 같다'면 꼭 실천해봐야 한다. 호률적으로 반반 정도의 주식도 자주 보게 되는데 어느 정도 자신이 생긴다면 실천해야 한다. '손해를 본다면 자신의 모든 결정이 잘못되어서다'라는 생각을 가지고 덤비면 손실에 대한 두려움이 조금 사라진다.

절대로 손해 보지 않으려면 승산 없는 게임은 피해야 하는데 조금이라도 내키지 않으면 다른 종목을 찾는 편이 낫다. "다른 것은 마음에 드는데 가격이 마음에 들지 않다"든가, "거래되는 모습은 더 상승할 것 같은

데 회사가 마음에 안 든다"라는 판단이 들면 연연해하지 말고 다른 종목을 검색하는 것이 시간과 돈을 절약하는 길이다.

 매수 시점을 잘 포착하는 방법은?

1 매수 시점 포착

매수를 하기로 마음먹었다면 두 가지 방법을 선택한다.

첫째, 동시호가를 이용하는 방법이다. "한번 시세를 보고 해야지. 조정 받으면 그때 사야지."라며 사고 싶은 종목이 생기면 이렇게 마음을 먹는 사람들이 많다. 그러나 "기다리는 조정은 오지 않는다"는 투자 격언이 있다. 사고 싶은 종목이 생기면 동시호가에 적어도 투자금액의 3분의 1 이상 매수하는 것이 좋다. 조금 높은 가격으로 첫 시세가 시작될 정도로 매수하겠다는 사람이 많아야 오를 수 있기 때문이다. 오를 종목은 오전 동시호가 가격에서 보합 이상의 가격으로 첫 시세가 형성되는 것이 보통이다. 그리고 장중에 조정을 짧게 만들며 N자형을 그리면서 상승해야 급등할 수 있다. 시초가가 오르면 더 오르고, 내리면 더 내린다는 생각으로 동시호가에 참여해야 한다.

둘째, 투자금액의 나머지 3분의 2는 장중 저가 매수에 주력한다.

처음 매수한 가격보다 싼 가격으로 2차를 매수하면 평균 단가가 낮아진다. 오후에도 그 가격 이하로 하락하지 않을 경우 좀더 높은 가격이라도 좋아서 매수한다. 그렇게 하더라도 시초가에 매수한 수량이 있기 때문에 매수 단가는 낮아진다. 만약 높은 가격에 매수하기 싫다면 시초가에 싸게 산 것으로 만족하면 그만이다. 추가 매수를 하지 않아도 된다. 남은 현금은 마음에 드는 다른 종목이 나오면 그때 활용한다.

자신이 가진 돈 전부를 주식에 다 투자해야 직성이 풀리는 사람이 있지만 주식은 적게 사더라도 확실하게 수익을 챙겨야 이기는 게임이다. 얼마만큼 주식을 보유했느냐 하는 수량의 문제가 아니라 보유 주식의 가격에 신경 써야 한다.

삼성테크윈의 시가, 고가, 저가의 움직임							
일 자	시 가	고 가	저 가	종 가	전일대비	등락율	거래량
2007/08/06	60,000	63,100	59,700	62,100 ▲	500	0.81	705,760
2007/08/03	62,000	62,700	60,400	61,600 ▲	400	0.65	1,117,340
2007/08/02	60,000	61,200	57,600	61,200 ▲	4,400	7.75	2,547,608
2007/08/01	57,600	60,200	56,800	56,800 ▼	700	-1.22	3,340,228
2007/07/31	55,200	57,500	55,000	57,500 ▲	3,000	5.50	1,541,264
2007/07/30	52,500	55,200	52,500	54,500 ▲	2,000	3.81	1,038,224
2007/07/27	53,800	56,000	52,100	52,500 ▼	2,300	-4.20	1,440,749

삼성테크윈의 경우를 보자. 사고자 마음먹은 8월 1일의 가격을 보면 시초가가 비교적 낮은 가격을 형성하고 있음을 알 수 있다. 장중에 자신이 사고자 했던 가격보다 더 아래로 내려가서 종가를 마감했으므로 주식을 더 싸게 매수할 기회가 동시호가 이후에도 발생했음을 알 수 있다. 주식은 분할하여 매수하는 전략이 반드시 필요하다.

매도 목표치와 손절매 가격 결정

시초가에 3분의 1을 매수하고, 장중 더 싼 가격에 한 번 더 매수했는데 주가가 상승했다면 기분이 좋다. 수익이 괜찮게 날 정도로 상승한 후 마감했다면 즉시 매도 목표치를 설정해놓는 것이 좋다. 이른바 안전장치를 만들어놓는 일인데, 이익과 손해의 기준치를 정하는 것이다. 주식 상황이 급변하면 어떻게 해야 할지 몰라 당황하는 경우가 많다. 미리 대비책을 세워놓는 매매 전략이 필요하다.

매도 목표치를 설정하고 기다리는 방법으로는 일봉과 이동평균선·보조지표·매물대 분석 등을 활용할 수 있지만, 반드시 이러한 차트 분석을 이용하지 않아도 된다. 나름대로 기준이 있다면 매도 목표치를 세워서 그때까지 인내하거나, 손절매 가격을 설정해서 그 가격 아래로 떨어졌을 때 주식을 버리는 작업을 한다면 어떠한 차트 분석을 통한 방법보다 확실한 매매가 된다.

머리가 복잡한 것을 원치 않는다면 간단한 방법이 있다. 자신이 매수한 가격에서 매도를 원하는 가격을 상한선으로, 손절매해야겠다고 생각한 가격을 하한선으로 삼아 밴드를 그린다. 상한선까지 주가가 오르면 매도하지 않고 하한선을 올려서 다시 설정한다. 그 아래까지 하락하지 않으면 매도하지 않는다. 또 주가가 상승하면 주식을 보유하되 만약 잘못되어서 하한선까지 내려가면 매도한다. 여기에서 하한선은 수정된 하한선이니 그렇게 억울한 가격대는 아니다.

만약 하한선까지 내려가지 않고 마감했다면 다음 날 다시 전날 가격을 기준으로 상한선과 하한선을 설정한다.

이때 주식을 매수할 당시 목표했던 가격을 기준으로 하는 것이 아니라 전날 가격을 기준으로 하는 것이다. 상승 목표치는 올라가고 하한선 역시 올라간다. 수정한 하한선은 손절매 가격이 아니라 일정한 선 아래로 주가가 내려가면 매도하겠다는 매매 의사결정을 위한 기준이 된다. 이러한 매매 전략은 수익이 나면 주식을 끝까지 보유해 이익을 극대화할 수 있고, 일정 가격 아래로 떨어지면 빨리 수익을 현실화할 수 있다.

주가가 상한선과 하한선 사이에 있을 경우에는 주식을 그대로 보유하면서 다음 기회를 기다리는 방법인데, 횡보장에선 지루하지만 등락이 큰 시장에선 이익을 높이고 위험을 줄여주므로 한번 연구해볼 필요가 있다. 주식을 매수할 때마다 목표치와 손절매 가격을 기록하며 매일 그 목표치와 손절매 가격을 변경해가면 안정적으로 큰 수익을 낼 수 있다.

이런 방법은 간단하지만 매일 매매 행동을 결정할 기준을 세워야 하는 번거로움이 있다. 이렇게 하기 힘들다면 매수 후 얼마에 매도하겠다는 마음으로 그 가격이 될 때까지 지속 보유하는 방법도 있다. 그러나 기대는 기대로 끝날 수 있으므로 제대로 이익을 실현하지 못하더라도 손절매 가격은 미리 설정해놓고 손실 폭을 최소로 줄여나가야 한다.

손절매 가격에도 여러 가지 기준이 있다. 얼마가 떨어지면 손절매해야 하느냐고 묻는 투자자가 많다. 손해를 보는 금액이 적을수록 만회할 수 있는 기회가 많으므로 3~5%가 적당하다. 전문가일수록 손절매의 손실 폭을 적게 정한다. 허용할 수 있는 손실 폭을 일반적인 교과서 기준보다 적은 폭으로 설정하는 것이 자금을 유지하는 데 도움이 된다. 그래야 최저가라고 판단되는 시점에서 매수하려는 노력을 기울이게 된다.

여러 각도로 분석하고 노력해서 매수한 가격에서 주가가 추가로 더 떨어진다면 매수한 사람의 판단이 잘못되었거나 아니면 그 주식에 문제가 있는 것이다. 자신의 실력을 탓하는 일은 매도한 후에 해도 늦지 않으므로 "그 주식에 무슨 문제가 있다."고 생각해 일단 팔아야 한다.

또 "몇 퍼센트 떨어지면 손절매한다."는 방법뿐 아니라 "지지선이 하향하면 매도한다.', "지지선이 추세 이탈하면 매도한다.", "이동평균선이 상승에서 하향으로 꺾이면 매도한다."는 등의 기준을 가지고 매매할 수 있는데, 이는 단기간에 체득되는 것이 아니므로 서서히 배워나간다.

여러 매매 기법을 안다고 해도 그대로 실천하기 어렵고, 실천한다고 해도 확실한 도움이 되지 못하는 경우가 많으니 꼭 필요한 한두 가지를 제대로 사용하는 것이 더 효과적이다. 자기 기준대로 매매하는 방법도 나쁘지 않다. 그러나 손절매도 자주 하면 나쁜 습관이 될 수 있다. 시장에 민첩하게 대응하기 위해서는 손절매가 꼭 필요하지만 지나치면 손실

주식을 보유해야 하는 범위

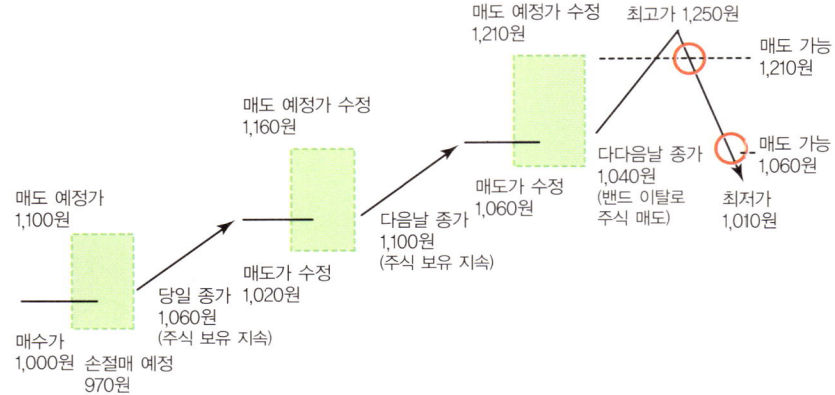

사고 싶은 종목을 1,000원에 매수했다고 가정한 사례다. 사면서부터 매도 이익 예정가를 1,100원으로, 손절매 가격을 970원으로 설정한다(개인의 성향에 따라 조절할 수 있으므로 절대적인 기준은 아니다). 매수한 날의 종가가 1,060원에 끝났다면 계속 보유해 향후 주가 추이를 지켜본다. 다음 날 전일 기준으로 다시 매도 예정가격을 상향 조절한다. 조금이라도 이익을 본 상태이므로 손절매보다 주가 하락에 대비한 '이익실현 가격'을 설정한다. 또한 '매도 하한선'을 상향으로 수정해 그 가격 아래로 하락한다면 매도하겠다는 의지를 갖고 주가 반락 시 즉각 매도할 채비를 갖춘다. 상승 시 이익을 극대화할 '매도 예정 상한선'도 상향으로 조정한다. 종가가 1,100원에 끝나면서 매도 하한선도 이탈하지 않았고 매도 상한선도 이탈하지 않았으므로 지속 보유한다. 그 다음 날 전일 종가 (1,100원)를 기준으로 매도 하한선(1,060원)과 상한선을 1,210원으로 다시 상향 조정하고 시장에 대응한다. 그날 장중 고점이 1,250원이어서 1,210원에 매도해야 하는데, 만약 고가가 1,210원을 기록하지 않았더라도 1,060원에 매도해 이익을 실현할 수 있다.

이 회복할 수 없을 만큼 커질 수 있으므로 처음부터 손절매를 생각하지 말고 냉정하게 매수하는 자세를 가져야 한다.

주식,
이렇게 매도하자

매도를 잘하는 방법은?

1 주식 없는 사람이 시장을 더 잘 알아

"무(無)주식이 상팔자"란 말이 유행하던 시절이 있었다.

"아직도 주식 하세요?"

"주식 하나 없는 내가 얼마나 마음이 편한데……."

"바보 아닌가. 나쁘다는데 왜 하지? 집안 말아먹을 일 있나?"

주식시장 안과 밖에 있는 사람들의 생각은 이렇게 다르다. 보유 주식의 가격이 하염없이 떨어져 경제적 타격을 받는 것도 서러운데. 주식투자를 하지 않는 사람한테 이런 얘기를 들으면 피가 머리끝까지 솟구치는 것 같다.

경제가 어려운 대세 하락기에는 일반사람들도 TV나 신문을 통해 주식시장에 대해 익히 들어서 나쁘다는 걸 잘 안다. 그래서 주식시장을 빠져 나오지 못하는 투자자를 보면서 답답해하며 그런 말을 하는 것이다. 주식에 발 담그고 있지 않은 사람은 누구든 그렇게 말할 만하다. 희로애락 중 '노'와 '애'가 대부분 지배하는 주식시장의 메커니즘을 시장 밖의 사람들은 겪지 않아서 받아들이기 힘들다. 주식 때문에 속 끓는 투자자의 애환은 같은 병을 앓는 사람들만이 이해한다. 주식을 하는 사람의 마음은 마누라도 이해 못한다고 하니까.

주가가 하락할 때 주식을 가지고 있지 않다면 사람들의 이런 비아냥거림을 피할 수도 있겠다는 생각이 든다.

"주식이 오를 때는 보유, 내릴 때는 매도"할 수 있다면…… 그 방법만 알면 '주식투자를 하는 바보'로 취급당하지 않을 수 있다. 오히려 부자가 되는 지름길 아닌가? 그 지름길을 찾기 위해서는 열심히 공부하는 수밖에 없다.

매수하는 순간 매도 생각

투자자는 주식을 매수하는 순간부터 머리가 복잡해진다. "이 주식을 어떻게 처리해야 하나?" 사자마자 팔 궁리부터 한다. 여러 생각 끝에 '확실히 먹을 수 있겠다'는 생각으로 매수했지만 누구도 주가의 방향은 모르기 때문에 팔 준비를 하게 된다. 손해 볼 것을 뻔히 알면서 매수하는 멍청한 투자자는 한 명도 없다. 그런데도 주식을 매수하자마자 그런 기대가 크게 잘못되었다는 것을 금방 알아차리는 경우가 많다. 그것도 1분도 채 되지 않아서 말이다.

주식을 매수하기 전에는 희망과 꿈이 있다. 이걸 살까, 저걸 살까? 주식을 고를 때와 매수하고 난 다음 사람의 마음은 사뭇 다르다. 매수 주문이 체결되는 시점부터 수익을 낼 것이라는 기대보다 부담이 더 커진다.

매수한 가격보다 아래로 떨어질까 걱정이고, 또 기대대로 오르면 어느 가격에 정리할까 행복한 고민을 해야 한다. 올라도 걱정, 떨어져도 걱정이다. 그러나 어느 정도의 긴장감은 건강에도 좋다고 하니 이미 주식투자를 시작했다면 주식 걱정을 스릴로 느껴야 한다. 긴장을 즐겨야 한다는 얘기다.

주식을 사놓고 잠 못 자는 사람이나 주가가 조금만 오르내리려도 심장이 요동치는 소심한 사람은 주식과 인연을 맺지 않는 것이 좋다. 또한 자신의 운명을 주식투자에 거는 비장한 사람도 빠른 시간 안에 다른 길을 찾아나서야 한다. 그들은 긴장을 극복할 정신적 여유가 없어 적절한 시간에 주식과 이별하지 못하고 하락이라도 하면 전전긍긍하며 끝까지 주식을 보유하기 때문이다. 밤낮으로 속앓이를 하지만 행동으로 옮길 용기도 없어 결국 실천하지도 못하고 큰 손실을 보게 된다. 마음 편한 주식거래는 누구에게라도 불가능하지만 주식이 주는 스트레스와 긴장감을 어느 정도 즐길 줄 알아야 한다. 이는 투자자 자신이 극복해야 하는 과제다.

어쨌든 주식을 매도하지 않으면 수익이 현실화되지 않으니 이익이 나면 반드시 팔아야 자기 몫이 된다. 주식이 올랐어도 팔지 않으면 평가액만 올랐다 내렸다 할 뿐 결코 자기 돈이 아니다. 현금으로 만들기 전까지는 올랐다고 손뼉 치지 말아야 한다.

"아, 이번에 이만큼이라도 벌었으니 운이 좋았어." "팔았더니 더 올랐네. 다른 사람들도 이익을 봐야 해. 그래야 다음에 또 내 주식을 비싸게 사주지." 이렇게 아량을 베푸는 듯한 자세를 갖는 것이 정신수양에 도움이 된다. 매도를 잘할 수 있는 정신적 여유는 돈이 많아서 생기는 것이 아니라 주식을 대하는 자세에서 오는 것이다.

3 매도를 할 때는 욕심을 줄여야 한다

'경기가 좋아진다'는 사실에 근거해 한번 투자해보려는 마음이 생겼다면 주식을 사놓고 오랫동안 묵혀둬야 제대로 수익이 난다는 것을 잊지 말자. "좋아지겠지. 앞으로 좋아질 것 같아. 미국 경기가 바닥을 치고 올라온다잖아." 이런 마음일 때 적어도 몇 달, 길게는 1~2년 보유하려는 계획을 세워야 매도 가격을 예상하지 않게 된다. 물론 마음으론 얼마까지 상승하면 좋겠다고 예측할 수 있지만 "생각하지 않는다"고들 말한다. 워낙 먼 미래의 일이기 때문에 처음 기대했던 예상 가격을 잊기도 한다.

하지만 장기투자 계획을 세웠다 하더라도 주식 시세를 쳐다보면 변화하는 주가에 마음이 흔들리는 것은 어쩌면 당연한 일이다.

강세장에서는 손해 볼 확률이 적어진다는 것이지 전혀 손해를 보지 않는다는 것이 아니다. 약세장에서도 더 큰 이익을 낼 수 있으며 강세장에서도 손실을 볼 수 있는데, 어떻게 하면 그런 상황이 벌어지는지 예를 들어보자. 투자자에게 유사한 상황이 발생하지 않기를 바라는 마음에서 정리해본다.

투자자 김 사장의 머피의 법칙

김 사장은 주식시장에 입문한 지 5년 정도 된 산전수전 다 겪은 투자자다. 매일 객장에 나와 살지만 그동안 잃은 돈을 생각해서 그만두지 못한 뼈 아픈 사연이 있다. 상승장과 하락장을 모두 경험했고, IMF 때도 매매를 했으니 이제는 "주식시장에서 일어날 일은 다 겪었다"고 자부하는 베테랑이다.

어느 날 시세를 열심히 보던 중 몇 달째 하락만 하던 인터넷주가 강하게 상승하는 모습이 눈에 들어왔다. "어, 처음으로 움직이네. 그 종목 괜찮겠다. 한번 짧게라도 먹고 나와야지." 하며 상한가에 따라잡았다. 상한가에 주식을 샀는데도 운 좋게 이틀 연속 상한가를 기록해 무척 기쁜 마음으로 매도했다. 수익을 계산해보니 25%라 오랜만에 짜릿함을 느꼈다.

"주식은 이런 맛에 한다니까. 매일 이렇게만 된다면……."

까먹은 돈을 만회하는 것은 시간문제 같았다.

"이제부터 이런 식으로 잘해서 본전 찾아야지." 김 사장은 흥분되었고 콧노래가 절로 나왔다. 그런데 다음 날 주가는 하락하지 않고 다시 상승했다.

"이러다 계속 가면 어쩌지?", "이걸 따라잡아?" 김 사장은 주식을 미리 판 것을 아까워했지만 '떨어질 때를 기다리자'며 여유를 가지고 주가를 지켜보기로 했다. 그런데 그 다음 날에도 주가는 하락하지 않고(기다리는 조정은 오지 않는다는 말이 맞았다) 판 가격에서 연 이틀이나 상한가를 기록하는 강한 모습을 보였다.

김 사장은 "나참, 더 올라가는구나. 억울하다."며 매도한 금액만큼 다시 그 주식을 매수했다. 매수 단가가 올라버렸으므로 처음 매수했을 당시보다 주식 수는 20% 줄었다. 하지만 불행하게도 '다시 조금만 먹고 나와야지' 했던 생각이 잘못되었다는 것을 금방 깨닫게 되었다. 기대와 달리 그때부터 주가가 하락하기 시작한 것이다.

"어? 잘못한 것 아닌가? 많이 떨어지면 큰일인데……." 하면서 추격 매수한 것을 후회했지만, 주식은 이미 자기 손에 있으니 주가가 하락하는 것을 지켜볼 수밖에 없었다. 급등 후에는 급락이 온다더니 하락 폭은 점점 커져 재매수한 가격보다 훨씬 더 떨어졌다.

"여기서 추가로 하락하면 지난번 번 돈까지 다 까먹는데 어떻게 하지?"

김 사장은 "번 돈마저 까먹을 판이니…… 어쩌지?" 하며 주가보다 자신의 손실 규모에 더 신경을 쓰면서, 두 번의 하한가를 기록할 때 망설이다가 손절매를 결심했다.

그래서 원금에서 조금 손해를 보면서까지 매도해버렸다. "차라리 가만히 있을 걸, 괜한 짓했네." 하고 후회했지만 이미 엎질러진 물이었다.

화가 난 김 사장은 "주식은 한번 매매하면 다시는 보지 말아야 해. 이제는 상승하는 초기 단계에서나 매수할 거야. 다시는 상한가에 따라가는 일은 없어."라며 다시는 그 종목을 쳐다보지 않았다.

새롭게 부상하는 다른 종목을 열심히 연구하는 사이 주가는 조금 더 하락하는 듯싶더니 강하게 반등해 두 번째 매수한 가격 이상까지 올라버렸다. 김 사장은 팔았던 주식이 상승하고 있음을 나중에야 알게 되었다.

"그냥 놔둘 걸 괜한 짓 했군. 난 왜 이리 재수가 없을까?" 후회도 하고, 자책도 해보지만 결과는 달라지지 않았다.

이 이야기는 지어낸 것이 아니다. 나도 겪었던 일기지만 경험 많은 투자자라면 누구든 한번쯤, 아니 그 이상도 경험해봤을 이야기다. 매수를 잘하긴 했어도 매도를 적당한 시기에 하지 못해서 일어나는 일이기도 하다. 목표한 가격만큼 주가가 올라 수익을 현금화하고 나서, 참을 줄 알았다면 손해는 보지 않았을 텐데…… 지나친 욕심이 화근이었다. 좋은 주식을 사놓고 오르든 내리든 덤덤하게 지켜볼 여유가 있었다면 투자자는 웃을 수 있었을 것이다. 마음의 여유가 손익과 직결되는 상황을 자주 보게 된다.

외국인 투자자와 기관투자가는 대세 판단을 잘하며 중장기로 투자할 수 있는 여건이 되므로 일반투자자처럼 당일 주가에 연연해하지 않는다 (솔직히 잘한다기보다 그들의 매수 강도에 따라서 주가가 오르내리는 경향이 많아 잘하는 것처럼 보인다). 그들은 상승한다고 생각하면 서서히 물량을 늘리면서 기회가 올 때까지 기다리는 방법을 쓴다. 외국인 투자자의 펀드를 운용하는 펀드매니저의 마음은 하루의 주가 등락에도 입술이 타들어 갈 만큼 긴장되겠지만 바라보는 입장에서는 그들의 매매 형태에서 정신적 여유가 느껴진다. 서서히 물량을 거두어가며 급등할 때 물량을 줄이는 방법은 우리가 흉내 내기에는 답답하기까지 하다.

조급한 개인투자자가 대세 상승기에서 수익을 내지 못하는 이유는 적절한 시기에 팔고 적절한 시기에 재매수하지 못해서다. 이런 매매를 '엇박자 매매'라고 한다. 박자가 틀리니 노랫가락이 흥겨울 리 없다.

이런 문제를 해결할 수 있는 방법은 두 가지다.

반드시 최고가에 매도하거나(이는 신의 영역이다) 일정 수익을 얻으면 매도하고, 얼마 동안은 그 주식을 쳐다보지 않는 방법이다(더 올라간다고 하더라도 남의 몫이라고 인정하면 적어도 처음 이익은 자기 몫이다).

기다리면 기회는 늘 온다. 주식시장은 내일도 열리며 상승하는 주식을 쫓아다니는 투자자가 있는 한 매수하기에 적당한 주식은 계속 생겨난다. 조금이라도 지속적으로 이익금을 관리해 자산 규모를 늘리는 방법이 최고의 이익을 추구하는 것보다 쉽게 실천할 수 있으며 장기간 승부에서도 이길 수 있다.

주식을 매도해야 하는 시기는 언제인가?

1 실적이 발표되는 시점은 단기매도 시점

실적이나 뉴스를 확인하고 주식을 사려 하면 이미 늦었다고 봐야 한다. 만약 "실적이 호전되었다"고 발표한 회사가 눈에 띄었다고 하자. 반기 실적은 8월 중순에 발표하며 전년도 실적은 주총에서 발표한다. 언론에 실적이 발표된 것을 본 투자자는 "반기 실적이 굉장히 좋군. 이렇게 경영을 잘했는데 날아가는 거 아냐?", "이 주식 좀 오르겠다"고 판단을 하는데 실적 발표를 한 그날 당장 주식을 매수했다가는 큰코다치기 십상이다.

자신이 그 정보를 접한 시점에서 매수해야 하는가, 매도해야 하는가를 사전에 검토해봐야 한다. '실적이 좋다'는 얘기 하나만으로 발 빠르게 매수에 가담해서는 열이면 아홉은 손해를 본다.

우리가 뉴스를 통해서 '실적호전'이라는 정보를 알았다면, 정보의 취득순서로는 제일 마지막으로 그 정보를 들었다고 봐야 한다. 애널리스트는 수시로 여러 회사를 탐방하여 실적을 조사하고, 기관투자가나 외국인 투자자도 애널리스트들이 작성한 자료를 통해 회사 전망을 미리 알아보기 때문에 괜찮은 종목이라면 가만히 놔뒀을 리 만무하다.

처음에는 관심 있는 종목의 매수량을 서서히 늘리기 때문에 일반인에게는 표시가 잘 나지 않는다. 이는 차트를 보면서 거래량과 주가의 움직임을 파악해야 하는데 어느 정도 실전 경험이 필요한 일이다. 거래가 늘면서 연속적으로 상승하는 종목이 타깃이 될 확률이 높다.

심리적으로 상대편을 이해하면 미련을 버릴 수 있고 기다리는 마음이 생긴다. 투자 주체가 누가 되든 상관없이 먼저 싼 가격에 주식을 매수한 사람은 팔 기회를 호시탐탐 노리게 마련인데, 매집허놓은 사람이 물량을 정리하는데도 주가가 오르는 이유는 그들이 높은 가격에 주식을 팔려는 의지가 강해 특별히 주가를 낮춰 팔려고 하지 않기 때문이다.

또 실적에 대한 자신감을 갖는 투자자가 많아지고 주가 상승을 기대하는 투자자가 한순간에 매수에 가담함으로써 파는 사람이 많아져도 (＋)권에서 가격이 유지된다.

주식을 보유하고 있을 때 좋은 뉴스가 나와 주가가 급등하면 기뻐하기보다 '언제 매도할 것인가?'를 생각해야 한다. 나는 신입사원 시절부터 "뉴스에 사고 소문에 팔라"는 얘기를 귀가 따갑도록 들어왔는데, "정말 그렇게 될까?", "이런 정도의 내용은 한참 더 상승을 이끌어낼 거야."라고 고집을 피운 적이 많다. 특히 자기 생각을 끝까지 주장하려는 개성 있는 사람일수록 남의 얘기를 무시하는 경향이 있다.

그러나 결과는 언제나 선배들의 얘기가 틀리지 않았고, 결국 나의 부족함을 알고 씁쓸하게 웃고 말았다. 시간이 가면서 "뉴스에 팔라"는 기준을 지켜나가고 있다.

예측할 수 있는 뉴스가 나오면 나보다 먼저 그 주식에 손댄 사람들의 마음을 미뤄 짐작해봐야 한다. "그들이 이 주식을 보유하면서 얼마나 오랜 시간을 기다려왔을까?"라고 반대 입장에 서보는 것이다. 일반투자자가 적극 달려들어 거래가 늘 때 팔아야 이익을 챙길 수 있는 기관투자가나 외국인 투자자의 심정을 생각하면 내 주식도 강하게 오를 때 팔고 싶

삼성전자 실적 발표와 주가

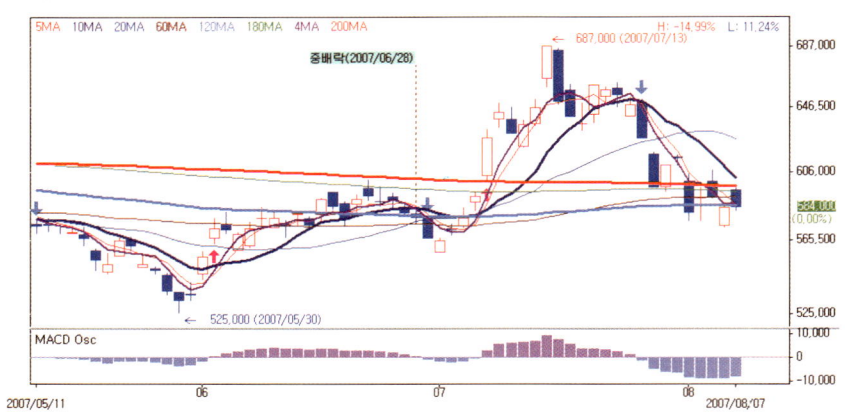

삼성전자의 2/4분기 실적을 발표한 날이 주가 상승의 고점을 형성한 7월 13일이었다.

당초 외국인과 기관투자가는 2/4분기 영업이익으로 1조 6,000억 원대를 유지할 것으로 예상하고 3/4분기에 회복세를 예상하여 60만 원 이하에서 매수 강도를 높였으나 실적 발표 이후 주가는 하락을 면치 못했다. 이날 삼성전자는 2/4분기 9,107억 원의 영업이익을 거뒀다고 밝혔다. 전 분기보다 23.0% 감소했고 지난해보다 35.8% 줄어든 수치다.

어져야 한다.

뉴스로 인해 일시적으로 주가가 올랐다가 되밀린 주식이라면 다음 날에도 다시 크게 반락하는 모습을 보이는데, 그 이유는 전날 단기차익을 노리고 매수에 가담했던 사람들이 흔들리는 주가에 겁을 먹고 손해를 보고서라도 매도해버리기 때문이다. 또 미리 매집했던 세력들도 낮은 가격에라도 수익을 챙기고 싶어 추가로 매도에 가담하기 때문이다. 강한 매기가 있었던 전날과 달리 매수가 점점 약해지는 것을 알고 싼 가격에라도 주식을 처분하려 하니 주가가 더 하락할 수밖에 없다. 실적 발표에 신

하이닉스 실적 발표와 주가

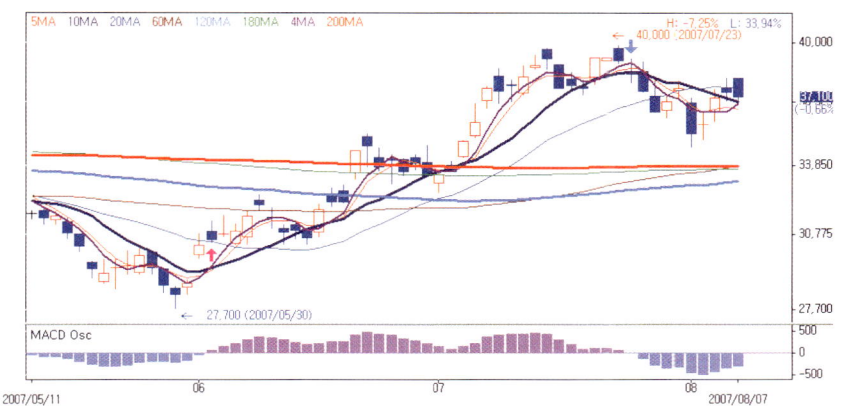

하이닉스는 D램 가격의 반등으로 주가 상승을 이루다가 7월 27일 2/4분기 매출액이 전 분기 대비 24% 감소했다고 발표했는데 상승세를 꺾는 계기가 되었다. 영업이익은 1,090억 원으로 76% 감소했으며 영업이익률도 전 분기 18%에서 6%로 급감했다. 순이익은 2,250억 원을 기록, 전 분기에 비해 약 48% 줄었다고 발표함으로써 실망 매물을 불러일으켰다. 실적이 기대치에 못 미치거나 예상 외로 실적이 호전되었다고 하더라도 실적 발표는 매도의 적절한 시기를 제공한다.

경 쓰는 것은 좋지만 "따라서 쫓아가다가 잘못 걸리면 약도 없다"는 객장 격언을 잊지 말아야 한다.

사건 발생 시점에서의 매도

2003년 8월 4일 정몽헌 현대아산그룹 회장의 자살 사건은 아침 출근길 사람들의 마음을 뒤숭숭하게 했다. "어떻게 현대가 이런 지경에까지 이르렀을까?" 자세한 내막은 알 수 없지만 그런 얘기를 들은 우리는 하루를 우울한 기분으로 보내야 했다.

평창 동계올림픽 개최지 탈락과 주가
(강원랜드와 삼양식품)

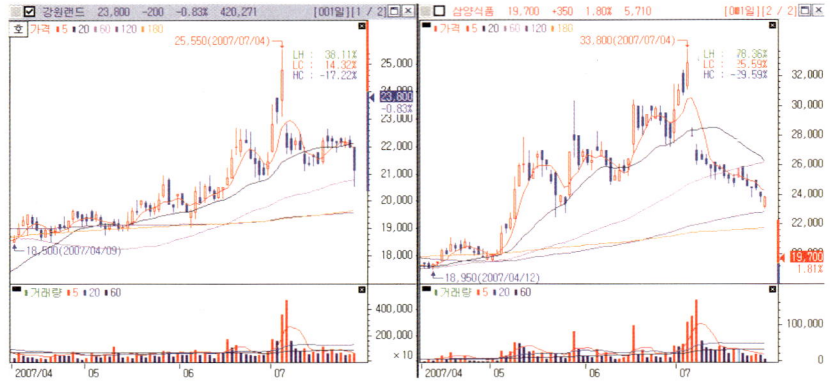

평창 동계올림픽 개최지 선정의 기대감으로 관련 수혜 회사들이 급등했다가 탈락하자 급격하게 하락하는 모습을 보여준 사례다. 투자자들이 로또 당첨을 기다리듯 매수에 가담하면서 주가 상승을 이끌었는데 대부분 개최지로 확정될 거라는 확신이 있었던 모양이다. 강원랜드는 카지노와 관광 숙박시설로, 삼양식품은 막대한 부동산 차익이 예상되면서 상승했지만 발표 이후 급락했다.

"인생은 허무한 거야. 돈도 필요 없어. 편안하게 잘 살면 돼. 난 소박하게 살 거야." 세상이 자살 사건으로 떠들썩한 가운데 우리는 그 사건을 접하고 '인생의 진짜 의미'를 곱씹게 된다.

내가 만약 현대그룹의 주식을 가진 투자자라면 이 소식을 듣고 어떤 마음이 들었을까? 그룹회장의 자살 사건이 주식 가격에 어떤 영향을 미쳤는지 궁금하다. 현대그룹의 주식을 가지고 있던 투자자는 "현대그룹 주가 모두 폭락하지 않을까?" 하고 걱정이 태산 같았을 것이다. 자살 사

남북 정상회담 발표와 주가
(현대상선)

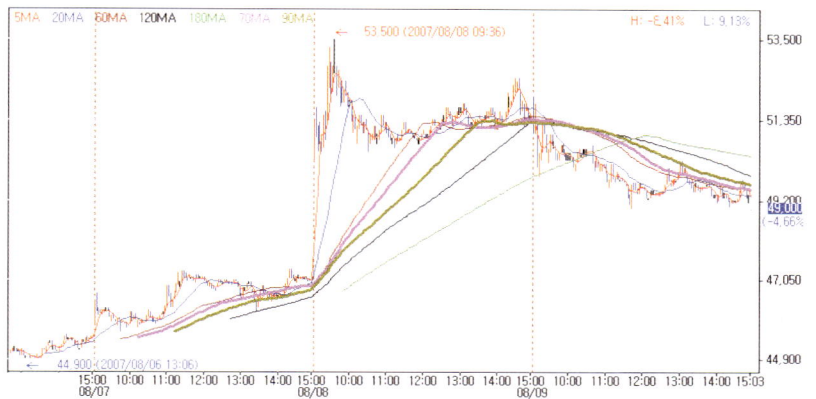

남북 정상회담의 뉴스가 발표된 뒤의 주가 모습이다. 현대그룹 주에 호재로 발휘된 것처럼 보이나 일시적인 상승으로 그쳐 뉴스에 팔라는 격언을 다시 한 번 떠올리게 한다. 장기적인 테마로 부각되기 힘들 것이라는 예상으로 단발상승에 그쳐 실적 개선을 확실하게 ㅎ·지 않은 주가 상승은 불안하다는 점을 알게 해준다.

건은 오전 7시에 알려졌는데 사건 보도 이후 첫 시세가 형성되기 전까지의 두 시간은 현대그룹 주를 가진 사람들에게 너무나 길게 느껴졌을 것이다.

그날 현대그룹 주가는 일제히 하락했다. 예상대로 주가가 하락했지만 나쁜 소식에 해당한 주식의 보유자 입장에서 생각해보자.

당시의 주식시장은 하락하고 싶은 이유를 찾고 있었을 간큼 주가가 오른 상태였다. 조정이 불가피했다는 점을 감안하면 예상보가 충격은 적어 종합주가지수는 8포인트 하락했고, 그룹에서 분리된 현다 자동차와 현대중공업은 하락 폭이 크지 않았다. 그룹에서 분리된 회사라도 자살 사건의 영향을 받을 줄 알았는데 생각 외로 미미했다. 그러나 정 회장과 관련된 회사는 직격탄을 맞았다. 정 회장이 4.9%의 지분을 보유한 현대상선은 8.72% 하락했고, 현대상사도 8.33% 하락했다. 이미 은행관리로 넘어가 정 회장으로부터 분리된 현대건설과 하이닉스는 자살 사건의 파장이 그리 크지 않았지만 그래도 5.4% 하락했다.

이때 현대그룹의 주식을 가지고 있던 투자자는 어떤 행동을 취해야 옳았을까? 결과적으로 투자자가 같은 심리로 움직였던 오전 동시호가를 이용해서 시장가로 매도하는 것보다 한 박자 늦춰서 매도하는 것이 옳았다.

시초가 이후로 하한가를 기록하면 "반드시 매도하리라" 마음먹되, "장중에 반등이 일어나면 마이너스(−)권에서라도 매도하겠다"라는 자세로 조금 더 기다리는 전략이 최선이었다(당일만을 두고 얘기하는 것이니 그 후 그 종목에 대한 가격 변화는 논외로 한다. 현대상선과 현대엘리베이터는 그 사건을 계기로 경영 분리와 M&A 가능성이 커지면서 큰 폭으로 상승했다).

3 매도 주문은 확실하게

어느 회사에 좋지 않은 악재가 터졌을 때 그 일로 주가가 상승한다면 그것은 이상한 일이다. 특별한 사건이 발생했거나 소송에 휘말렸거나, 불성실공시 기업으로 지정되었거나 수주한 계약이 파기되었거나, 실적이 악화되었다는 등의 내용이 발표되면, 그 회사의 주식을 보유한 투자자는 "이러다 정말 부도 나는 것 아닌가?", "폭락하면 어떻게 해야 하나?" 하며 불안해하면서 주식을 팔아치우려고 한다. 그런 이유로 매도 주문을 낼 때 전일보다 상승한 가격에 팔아달라는 이치에 맞지 않는 주문을 하는 사람도 많다.

이미 매도하려고 마음먹었다면, 가격 불문하고 마이너스권이라도 적당히 반등할 때를 이용해 적극 매도해야 한다. 불안하면 먼저 팔아놓고 생각하는 자세가 필요하다. 팔아서 다른 종목을 찾거나 판 것이 후회스러우면, 하락이 멈출 때 다시 되사는 것이 위험을 줄이는 방법이다. 상황이 나빠졌는데도 악착같이 전날보다 오른 가격에 팔려고 하면 위험한 곳에 있다는 사실을 알고도 피하지 않는 것과 다를 바 없다. 안일한 마음으로 주문을 내면 물론 팔리지도 않는다.

급등한 주식을 처분할 때도 마찬가지다. 언제나 당일 최고가로 매도하려는 얌체 심리를 가진 사람도 마찬가지다. 매도하려고 마음먹었다면 확실하게 결정해야 하는데, "팔리지 않으면 말지." 하는 태도는 큰 화를 부를 수 있다. 불행한 사건이 일어났는데도 주가가 하루 이틀 사이 반등에 성공한다면 그때는 주식을 팔아야 하는 것이 아니라 오히려 사야 맞다. 일시적인 충격에서 벗어나 주가에 변화를 미칠 새로운 일이 사건을 통해 오히려 만들어진 셈이다.

투자자의 심리를 불안하게 하는 악재로 불안에 떠는 주식 보유자는 팔고 새로운 투자자가 유입되는 손바뀜이 일어나기 때문이다. 팔고 싶은 사람이 다 팔아야 주가가 세차게 반등한다. 횡보하던 주식이 오를 듯 오르지 못하다가 충격으로 급락할 때 급반등에 성공하는 예가 많은데, 그것은 마지막으로 팔고 싶었던 사람들이 팔아치워 주가 상승의 걸림돌이 없어졌기 때문에 탄력적인 주가 움직임이 나타나는 것이다.

실제로 정 회장의 자살 사건으로 손바뀜이 이뤄진 후 현대상선 주가에서 비슷한 상황을 볼 수 있었다. 그래서 매도하는 일이 참 어렵다는 것을 더욱 실감한다.

어떻게 주식을 팔고 다시 살 것인지 정리해보겠다.

차트를 이용해 어떻게 매도 시점을 찾을 수 있나?

자신에게 맞는 보조지표 두세 가지를 활용하라

매도 시점을 잡을 때는 차트를 이용하는 방법이 좋다. 그러나 차트를 완벽하게 활용하기에는 차트의 비밀이 너무 많아 일반투자자들이 그것을 다 알아챌 수는 없다. 그러니 차트를 통해서 완벽한 매매를 하기에는 실력이 부족할 수밖에. 하지만 다른 방법이 없을 경우에는 차트를 보고 선택하자. 차트를 보고 어떻게 판단하느냐고 묻는 사람들을 위해 몇 가지 방법을 들어보겠다. 이 방법을 다른 자료와 병행하여 활용하면 된다.

이러지도 저러지도 못하는 어려운 상황이라면 비장의 카드로 차트를 쓸 수 있다. 이때 너무 의존해도 좋은 결과가 나올 수 없다. 차트를 어설프게 이해했다가는 더 혼란스러울 수 있으므로 전문가의 차트 해설을 참고하는 것이 좋다. 사이버의 고수들은 대부분 차트를 놓고 설명하므로 자세히 읽어보면서 참고하되, 기본적인 매매 기술을 익혀서 반드시 매도

해야 하는 시기를 알고 실전에 적용해보자.

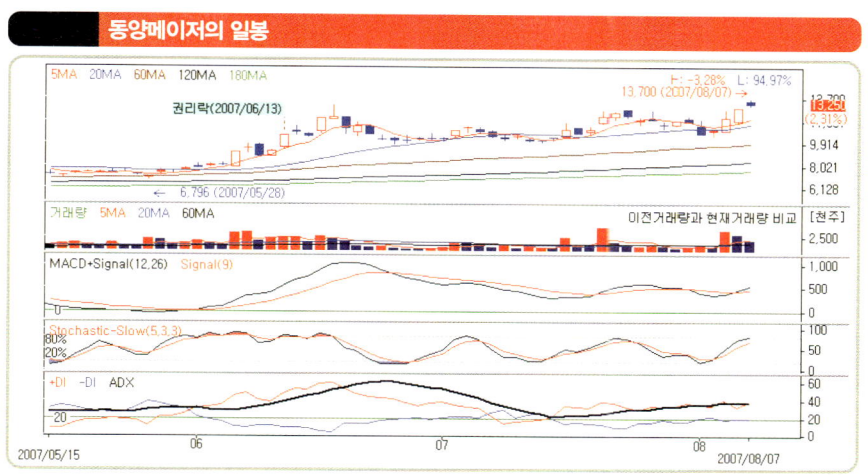

동양메이저의 일봉

실전에 가장 필요하다고 생각되는 세 가지 보조지표다. MACD, 스토캐스틱, DMS 등의 지표다. 지표를 보는 것으로는 만족스러운 결과를 얻기 힘들다. 자신의 것으로 소화하기 위해 가상의 매매를 여러 차례 해보고 실전에 들어가야 한다.

이동평균선 교차 시점을 매도 시점으로 포착

5일 이동평균선이 20일 이동평균선을 상향 돌파하면 '상승 줄기', 하향 돌파하면 '하락 줄기'다. 가장 확실한 매매 신호로 5일선과 20일선 교차 시점이 활용된다. 이 신호를 적극적으로 활용하길 권한다. 상승 줄기에서는 하락이 있어도 짧게 일어나고, 하락 줄기에서는 반등은 가능하나 방향은 아래로 향하고 있다는 표시다. 상승 줄기라면 주식을 보지 않고 느긋하게 기다려도 되고, 하락 줄기라면 보유한 주식을 일단 매도해야 뒤탈이 없다. 더 하락할 것 같은데도 마냥 주식을 가지고 있는 것은 어리석은 일이다. 주식 때문에 마음 상하지 않으려면 '5일선 → 20일선 상향 돌파' 하여 주가가 20일선 위에서 움직이면 주식을 보유하고, 장기간 보유하려던 주식이 '5일선 → 20일선 하향 돌파' 상황이 나타나면 "큰일 났다. 줄기가 꺾였으니 처분하고 다시 시작해야겠네." 하고 아쉽지만 애지중지하던 주식과 헤어져야 한다. 이런 신호가 나오면 자신이 고른 주식이 잘못되고 있다는 것을 인정해야 한다. 이 같은 매매 방법은 '마지막'이면서 '확실한' 매매 신호이므로 즐겨 사용해도 후회가 없을 것이다.

이동평균선을 이용한 매도 신호를 정리해보겠다.

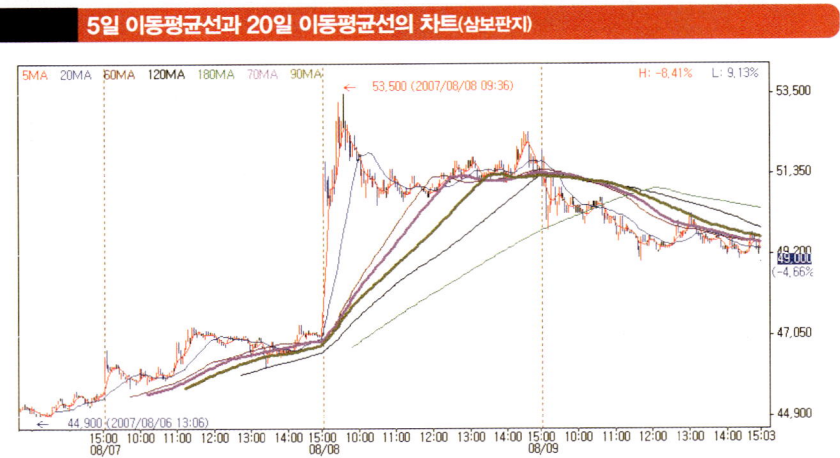

5일 이동평균선과 20일 이동평균선의 차트(삼보판지)

5일 이동평균선이 20일 이동평균선을 교차하면 '기가 변화하고 있다는 것을 마지막으로 알려주는 신호' 또는 '줄기가 변화하고 있다는 것을 확실하게 알려주는 신호'로 해석하라. '마지막 신호'란 말은 조금 늦게 나타나는 매매 신호이므로 빨리 행동해야 하는 다소 늦은 매도 시점이라는 의미다. '확실한 신호'는 현재의 주가 진행 방향이 당분간 계속될 것이므로 상승하는 과정이면 '매수해도 좋다'는 뜻으로, 하락하는 과정이면 '매도해도 좋다'라고 받아들이면 된다.

- 5일 이동평균선이 20일 이동평균선을 하향 돌파하면 하락 줄기이므로 주식 보유 금지
- 이동평균선의 간격이 서서히 벌어지기 시작하면서 역배열되는 시점

5일 이동평균선이 20일 이동평균선을 상향 돌파하면 매수에 가담하고 20일 이동평균선이 상승 기조를 유지할 때 매도하지 않고 기다리다가 5일 이동평균선이 20일 이동평균선을 하향 돌파하면 상승 기조가 끝나간다는 신호로 해석하고 매도하면 가장 큰 수익을 볼 수 있다. 이동평균선의 신호는 늦더라도 확실하게 매도에 가담하고 추후 주가 추이를 관망하는 편이 낫다.

3 MACD를 이용한 매도 시점 포착

MACD를 이용해 매도 시점을 잡는 방법은 조금 더 어렵다. 왜냐하면 MACD는 이동평균선과 마찬가지로 주가 추세를 알아내는 데 더 적합한 지표이기 때문이다. 그래서 매도 시점을 잡는 방법으로 활용할 때는 한 발 앞서서 생각해야 한다. MACD가 시그널선을 하향 돌파하는 시점을 매도 시점으로 잡는 방법은 늦기 때문이다. 그러므로 오실레이터를 활용하는 방법이 유용하다. MACD 하나만으로 매도 시점을 잡는다는 것은 무리가 따른다. 2~3개의 보조지표를 보고 고점이라고 판단하면 검증하는 차원에서 MACD를 활용해야 한다.

MACD가 매수 시점을 포착하는 데는 좋다고 했는데 매도 시점을 포착하는 데는 권하고 싶지 않다. 상승하는 주식은 천천히 매수해도 문제가 없지만(또다시 상승하니까) 하락하는 주식은 더욱 빨리 매도해야 하는데 MACD는 이에 잘 맞아떨어지지 않는다. 그러므로 MACD보다 한발 앞서

생각하고 행동하는 지혜가 필요하다.

MACD가 시그널선을 하향 돌파하면 단기이동평균선이 중기이동평균 선을 하향 돌파할 때와 마찬가지로 중기적인 관점에서 보유 주식을 줄이고 현금화하는 것이 현명하다.

MACD를 이용한 매도 신호를 정리해보겠다.

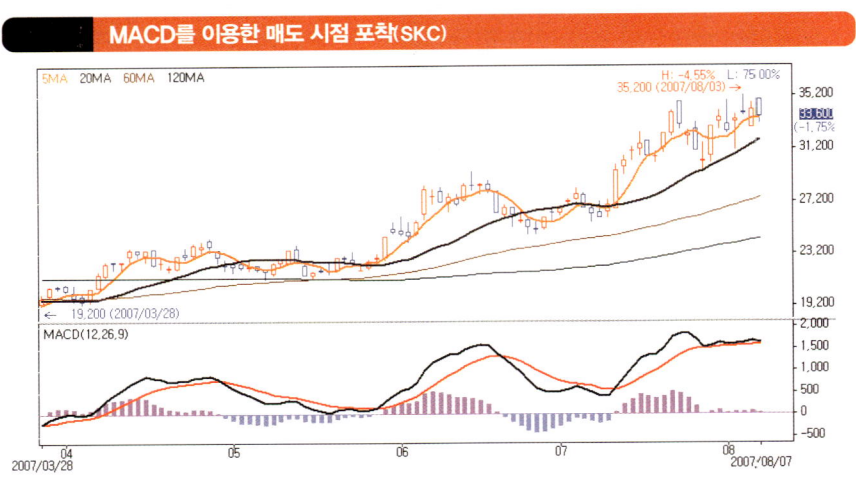

MACD가 시그널선을 하향 돌파할 때가 매도 시점이다. 하지만 그렇게 하면 언제나 기대보다 늦게 매도하게 된다. 확인 매매가 아니라 좀더 세련된 매매를 하기 위해서는 MACD가 시그널선을 하향 돌파할 때까지 기다리지 말고 오실레이터의 크기가 줄어들면 매도 시점으로 잡는 것이 효율적이다. 그러므로 매도 시점을 포착하는 것은 시그널선을 이용하는 것보다 오실레이터를 활용하는 것이 더 낫다.

오실레이터는 MACD와 시그널선 간격을 막대로 표시한 것인데, 막대가 줄어든다는 것은 둘 사이의 간격이 점차 줄어들고 있다는 것을 알려준다. 오실레이터의 막대 크기가 줄어들어야 MACD가 시그널선을 하향 돌파하게 되므로(간격이 줄지 않으면 끝까지 하향 돌파하지 못한다. 의미를 모른다면 원리를 다시 한 번 생각해보자) 결국 매도 신호를 발생하게 된다. 남들보다 조금 더 빨리 매도하려면 오실레이터의 변화를 이용하는 것이 좋다.

4 볼린저밴드를 이용한 매도 시점 포착

볼린저밴드를 이용하는 방법으로도 매도 시점을 비교적 잘 잡을 수 있다. '비교적'이란 말을 쓴 이유는 어떤 보조지표도 완벽한 신호를 나타내주는 것은 없기 때문이다. 다만 보기 편하고 투자자로 하여금 의사결정을 쉽게 내리게 한다면 좋은 지표다.

볼린저밴드의 상단부에 주가가 도달했을 때 매도한다. 물론 주가가 거기까지 도달하지 않고 중간부에서 반락하는 경우도 많다. 그러니 투자자가 그것을 무슨 수로 다 알겠는가?

주가가 볼린저밴드의 상단부에 도달했다는 뜻은 최근 가격 변동으로 봐서 매도 사정권에 들어왔다는 것이다. 그것은 일반적으로 변동 폭이 큰 주가 움직임에 해당한다. 앞서 매수 시점 포착에서 상한 밴드를 이탈하는 시점이 매수 시점이라고 얘기한 것과 전혀 다른 얘기이므로 혼동해서는 안 된다. 밴드의 폭이 큰 주가의 움직임에 한해서다.

볼린저밴드를 활용해 상한 밴드에서 매도하면 그 지점은 꼭대기가 아닐 가능성이 크다. 좀더 상승이 이어지면서 사람의 마음을 후회하게 만든 후 하락하는 것이 주식의 속성이다.

왜 그렇게 될까? 쉽게 풀리지 않는 의문일 수 있다. 주식을 가지고 있는 사람은 주가의 상승을 보면서 합리적으로 생각하고 적절한 가격에 매도하려고 노력하지만, 매수하는 사람의 입장에서 보면 올라가는 주식을 따라잡는 데 바쁘기 때문이다. 파는 사람은 냉정한 마음을 가지고 있고, 사는 사람은 약간 흥분된 상태에 있으니 그렇게 될 수밖에 없다. 사는 사람과 파는 사람의 심리가 이렇게 다르다. 같은 투자자라드 팔 때보다 살 때 더 흥분하니 말이다. 차트로 분석하는 방법 말고도 투자심리를 이해하는 것이 플러스알파 요인이다. 하지만 그런 것까지 이해하고 자신도 같이 흥분하면 잘될 수도 있지만 타이밍을 놓칠 수 있으므로 자중하는 편이 낫다. 오랜 투자 경험에서 하는 말이다. 적당한 선에서 가격과 타협해야 한다. 그 적당한 가격을 모른다면 볼린저밴드가 제시해주는 상한 밴드에 매도하고 끝까지 참으면 된다. 밴드의 상한선에서 매도를 하면 크게 후회할 일은 없다.

하지만 볼린저밴드 하한선에서 매수하는 것은 피해야 한다. 하락하던 주식이 조금 더 하락한 후 멈추는 사례가 많아 밴드의 하한 부분까지 주가가 내려왔다고 해서 덥석 주식을 매수해버리면 나중에 주가가 더 빠졌을 때 무척 힘들어진다. 어디까지 추가 하락할지 모르므로 밴드를 하향 이탈했다고 주가 저점이 형성되는 것은 아니다. 약초도 잘 써야 보약이 되듯 볼린저밴드도 잘 써야 탈이 없다.

상승세로 돌아선 주식을 고른 후 볼린저밴드를 활용해 매도 시점을 잡는 것이 유용하다. 볼린저밴드 이외의 보조지표를 참고할 때도 매매 시점을 가장 잘 알려주는 자료가 무엇인지 검증해봐야 한다.

볼린저밴드를 이용한 매도 신호를 정리해보겠다.

볼린저밴드를 이용한 매도 신호

- 밴드의 폭이 넓어지면서(이 말이 중요하다) 밴드의 상한선에 도달하는 시점
- 밴드를 이탈한 주가가 밴드 안으로 들어오면서 음선을 만들 때(이때는 우선 매도한다)
- 밴드 상한선에서 주가가 머물면서 밴드 폭이 점점 줄어들 때

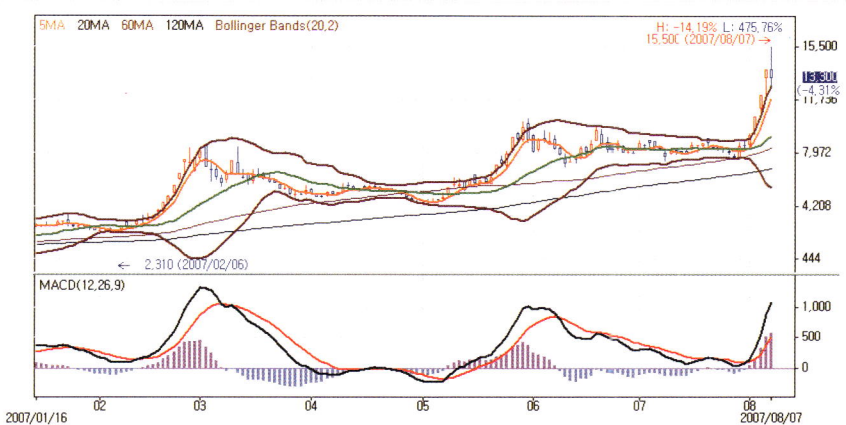

볼린저밴드를 이용한 매도 신호(삼호개발)

볼린저밴드를 이용할 때 주의할 점 하나. 주가가 상한 밴드를 계속 이탈할 경우에는 어떻게 해야 할까? 지속적으로 이탈해 상승한다면 콧노래 부르면서 밴드 안으로 들어올 때까지 끈질기게 보유해야 한다. 상한 밴드에서 무조건 매도해서는 안 된다. 이후 주가가 상한 밴드 안으로 들어와서 직전 고점을 넘기지 못하고 음선을 만들면 반드시 매도해야 하는 시기다. 정리하면 다음과 같다.

1. 밴드의 폭이 좁아지면 향후 주가가 변화될 것이라고 예상한다.
2. 주가가 음선을 만들면서 밴드 밖으로 이탈할 때 매도한다. 이때 주가가 중심선 아래에서 형성되면 확실한 매도 기회다.
3. 주가가 일정한 수익률을 낸 후 밴드 바깥의 고점보다 밴드 안의 고점이 낮으면 매도한다.

초보투자자에서 중급투자자가 되려면
꼭 알아야 할 전문 지식

INVEST
IN STOCKS

금리는 주가의 어머니

금리 변화는 주가에 어떤 영향을 미치나?

1 금리는 이자율이다

정말 금리가 오르면 주가는 내리고, 금리가 내리면 주가는 오를까?

먼저 금리에 대해 이해해보자. 금리(金利)는 '금, 즉 돈(金)에 대한 이자(利)'를 말한다. '돈 값'인 셈이다. 금리는 '돈을 사용하는 대가(代價)'다. '누군가에게서 돈을 빌려 쓰고 원금에 대해 이자로 지불하는 비율'이 금리다. 보통 '이자율'이라고 한다. "이자가 몇 퍼센트냐?"라는 말에는 익숙하지만 "금리가 몇 퍼센트냐?"라는 말은 어색하게 들린다. 은행에서 돈을 빌릴 경우 1년 단위로 '원금의 몇 퍼센트의 이자를 내는가?'가 금리 개념이다.

어떤 경제전문가는 "이렇게 경기가 침체되는 상황에서 기업들의 고통을 줄이려면 금리 인하가 꼭 필요하다"고 말하고, 또 어떤 이는 "금리를 내리면 경기가 좋아질 수도 있다"고도 말한다. 그런가 하면 "금리를 내린다고 경기가 좋아진다는 보장이 없다"며 금리 인하를 반대하는 사람도 있다.

왜 이렇듯 '금리 논쟁'이 벌어지는 것일까?

우리는 금리 논쟁이 벌어지면 남의 일 보듯 지나치며, "이번엔 정부가 무슨 일을 하나 보네", "미국이 금리를 자꾸 내리니 우리도 내리나", "금리를 내리면 우리가 받게 될 이자가 적어지는 것 아닌가?"라고 무심코 받아들이기 일쑤다.

이런 눈으로 금리 논쟁을 바라본다면 주식투자자로서 더 이상의 발전이 없다. 주식에 관심이 있다면 적어도 금리가 시장에 어떤 영향을 미치는지 알아야 한다. 경제를 알려면 금리에 대한 이해가 첫 번째다.

이를 삼단논법으로 말하면 다음과 같다.

"주가는 경기의 영향을 받는다."

"금리는 경기에 영향을 미친다."

"그러므로 금리는 주가에 영향을 미친다."

경기의 진행 방향이야말로 주식시장의 미래를 판단하는 척도이므로, 금리는 어떤 식으로든 주식의 흐름에 영향을 준다. 그러므로 금리 변화를 읽고 이를 통해서 투자 시기를 결정하면 현명한 판단을 내릴 수 있다.

정부의 금리 조절 정책

정부가 금리를 내리거나 올린다고 하는데 과연 어떤 방식으로 할까? 정부의 입장에서 생각해보자.

정부가 금리를 규제하는 이유는 단 한 가지, '경기 조절'을 하기 위해서다. 침체된 경기를 살리려고 하거나 과열된 경기를 가라앉히려고 할 때 '금리 인상·인하 정책'을 편다. 그렇다면 "경기가 좋다는데, 왜 금리를 올려 경기 조절을 하지?"라는 의문이 생길 수 있다. 이유는 경기가 너무 과열되면 급격하게 나빠질 가능성이 있기 때문에 속도를 조절하는 것이다. 기본적으로 경기가 나빠지기를 바라는 정부는 없다. 경기가 과열되었을 때는 경기 연착륙을, 경기가 침체되었을 때는 경기를 활성화시키기 위해서다.

과거에는 정부가 경기 조절을 통화량, 즉 '돈을 많이 푸느냐' 아니면 '돈줄을 죄느냐'의 방법을 택하기도 했는데, 통화량이 경기 변화에 미치는 영향이 점차 줄어들면서 금리를 통한 경기 조절 방식을 쓴다.

금리의 종류에는 예금금리, 대출금리, 장·단기 채권금리, 콜금리 등 여러 가지가 있지만 정부는 '콜금리를 규제'하는 방법을 사용한다.

1999년부터 한국은행은 콜금리를 규제하며 금리에 개입했다. 콜금리는 '금융회사 간의 초단기 자금거래 때 적용되는 단기금리'다.

왜 콜금리를 관리하는 방법을 쓸까?

콜금리로 금리를 조절하는 이유는 다른 금리의 기준인 콜금리가 장기 금리를 비롯한 대부분의 금리에 영향을 주기 때문이다. 금리 중에서도 가장 민감한 초단기 거래 시의 금리를 규제하면 나머지 금리가 저절로 따라오게 하는 방법을 택한 것이다. 정부가 '금리를 내렸다'고 하면 '콜금리'를 내린 것이며, 콜금리 인하는 전반적인 금리 인하를 암시한다.

금리가 낮을 때는 어떻게 투자해야 하나?

1 돈은 금리 따라 움직인다

돈을 가진 사람의 입장에서 금리를 바라보자. 돈을 가진 사람에게 금리의 높고 낮음은 "돈을 어디에 투자할 것인가?"를 결정하는 중요한 기준이 된다.

"금리를 낮추면 부동산 투기가 일어난다"고 전문가들은 우려한다. 별다른 투자처를 찾지 못하고 떠돌아다니는 유동자금이 부동산시장으로 몰릴 것을 염려하는 말이다. 실제로 시중 금리가 낮으면 부동산으로 돈이 흘러가 부동산 과열을 불러일으키기도 한다. 낮은 금리토는 예금이자에 대한 기대치를 채워주지 못해 수익이 더 많이 나는 곳으로 돈이 움직이기 때문이다. 규모가 큰 자금을 은행이나 투자신탁에 예금했다면 적은 금리 변화에도 엄청난 이자 차이가 생기므로 금리에 민감해질 수밖에 없다.

물이 높은 곳에서 낮은 곳으로 흐른다면 '돈은 ㅇ·자율이 낮은 곳에서 높은 곳으로 흐른다'.

금리 하락과 경기호전이 맞물려야 주가가 상승한다

금리가 낮을 경우 부동산으로만 돈이 흘러가는 것은 아니다. 금리가 낮아지는 상황에서 경기가 호전될 기미가 있을 때는 주식시장으로 돈이 모여든다. 단 '주식시장이 활성화될 것 같으면'이라는 전제조건이 성립되어야 한다. 가능성이 있을 때만 은행보다 주식을 선호하면서 주식시장으로의 참여가 늘어난다.

주가와 금리는 반대로 움직인다는 사실은 우리 증시를 통해서도 알 수 있다. 외환위기 직전인 1997년 말 종합주가지수는 376.3포인트, 금리는 회사채 기준으로 두 자리 수인 14.9%를 기록했다. 1999년 말에는 금리가 한 자리 수인 8.8%로 하락한 반면, 주가는 1028포인트를 기록했는데 금리가 하락하면서 경기가 최악의 상태를 벗어나 좋아지고 있다는 확신이 들던 시기였다. 그렇다고 금리와 주가가 반드시 반대로 움직이는 것은 아니다. 경기가 불투명하고 주식시장이 불안하면 금리가 낮아도 주가는 상승하지 않는다. 금리가 낮은 상태가 계속되더라도 반드시 유휴자금이 주식시장으로 유입되는 것은 아니므로 주의할 일이다.

2001년 9월 종합주가지수는 463포인트, 금리는 6.35%로 주가와 금리가 동반 하락했다. 금리가 더 떨어졌는데도 주가는 오르지 못하고 계속 하락했다. 어디에 함정이 있었을까?

이유는 한국 기업에 대한 외국인 투자자의 불신과 기업 수익 전망이 어두워 미래에 대한 비관론이 금리 하락 효과를 덮어버렸기 때문이다. 그러니 금리와 주가에 대한 관계를 여러 각도로 이해할 일이다.

3 | 기관투자가는 금리가 낮으면 채권보다 주식을 선호한다

금리를 통해 돈 많은 사람들의 행동을 분석해보면 어떻게 처신해야 하는지 알 수 있다. 낮은 이자에 불만을 가지기는 일반투자자뿐만 아니라 기관투자가도 마찬가지다. 낮은 금리는 기관투자가들의 돈을 주식시장으로 끌어들이는 원인을 제공한다는 점에서 부동산의 경우와 비슷하다.

은행이나 투신사처럼 돈을 운용하며 자금을 불리는 기관투자가들도 금리가 낮으면 채권보다 주식을 선호하게 된다. 이자율이 낮은 채권형 상품에 투자해서는 고객의 높은 수익률 요구를 충족시켜주지 못하기 때문에 더 많은 수익이 기대되는 주식형 상품으로 자금을 편입하는 것이다. 펀드매니저들이 주식에 더 관심을 가지게 되면서 주요 매수 세력으로 등장해 주가 상승에 일조하기도 한다. 하지만 그들 역시 경기 상황이 경기호전과 맞물려 주가가 상승할 수 있다는 확신이 들어야 움직인다는 사실을 잊어서는 안 된다. 결론적으로 큰돈을 만지는 사람은 금리가 낮으면 부동산이나 주식과 같은 실물자산에 투자하는 것은 확실하나 승산이 있을 경우에만 주식시장으로 돈을 옮긴다는 것이다. 금리가 하락한다고 해서 무조건 주가 상승으로 이어지는 것은 아니다.

금리 변화가 회사 경영에 어떤 영향을 주나?

금리가 높으면 회사는 사업 확장을 꺼린다

돈을 빌려 쓰는 사람의 입장에서 판단해보면 금리 변화가 회사에 미치는 영향이 머릿속에 쉽게 들어올 것이다. 보통 회사는 돈을 예금하기보다 돈을 빌려 사업자금으로 활용하는 경우가 많기 때문에 금리에 매우 민감하다. 금리는 "회사가 신규사업을 할 것인가, 말 것인가?"를 판단하는 기준이 된다. "금리가 높다."는 말은 "돈을 빌리면 많은 이자를 지불해야 하므로 신규로 돈을 빌리는 데 부담스럽다."라고 해석해야 하고, "금리가 낮다."는 말은 "돈을 빌려 사업을 해도 이자를 갚기 쉬워 뭔가 해볼 수 있겠다."라고 해석하면 이해가 빠를 것이다.

금리를 올리면 이자 부담이 커지고 돈을 빌려 쓰기 힘들어진다. 회사 입장에서 높은 이자 부담은 아무리 벌어도 수익이 나지 않는 결과로 이어진다. 금리가 높을 때 신규투자를 하지 않는 이유가 된다. 적어도 이자를 지불하고도 남을 만큼의 장사를 해야 하는데, 그럴 자신이 없으면 사업 확장을 하지 않는 것은 당연하다.

남의 돈을 빌려 사업하는 일이 어디 쉬운가? 외환위기 때 도산한 기업 대부분이 돈을 무작정 끌어들여 사업을 확장했던 업체들이다. 금리가 20%(연간 기준)를 넘었으니 수천 수백억 원씩 빌려 쓴 회사는 이자가 엄청난 부담으로 다가와 이를 처리하기 힘들었다. 가지고 있는 부동산이나 자산이 많음에도 불구하고 이자 부담을 견디지 못해 부도를 낸 사례가 허다했다. 벌어들이는 돈은 꽤 되는데 갚아야 할 이자가 많아 도산하는 것을 흑자 도산이라 한다. '앞으로 남고 뒤로 밑지는 장사'를 한 셈이다. 흑자 도산을 하는 가장 큰 이유가 이자 부담이라면 금리는 돈을 많이 빌려 써야 하는 회사 입장에서는 아주 중요한 요소가 된다.

금리가 낮아지면 이자 경감분만큼 이익

금리가 내려가면 회사는 신규투자를 하면서 공장도 세우고 가동에 필요한 원자재도 사야 한다. 이로 인해 다른 회사의 팔리지 않던 원자재가 팔리고 설비 증설로 건설회사나 철강회사의 일거리가 자연히 생긴다. 낮은 금리가 회사의 이자 부담을 크게 줄여주면서 회사가 벌어들인 영업이익 가운데 이자 경감분만큼 이자로 빠져나가지 않고 이익으로 남는다.

매출 실적이 전년도와 같아도 이익은 자연스레 호전된다. 우리나라의 기업 중 30% 이상이 영업이익으로 이자 지불도 감당하지 못하는 현실에서 부채가 많은 회사엔 금리 변화가 매우 중요한 영향을 미친다는 사실을 알 수 있다.

회사가 벌어들인 영업이익으로 이자를 지급할 능력이 있느냐 없느냐는 이자보상배율로 판단하는데, 1 이하이면 영업이익으로 이자를 못 갚을 정도로 부실한 회사다. 신문에 이자보상배율에 대한 이야기가 나오면 신경 쓰고 봐야 한다.

또 자동차나 가전제품을 바꾸고 싶어했던 사람들은 금리가 내려가면 이자를 지불하고도 은행에서 대출받아 자동차나 가전제품 등을 바꾼다. 즉 금리 인하로 물건을 사려는 수요가 늘어나고 판매가 활발하기 이루어진다. 자동차 회사에서 판매가 부진한 기간에 무이자 할부판매를 실시하면 판매가 늘어나는 이치와 같다. 돈을 꿔서라도 물건을 구입함으로써 회사 재고가 점차 줄어들고 생산이 늘어나면서 회사 실적이 호전된다. 이렇듯 금리 인하가 소비욕구를 불러일으키면서 회사 실적을 좋게 하는 요인으로 작용하기도 한다. 산업 전반을 보더라도 한 산업의 활성화에 따른 파급효과가 관련 산업으로까지 영향을 미친다. 즉 금리 하락이 여러 관련 산업으로 퍼져 경기가 활성화되도록 돕는 것이다.

그렇다고 금리를 내린다고 해서 갑자기 경기가 좋아지는 것은 아니다.

금리를 내린다고 잘 팔리지 않던 물건이 날개 돋친 듯 팔리는 것도 아니다. 돈의 흐름에도 속도가 있듯 경기가 좋아지는 데도 얼마간의 시간이 걸린다. 주식시장도 급격히 좋아지는 것이 아니다. 경기가 좋아지는 속도만큼 주식시장도 호전된다. 서서히 좋아질 가능성이 크다.

금리가 인하되면 주식투자를 하는 것이 좋은가?

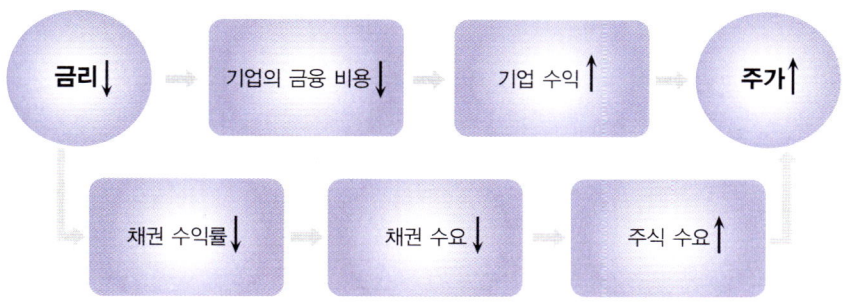

금리 변화는 경기회복 단계를 거쳐야 주가 상승을 유도한다

만약 금리 인하로 주가가 급격하게 상승했더라도 주식시장에 급하게 뛰어드는 일은 일단 참아볼 일이다. 금리 인하는 중장기적인 관점에서 경기 흐름을 천천히 변화시키는 것이지 갑작스레 바꾸지는 못한다. 오히려 추가적인 금리 인하를 단행해야 할 만큼 효력이 없는 경우도 있다. 기업의 수익 기반이 취약할 때 금리 인하가 물가만을 올려 장기적으로 주가를 떨어뜨리는 역효과 가능성도 유의해야 한다. 따라서 금리 효과는 경기 변화라는 중간 단계를 거쳐 주식시장에 영향을 미친다.

금리가 인상되면 "경기의 상승 속도를 조절하겠다"는 정부의 의지를 알아채야 한다. 주식시장은 상승한다는 기대가 없으면 급격하지 하락하는 속성이 있으므로 금리 인상으로 향후 경기가 하락할 것이라는 예측이 지속적으로 나온다면 일단 주식시장에서 손을 떼는 것이 좋다. "정부에 맞서지 말라"는 증시 속담이 있듯 정부가 금리정책을 시행할 때 그 의미를 간파하는 것이 급선무다.

2 │ 금리 인상과 주가 상승

일반적으로 금리와 주가는 반대 방향으로 시장에 작용한다고 한다. 금리가 올라가면 주가가 내려가고 금리가 하락하면 주가가 올라간다. 맞는 말이다. 하지만 그런 상황은 경기 사이클의 정점에서는 시장에 확실하게 작용하나 경기회복기를 거쳐 점차 경기가 활황이 되고 있는 중간 단계에서의 금리 상승은 주가 상승으로 이어진다. 금리 상승은 경기회복에 더한 정부의 자신감의 표현으로 이해해야 한다. 정부의 똑똑한 전문가들은 금리를 인상시켜 일부러 잘나가는 나라 경기를 위축시키는 우를 범하지는 않는다. 경기가 지나치게 우려할 만큼 좋아지고 있고 상승세가 너무 가파르기 때문에 금리 인상을 하는 것이다. 따라서 경기가 아직 정점을 이루고 있다고 판단되지 않는다면, 즉 앞으로 경기가 더 좋아질 것이라는 기대감을 가지고 있다면 금리 인상 발표는 확실히 주식 매수의 기회가 된다.

금리 인상이 발표될 시점이면 주가는 이미 올라 있을 것이고 주가가 많이 오른 상태에서 금리 인상으로 경기가 다소 주춤거릴 거라면 일부 기관투자가나 투자자들은 주식을 매도하고 싶어진다. 주식시장에는 조정이 오기도 하는데 그 기간은 대체로 짧다. 금리 인상을 발표해도 주가가 급격히 하락하지 않고 단기간의 조정으로 그치는 까닭은 기업의 실적이 워낙 좋아져서 차후 호황기를 누릴 시간을 기대하기 때문이다.

기업 실적과
주가

회사 실적은 주가에 어떤 영향을 미치나?

꿈이 있어야 주가가 상승한다

실적이 눈에 보이기 전에 주가는 미리 오른다. 즉 내년도의 실적이나 다음 분기에 실적호전이 예상되면 기대 심리 탓에 주가는 미리 상승한다.

해외 주식시장 중 가장 많이 상승하는 곳은 중국이다. GDP 성장률이 11% 이상을 유지하고 있는데 주식시장이 나빠질 리 만무다. 마치 우리나라 1970년대의 주가를 연상시킨다.

오르고 또 오르지만 어디가 끝인지 알 수 없다. 이 유는 무엇일까? 미래의 국가 성장력에 대한 확신 때문이다. 앞으로 중국 경제는 지속적으로 좋아질 것이라는 기대감 때문이다. 현재의 실적보다는 향후 실적에 대한 기대치를 현시점에서 반영하고 있는 것이다.

"주식은 꿈이 있어야 상승한다."고 한다. '꿈'은 '상승에 대한 기대'다. 막연히 "많이 빠졌기 때문에 이제는 오르겠지." 하는 편한 생각으로는 언제나 실망감을 느낄 뿐이다. 꿈이 있어야 상승하고, 또 그 꿈이 상승을 이어간다. 너나 할 것 없이 꿈을 키워가면서 매수에 가담하기 때문이다. 기대가 없다면 무엇이든 열심히 할 수 없는 인간의 심리와 같다. 실적이 호전되고 경기가 좋아지면서 더불어 '주가가 상승할 수 있다.'는 꿈이 있을 때 상승의 힘은 가속돼 투자자들이 더욱 몰려든다.

우리나라 주식시장에 비해 미국 시장은 실적에 대한 예상치에 굉장히 민감하다. 우리나라 투자자들이 생각하는 것보다 그 반응이 매우 예민하다. 그래서 소비자 신뢰지수나 고용지수와 같은 여러 지표 및 주요 회사들의 실적 발표에 신경을 곤두세운다. 발표 하나에 주가가 큰 변동을 보이니 우리나라 투자자들도 밤을 새우면서까지 발표 내용에 관심을 가질 수밖에 없다.

미국 시장은 어찌 보면 단조롭다. '실적 예상'과 '현실화된 실적'의 비교에서 '예상보다 좋아지면 상승', '예상보다 나빠지면 하락'의 공식이 성립한다.

2 | 성장성을 가진 회사의 주가가 상승한다

실적과 주가의 관련성에 대해 여러 의문점을 가지고 있다면 실제 상황을 검증해볼 필요가 있다. 실적이 좋아진 회사에 관심을 가지고 시간이 지난 후 그 회사의 주가 움직임을 살펴보면 "아, 그때 장기적인 안목을 가지고 투자할 걸……." 하고 아쉬워할지 모른다.

성장성과 수익성을 기본으로 가장 많이 오른 대표주인 SK텔레콤 얘기를 해보자. 1989년에 상장된 SK텔레콤의 상승 과정은 우리나라 주식시장에서 실적을 바탕으로 가장 오랫동안 큰 폭으로 상승한 종목이다. 이동통신 시장이 지금 같지 않던 1991년도에는 최저가 2,850원이었던 주가가 2000년에 507,000원을 기록하면서 9년 동안 177배의 상승을 기록했으니 주식투자로도 커다란 수익을 얻을 수 있음을 보여줬다. 매년 받은 배당과 유상증자를 포함하면 그 이상이다.

투자자들 사이에서는 주식을 매수하고 난 뒤 "주식을 출고해서 장롱 속에 깊이 묻어두자."며 하루의 주가 변동에 마음이 흔들리는 것을 다잡겠다고 생각하는 사람도 있었다. 우리 사주를 보유한 직원들은 특별한 사유가 발생해야 우리 사주를 팔 수 있기에 울며 겨자 먹기 식으로 주식을 가지고 있었는데 주식을 팔지 못해서 이득을 본 경우다.

휴대전화의 수요가 이렇게 폭발적으로 늘어나리라고는 상상하지 못했던 시절, 생활패턴 변화에 적합한 종목이었으리라. 당시 이동전화 분야에서의 독점적인 지위로 수익이 급상승을 그렸고, 자본금 449억 원의 회사가 당기순이익 1조 5,000억 원(2002년 기준)을 낼 만큼 급성장했다.

턴어라운드 기업이 크게 상승한다

주식시장에서는 상승 폭이 가장 큰 종목이 좋은 주식이다. 그러나 무턱대고 오르기만 하는 '묻지 마' 주식은 이익을 제대로 보고 있는지 아닌지 투자자도 모를 수 있다. 상한가로 진행하다가 어느새 하한가로 전락하기 십상이다. 돈은 되는 것 같지만 정말 불안하다. 주식투자자는 수익도 중요하지만 마음을 편히 가져야 시장에서 오래 버틸 수 있다. 버티면서 이익을 내면 더 이상 바랄 게 없다. 그런 점에서 안전하고도 등락이 큰 종목은 바로 '실적이 아주 나빴다가 호전되는 회사'다. 이른바 '턴어라운드 기업'이다. 'turn-around'라는 말은 '진로가 180도 바뀐다'는 뜻이다.

주식시장에서는 '기업 실적이 적자에서 흑자로 180도 돌아선다'는 의미로 '턴어라운드'라는 말을 사용하는데, 특히 경기가 좋아질 것이라는 기대감으로 약세장에서 강세장으로 변할 때 이 회사들은 위력을 발휘한다. 이때 턴어라운드 기업이 가장 높은 수익률을 보일 가능성이 크다.

만약 매매에 자신이 없다면 실적호전에 따른 주가 상승 모멘텀이 강하게 작용하면서 전년도 적자에서 올해 흑자로 전환하는 회사를 골라 '그냥 묻어두는' 중장기 투자를 하면 절대 손해는 보지 않는다.

주가는 항상 오르내리는데 이들 종목은 '상승 N자형'을 만들면서 움직이니 단기적인 매매 타깃으로 안성맞춤이다.

실적을 어떻게 주식투자에 이용하나?

1 | 추정 실적에 관심을 가져라

실적을 추정하고 확인해 종목을 선택하는 일은 생각만큼 쉽지 않다.

그러나 답은 가까운 곳에 있다. 실적에 대한 분석 자료는 곳곳에 있으며, 정리가 안 될 만큼 많다. 신문, 뉴스, 인터넷 정보, 그리고 증권회사 속보를 통해서도 제공된다. 증권회사에서는 분기별로 추정 실적을 정리해 발표하는데 이를 잘 이용하면 편리하다. 주식투자자는 이렇게 발표된 추정 실적을 살펴보면서 관심 종목을 선정하면 된다.

특히 기업 미래실적을 높여줄 수 있는 내용을 발표한 회사가 어딘지 열심히 찾아봐야 한다. "수급이 재료에 우선한다."는 증시 격언이 있지만, "실적이 좋아진다."는 말보다 꾸준하게 매수를 불러일으키는 더 좋은 재료는 없다. 기초를 튼튼히 지은 건물이 안정적이고 오래가는 것과 같은 이치다.

주가 상승에 즉각 반영되는 내용을 '호재'라고 하는데, '신제품 개발'이나 '좋은 거래선 확보로 인한 매출의 폭증'과 같은 호재는 그 기업의 수익모델을 창출할 수 있다는 기대감을 투자자에게 충족시켜주었을 때 주가가 힘을 받는다.

보통은 장중에 '호재성 재료'가 소문이나 뉴스로 알려지면서 장중에도 주가가 급등하기도 하지만, 하루 정도 그 소식을 접하지 못했다고 아쉬워할 것은 아니다. 왜냐하면 소문으로 급등했다가 다시 원상 복귀하는 모습을 무수히 보아왔으니까.

이럴 때는 차라리 조금 늦는 편이 낫다. 사실을 확인하고 매수해도 늦지 않다. 실적을 바탕으로 주가가 상승할 때는 하루 이틀로 그치지 않고 지속적으로 상승하기 때문이다.

2 실적이 좋아지는 기업을 수시로 찾아내자

자신이 투자하려는 관심 종목을 선정하기에 앞서 기업 실적 변화에 관한 얘기가 있는지 뉴스, 신문, 인터넷사이트 등을 모두 검색해봐야 하는데 뭐든 억지로 하려면 눈에 잘 띄지 않는다. "신문에 실릴 정도가 되면 주식을 매수하기에 너무 늦은 거 아니냐?" 하고 걱정하는 사람도 있지만, 그 정도로는 늦지 않다. 단지 하루 늦었을 뿐이다. 열심히 무엇인가 얻으려고 하는 사람에게 정보가 주어진다. 투자자 모두가 매일 연구하는 것은 아니니 너무 걱정할 것 없다.

편하게 인터넷 서핑을 하면서 증권전문 사이트에 접속하거나 모닝 커피 한잔 마시면서 경제신문을 뒤적여 '돈 될 만한' 정보를 찾아보면 된다. 우연하게 얻은 것이야말로 행운이다. 물론 자신이 노력한 결과다. 마음을 편하게 먹고 연구하는 것뿐이지만 실제로는 그것이 바로 땀의 결실로 이어진다.

이런 방법으로 정보의 바다 속에 숨어 있는 진주, 즉 실적호전 종목을 찾아내는 것도 재미있다. 만약 기업 실적 내용이 불확실하거나 더 궁금한 점이 있다면 그 회사의 주식담당자나 경리부에 전화를 걸어 알아보면

속 시원하다. 대부분 친절하게 가르쳐준다.

부진했던 실적이 갑자기 높게 나오거나 특별이익이 많이 발생하는 회사는 주의가 필요하고, 다시 내용을 확인해야 한다. 어떤 내용이든 숨기고 가르쳐주지 않는 회사는 일단 의심하고 투자대상에서 제외해야 한다. 일간지도 경제면을 확대해 자세한 기업정보를 제공한다. 상승하는 종목이 왜 상승했는가를 자세히 설명까지 달아놓는다. 주식이 오르거나 내리는 이유에 대해 설명하는 것은 참 어려운 일인데, 신문기자는 잘도 설명한다.

여기서 "실적호전이 기대되어서 올랐다."고 하는 기업을 관심 종목으로 선택하면 안심할 수 있다. 누군가 고른 종목에서 다시 선별하는 방법이니 어렵지 않다. 특이하게 움직인다며 사람들이 주목하는 종목에 관심을 가지면 된다. 이렇게 해서 실적호전을 기본으로 주식을 선별한다면 나쁜 주식, 즉 어떤 이유로든 급락하는 주식을 고르는 잘못을 저지르지 않는다. 일간지보다 경제신문이 회사에 대한 실적 정보가 자세하고 풍부한 것은 사실이다.

3 | 증권회사의 인터넷사이트도 좋은 정보의 출처

자신이 거래하는 증권회사 사이트에 들어가도 실적에 관한 많은 정보를 알 수 있다. 증권사에는 각 업종별로 회사를 분석하며 보고서를 쓰는 애널리스트가 따로 있어 그들이 제공하는 자료를 읽어보면 많은 도움을 받을 수 있다. 과거에는 비실명으로 누가 그 자료를 작성했는지 알 수 없었지만, 요즘은 분석 자료를 올리는 애널리스트의 이름이 실명으로 나온다. 물론 실력 차이가 있겠지만 애널리스트 자신의 이름을 걸고 정보를 제공하니 그만큼 신뢰도가 높을 수밖에 없다. 각 증권사의 유능한 애널리스트는 기관투자가나 외국인 투자자, 그리고 신문기자에게 자신이 만든 리포트를 보내줘서 투자에 활용하게 한다고 하니 좋은 자료는 언제나 증권회사에서 만든다고 해도 틀린 말은 아니다.

그러나 주의해야 할 점이 하나 있다. "향후 실적이 호전된다."고 주장한 리포트를 보고 주식을 매수했는데, 예상과 달리 주가가 상승하지 않고 곧바로 하락하는 경우다. 이런 경우 "당신의 분석 자료를 보고 주식을 샀는데, 왜 하락하느냐?"며 애널리스트에게 항의성 전화를 많이 한다고 한다.

리포트의 내용에 궁금한 점이 있거나 애널리스트의 예측과 크게 다르게 주가가 움직이면 직접 그 자료를 작성한 사람에게 전화를 걸어 물어보라. 글을 통해서는 알 수 없었던 뒷이야기를 애널리스트에게 직접 들어보는 것도 투자자의 마음을 정리하는 데 도움이 된다.

만약 회사 실적과 주가가 상반되게 움직이는 상황이라면 그것은 아직 시장에 그 내용이 반영되지 않았거나, 다 알려져 있는 사실로 이미 시장에 반영된 이후일 것이다.

"내가 산 주식의 회사 실적이 좋은데, 왜 주가가 안 오르느냐?"고 물어보면 답은 간단하다. "이미 주가에 반영되어 있으므로, 즉 주가가 그 기업의 가치만큼 올라 있어 향후 실적이 현재와 비슷하기 때문에 크게 오를 이유가 없다."는 것이다.

정확히 말하면 애널리스트는 '기업 실적을 분석해 향후 전망치를 내놓는 것'이지 매일매일의 주가를 분석하는 것은 아니다. "실적이 좋아질 것이다."라고 말한 것은 '오늘 당장 매수하라'는 뜻이 아님을 이해해야 한다.

주가의 일일 변동을 정확하게 예측하는 일은 누구도 불가능한 일이므로 회사에 대한 실적호전 여부를 판단하는 자료 정도로 생각해야 한다. 결론적으로 매매 타이밍을 잡는 일은 별개의 문제다

"주가는 기업의 미래가치를 먹고산다."고도 한다. 일반투자자는 전문적으로 조사활동을 하지 않으므로 회사의 내면을 깊이 알지 못한다. 시기적으로 조금 늦더라도 전문가의 말을 빌리는 편이 확실하다. 남의 머

리를 잘 이용하는 사람이 사업에 성공한다고 한다. 혼자서 모든 것을 해결해나갈 수는 없다. '주식투자가 사업'이라면 주변에 자기가 해야 할 기업탐방이나 실적 분석을 잘하는 사람을 가까이 둬야 사업에 성공할 수 있다. 참모를 잘 써야 한다. 그러니 모르면 애널리스트에게 자구 물어보라. '무릎에서 주식을 산다'는 기분으로 여러 리포트를 읽어보고 관심 종목을 발굴하면 투자의욕을 잃지 않게 된다. 만약 기업 분석까지 잘하는 만능선수가 되려면 아마도 십수 년은 걸릴 것이다.

4 영업이익과 매출 증가율이 가장 중요하다

실적에서는 어떤 사항을 봐야 할까? '손익계산서'와 '대차대조표'를 알면 좋지만 그게 쉽지만은 않다. 기업의 재무구조나 손익상태를 알 수 있는 머리 아픈 여러 사항 중에 몇 가지만 보면 손쉽게 그 회사의 실적호전 여부를 판단할 수 있다. 보통 여러 방법으로 회사 실적을 표기하지만 그 중 매출액과 영업이익이 가장 중요하다. 즉 장사를 잘하거나 이익을 많이 내는 회사의 주가가 오를 가능성이 큰 것이다.

여기서 "이익이 많이 나야 좋다"는 말은 누구나 쉽게 이해할 수 있을 것인데, "매출에 관심을 가지라"는 말은 한 번 더 곱씹어봐야 할 내용이다. 매출은 많되 이익이 적은 회사가 여럿 있기 때문이다.

매출이 없으면 이익이 많이 날 수 없다. 그런데 적은 매출로 많은 이익을 올렸다면 어딘지 이상하다. 혹시 그 회사가 부당이득을 취한 것은 아닌지 의심해봐야 한다. 아무리 부가가치가 높은 상품을 생산한다고 해도 물건을 많이 팔아서 이익을 남겨야지 적게 팔면서 많은 이익을 남겼다면 '영업기반이 취약하다'고 봐야 한다. 수요가 많은 상품을 만들어 파는 회사는 경기 부침에 상관없이 꾸준히 실적을 올릴 수 있다. '매출이 많다'는 것은 그만큼 수요가 많고, 더 안정적이라는 의미다.

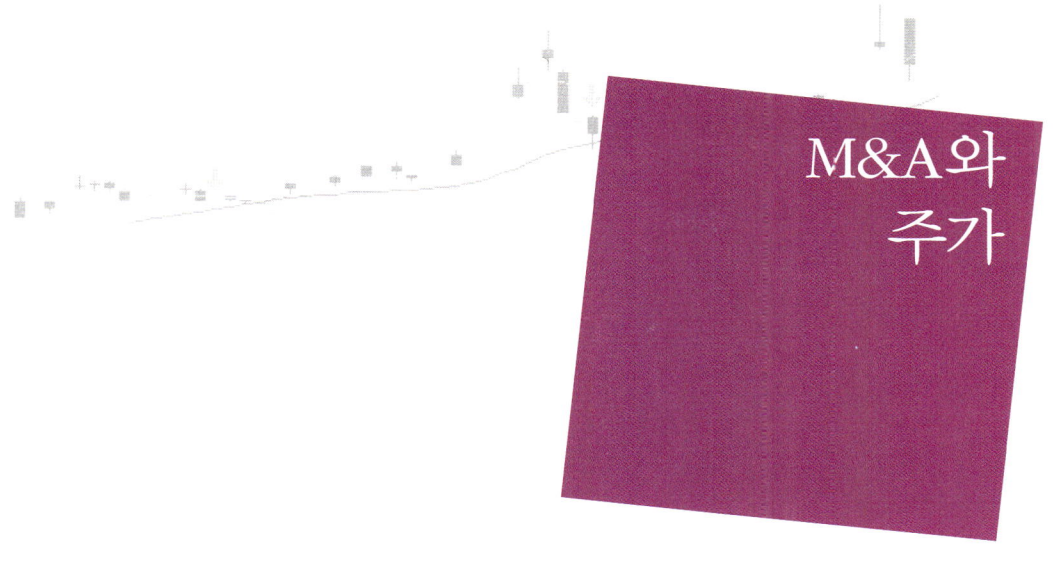

M&A와 주가

M&A는 주가에 어떤 영향을 미치나?

M&A는 최고의 주가 상승 재료

투자자의 입에 가장 많이 오르면서 인기를 끄는 주식을 이른바 '스타주'라고 하는데, 스타주의 반열에는 언제나 M&A 관련주가 들어 있다.

대중의 관심을 끄는 종목은 시대 흐름이나 경제 상황에 따라서 바뀌게 마련이다. 1990년대 자본시장의 개방으로 외국인 투자자가 좋아하는 '블루칩'이 시장을 주도한 적이 있고, 뒤를 이어 '저PER주 혁명'이라고 해서 실적과 재무구조가 우량한 회사가 급등하고 다른 일반 종목은 폭락하는 양극화 현상이 두드러진 시기도 있었다. '자산주'가 시장을 주름잡았던 시절도 있었고, 코스닥시장 개장으로 '인터넷 관련 업종'이 어디가 상투인지조차 모를 정도로 오르기도 했다. '사스'가 세계를 뒤흔들었을 때는 '제약주'가 큰 폭 상승했다. 이렇듯 스타주는 휘몰아치듯 나타났다가 사라지곤 하는데, 시대 변화에도 아랑곳하지 않고 늘 스타주로 탄생하는 부류가 있다. 바로 'M&A 관련주'다.

부동산이나 주식 거래는 수요와 공급의 힘겨루기에서 가격이 결정된다. 수요가 공급보다 많으면 가격이 올라간다. 즉 사는 사람이 확실하게 있으면 주가 상승은 당연한 일이다. 매수처가 있다는 사실 하나만으로도 팔려고 했던 마음을 접어버린다. 이는 매물 감소를 불러와 탄력적인 주가 상승을 가능하게 한다. 오르면 더 오르고 내리면 더 내리는 주가 움직임은 그런 심리에서 나온다.

주식을 가지고 있는 사람들의 팔려는 마음을 없애주는 내용은 내 주식을 누가 확실하게 비싸게 사주는 경우다. M&A 관련주란 그렇게 주식을 사고자 하는 사람이 있는 주식이다. 이런 수급 논리로 보면 M&A 관련주의 상승은 투자자가 주식시장에서 찾아야 할 영원한 테마다.

M&A는 인수합병

M&A는 관심을 가질 만한 대상이다. 다른 어떤 내용보다 중요하다. 곧바로 수익과 직결되므로 자세히 알아둘 필요가 있다.

M&A는 인수(Mergers)와 합병(Acquisitions)을 뜻하는 영어의 첫 글자를 따온 말이다. 'Mergers'의 사전적 의미는 '회사 간의 합병'이란 뜻이고, 'Acquisitions'는 '습득'이란 뜻이다.

M&A는 어떤 회사를 지배하기 위한 모든 형태의 거래를 말한다. 가장 쉽게 주식을 사들이는 방법을 쓴다. 주식시장을 통하는 방법과 주식시장 외에서 주식을 매입하는 방법 어느 쪽도 가능하다. 주식 이외에 자산을 획득하면서 지배하는 방법을 쓸 수도 있다. M&A에는 어떤 종류가 있으며, 어떤 방식으로 이뤄지는지 알아보자.

적대적 M&A와 우호적 M&A

적대적 M&A는 회사 입장에서 보면 자신한테 허락도 받지 않고 경영권을 넘보는 측에 맞서 끝까지 경영권을 유지하겠다는 의사를 가진 경우를 말한다. 적대적 M&A를 시도하는 측을 일러 '기업사냥꾼'이라는 표현을 쓰기도 하는데 상대 회사 경영진이 반대하는 경우다. 적대적 M&A를 당하는 측은 회사를 지키기 위해 다양한 방법을 동원한다.

M&A를 시도한 측의 지분을 되사거나 시장에서 더 많은 지분을 확보하기 위해 계열사와 공조를 취하기도 한다.

우호적 M&A는 인수대상 회사의 경영진이 상대의 M&A 행위에 대해 지지하는 것을 말한다. 자기 회사가 M&A 대상이 된 것에 대해 우호적인 태도를 보이는 경우다. M&A하려는 측이 공개적으로 주식을 매수하겠다고 공고하기도 하는데, 이때 회사 측에서는 주주들에게 적극적으로 공개매수에 응하도록 권유하기도 한다.

M&A는 어떤 식으로 이뤄지나?

시장매수, 공개매수, 지배주식 양도, 위임장 경쟁

M&A를 하기 위한 주식 취득은 주식시장 또는 시장 외에서 M&A 대상 회사의 주식을 거두어들이는 것인데 시장매수, 공개매수, 지배주식 양도, 위임장 경쟁이라는 네 가지 방법이 있다.

시장매수는 주식시장 내에서 일반투자자와 같이 거래하면서 주식을 사들이는 것인데, 주가에 상당한 영향을 미친다. 짧은 시간에 많은 주식을 매수하려면 높은 가격으로 주문을 낼 수밖에 없기 때문이다.

그렇다면 누군가가 주식을 매수하고 있다는 정보만 안다면 주가 상승을 기대할 수 있지 않을까? 보통 M&A는 그 회사의 잠재가치에 비해 주가가 현저히 낮아야 대상이 된다. 경영진의 잘못된 경영이나 대주주 지분이 적으면서 주식이든 토지든 자산이 많은 회사가 주 타깃이다. 하지만 일반투자자가 그것을 판단하기엔 정보가 뒤진다. 이럴 때는 우량한 회사인데 주가가 급락했다가 거래가 느는 종목에 관심을 가져야 한다. 주가는 사려는 사람이 많아야 상승할 수 있다. 사는 쪽과 파는 쪽의 힘이 팽팽할 때는 시세가 움직이지 않지만 어느 한쪽으로 균형이 깨질 때 힘이 큰 쪽으로 쏠리게 마련이다. 수요(M&A를 시도하려는 측)가 확실하다면 주가는 자연스럽게 상승한다는 사실을 이해해야 한다.

공개매수는 특정 기업을 인수하기 위해 주식을 시가보다 비싼 가격에 사겠다는 의사를 밝히는 것으로 적대적 M&A의 한 방법이다. 매수하겠다고 한 측은 매수 기간과 매수 가격을 공시한다. 공개매수는 대부분 시장가격보다 확실하게 비싸야 주식을 소유한 자가 받아들이기 때문에 현재 시세보다 높게 공개 매수하므로 이를 이용해도 좋다.

지배주식의 양도는 지배주주가 자신들의 보유 주식을 합의에 따라 이전하는 방법이다. 지배주식이란 회사 경영을 지배할 만한 대량의 주식군을 말하며, 보통은 의결권의 과반수를 뜻한다. 회사 주인이 합의에 따라 바뀌므로 소액주주에게는 선택 권한이 없다.

위임장 경쟁은 주주들의 의사를 묻는 방법으로 '위임장 투쟁'이라고도 한다. 일반적으로 투자를 목적으로 하는 소액주주들은 기업경영에 대한 의사결정보다 배당과 주가 차익에 더 많은 관심을 둔다. 하지만 경영권을 행사하는 대주주들이 주주총회에서 자신의 의사를 관철하려면 일정 이상의 투표권이 있어야 하는데, 이때 소액주주가 보유한 투표권을 위임받아 자신의 발언권에 포함시키려고 한다. 이렇게 소액주주의 투표권을 획득하기 위해 벌이는 대주주 간의 경쟁을 '위임장 경쟁'이라 한다. 이

제도는 실제 실행 과정에서 많은 비용이 들고, 지배권 취득에 이르기까지는 상대적으로 많은 기간이 필요하다는 점이 다른 M&A에 비해 단점으로 지적된다.

사전·사후 전략

사전 예방전략과 사후 방어전략이 있다. 사전 예방전략으로는 평소 대주주 입장에서 안정적 지분을 확보하는 일이다. 주식시장에서 누군가 M&A를 시도하고 있는지를 계속 확인하는 방법을 취한다. 만일 M&A가 진행되고 있다면 대주주는 이에 대응해서 자사주 매입이나 역공개매수, 백기사 전략 등을 펼치는 사후 방어전략을 펼 수 있다.

자사주 매입

자사주 매입은 "회사가 자사의 주식을 자기의 재산으로 다시 취득해 보관하거나 소각하는 것"을 말한다. 자사주 매입을 하는 경우는 일반적으로 해당 기업의 주가가 시장에서 저평가되어 있을 때, 주식가치 하락을 방지하거나 지분율을 높여 적대적 M&A 대상에서 벗어나려는 목적에서 이뤄진다. 또한 주주에게 배당금 지급 대신 그 자금으로 자사주를 매입함으로써 배당에 대한 주주 소득세를 피하거나 외부 투자자의 투자 기회를 줄여 M&A로부터 보호하려는 목적에서도 이뤄진다.

자사주 매입과 보유는 우리나라에서 가용한 대표적인 적대적 M&A 방어수단으로 쓰이고 있다. 자사주 매입을 하는 회사는 주로 우량주다. 이익을 많이 창출한 우량기업은 보유현금으로 자기 회사 주식을 사들여서 (자사주 매입) 유통물량이 자연스레 줄어들게 되는데 이렇게 자사주 매입으로 유통물량이 줄어들면 주가 상승 시에는 매물이 확실하게 줄어들어 다른 종목보다 탄력적으로 상승할 수 있다.

법적으로 자사주 매입은 제한되어 있다. 상법과 증권거래법이 서로 다른 해석을 하고 있는데, 상법에서는 주식 소각·합병 또는 영업양수·채권회수 등 극히 제한적인 경우에만 자사주 매입을 허용하고 있는 반면, 특별법인 증권거래법에서는 예외적으로 경영과 주가 안정을 목적으로 자사주를 매입할 수 있는 길을 터놓고 있다. 증권거래법에서는 M&A의 영향력을 인정해주는 셈이다. 특별법 우선의 원칙에 따라 자사주 매입에 대해서는 증권거래법이 우선 적용된다.

다만 증권거래법에서는 자사주 매입으로 주가 조작을 하지 못하도록 최대 총 발행주식의 10%까지, 이익배당 가능 한도(순자산에서 법정적립금을 차감) 내에서, 거래소시장을 통해, 매수 주문 직전일 종가에(2003년 8월 개장 중에도 자사주를 매매할 수 있도록 완화조치), 신고 수량의 3%(단 5,000주 이상)씩 하루에 매수 주문할 수 있도록 하고 있으며, 반드시 증권거래소와 금융감독원에 사전·사후 신고해야 한다.

백기사 전략

사후 방어전략으로 백기사(whitenight) 전략이 있다. 신문에 "포스코 백기사 기업에 주목해야 한다"라는 제목이 눈에 띈다. '백기사'란 무슨 뜻인가. 말 그대로 해석하면 '백마를 타고 온 기사'라는 뜻일 게다. '어려운 상황에 있는 누군가를 구해주는 사람'이라는 뜻인데 경제용어로도 활용되어 재미있다.

현금과 주식을 많이 보유한 회사가 대상

M&A는 증시의 영원한 테마라고 한다. 그만큼 주가에 영향력을 발휘하는 재료다. 특별한 재료가 없을 경우 툭 튀어나오는 소재이기도 하다. 심심치 않게 발표되고, 그 재료에 많은 투자자가 달려들어 주가가 일시에

백기사의 사례

2003년 SK와 소버린의 경영권 분쟁이 생겼을 때 국내 기관들은 SK 측을 지원했다. 국내 기관이 백기사 역할을 한 것이다. 2006년 KT&G에 대해서 세계적인 기업 사냥꾼인 칼 아이칸과 스틸 파트너스 연합이 적대적 M&A를 시도했는데 그 이후 신한지주와 상호 백기사 조약을 맺어 자사주를 서로 매입해주는 시도가 있었다. 또한 2007년 포스코의 경우 경영권 방어를 위해 관련 업종의 회사가 백기사 역할을 해주었는데 포스코 주식을 확보한 백기사 기업들의 기업가치가 높아졌다. 이는 포스코의 주가가 올라 주식평가익이 크게 발생하였기 때문인데 착한 일 해주고 돈도 버는 혜택도 누린 셈이다. 포스코 백기사 역할을 한 기업은 우리은행, 세아제강, 동국제강, 현대중공업 등 대기업과 문배철강, 대동스틸, 우경철강, 조선내화 등 포스코와 거래 관계가 있는 중소업체들이었다.

상승하기도 한다.

전문가들은 "M&A가 향후 한국 증시에서 가장 중요한 화두로 자리 잡을 것으로 보인다"고 입을 모은다. 기업 M&A 활성화에 대한 정부의 의지도 강하다. 왜 그럴까? 정부는 점차 재벌의 독·과점을 규제하려고 하며, 중소기업에 대한 재벌 지배력을 약화시키려고 하기 때문이다. 또한 기업 체질개선을 위해서는 외국인 투자자의 직접투자나 적대적 M&A도 허용하는 방향으로 가고 있어 더 활성화될 가능성이 높다.

그렇다면 어떤 회사가 M&A 대상이 될까? 시티그룹 글로벌마켓(CGM) 증권에서 조사한 바에 따르면 "시가총액 이상의 현금 흐름을 보유하고 있거나, 현금 수익률이 회사채 이자율보다 높은 기업들이 매력적인 M&A 대상이 될 것이다"라고 했다. "시가총액 이상으로 현금을 보유한 기업을 대상으로 한다"는 말을 쉽게 풀이해보면 그 회사 주식을 현재 주가대로 다 사들여도 보유 현금이 그 이상이기 때문에 M&A 대상으로 가치가 있다는 말이다.

즉, 발행주식 모두를 매수할 필요 없이 최대주주로 부상할 만큼만 주식을 사들이면, 그 회사의 경영권을 지배할 수 있게 되니 비싼 회사를 싼 값에 사들일 수 있는 방법이다.

또 "주당 장부가치와 최대주주 지분율, 높은 배당률 등을 기준으로 M&A 가능성이 있다"고 하는데, 주당 장부가치는 그 회사의 자산가치가 높은 회사, 최대주주의 지분이 적은 회사, 배당을 많이 주는 이익이 많이 나는 회사로 이해하면 된다.

해외시장과
각종 지표

우리나라 주식시장은 과연 미국의 영향을 받을까? '미국보다는 일본 증시에 가장 큰 영향을 받은 것'으로 조사되었다고 한다(2007. 3. 21 엠파스 뉴스). "일본 증시와의 상관계수가 0.65, 미국과의 상관계수는 0.6을 기록했다"고 하였는데 기록상 일본 증시가 우리나라에 영향을 준 것처럼 들린다.

하지만 그 내용은 일본이 우리나라에 직접적인 영향을 준 것이 아니라 '미국 시장의 움직임이 일본과 우리나라에 동시에 미친 것'으로 "일본이나 우리나라나 미국 증시 영향을 다음 날 동시에 받는다"라고 해석해야 한다. 미국과는 시차가 있어 우리나라 시간으로 밤부터 새벽까지 열리는 미국의 주가 흐름으로 다음 날 아시아시장의 행보가 결정된 날이 많았음을 알 수 있다. 이는 글로벌 유동성 확대에 따른 세계증시 동조화 현상의 결과다.

다우지수와 나스닥지수는 어떻게 다른가?

❶ 미국의 3대 지수

뉴스에 자주 나오는 다우지수, 나스닥지수, 스탠더드앤푸어스500지수에 대해 알아보자. 이것을 미국의 3대 지수라 부른다. 미국 시장은 우리처럼 하나의 시장으로 구성되어 있지 않다. 나라가 넓고 큰 만큼 증권거래소도 여러 개 있다. 뉴욕 증권거래소와 나스닥시장이 주류이긴 하지만 아메리칸 증권거래소와 시카고 증권거래소, 필라델피아 증권거래소, 캔자스시티 증권거래소 등 뉴욕뿐 아니라 다른 도시에도 증권거래소가 있다.

❷ 다우지수

다우지수는 '다우존스30공업지수'의 줄임말이다. '다우이론'으로 유명한 찰스 다우의 이름을 따서 다우존스라는 명칭을 썼다. 우리 주식시장이 거래소시장과 코스닥시장으로 나뉘어 있는 것과 달리, 미국 시장은 '다우'와 '나스닥시장'으로 나누어져 있지 않다. '다우'라는 별도의 시장이 따로 없다. 따라서 '다우지수'와 '나스닥지수'로 말해야 맞다.

'다우지수'는 뉴욕 증권거래소의 대표 핵심 블루칩 30종목의 등락을 지수화한 것이다. 우리나라 종합주가지수와 비슷하지만 우리의 종합주가지수가 '거래소에 상장된 전체 종목을 지수화'한 수치인 데 비해, 다우지수는 '뉴욕 증권거래소 대표 종목 30개를 지수화'한 것이다.

❸ 다우존스30산업지수

다우존스사가 발표하는 가장 오래되고 널리 인용되는 여러 시장지수 가운데 하나다. 다우존스산업지수(DowJones Industrial)는 개인투자자, 기관투자가들이 널리 보유한 30대 주요 핵심 기업들의 주식으로 구성된다.

이들 30대 주식들은 총 미국 주식의 시장가치(8조 달러 이상)의 5분의 1, 뉴욕 증권거래소에 상장된 주식가치의 4분의 1을 차지하고 있다. 나스닥의 인텔과 마이크로소프트가 다우존스에 편입되어 있고, 그 외 28개 주식은 모두 뉴욕 증권거래소에 상장되어 있다.

❹ 나스닥지수

1971년에 출범한 나스닥은 '컴퓨터망을 통해 거래되는 장외거래시장'이다. 나스닥시장에서 거래되는 종목은 인터넷 등 첨단 관련주나 벤처기업 주식들이 대부분이다. 전통 가치주가 대부분인 뉴욕 증권거래소와 다른 별도의 첨단 기술주 중심의 시장이다. 우리나라 '코스닥의 원조' 격이다. 투자 위험은 높지만 고수익을 추구하는 투자자의 구미에 맞는 시장이다.

나스닥지수는 나스닥시장에 상장, 거래되는 모든 국내·외 보통주 4,100개(2002년 말 기준) 이상의 주식을 포함한다는 점이 다우지수와 차이가 난다. 나스닥지수를 100으로 삼은 기준 시점은 1971년 2월 5일이다(참고로 우리나라 종합주가지수 100을 기준으로 삼은 시점은 1980년 1월 4일이다).

지수 산출방식은 나스닥 증시의 모든 보통주를 시가총액에 따라 가중치를 부여해 사용하는데(시가×총 주식량), 시가총액이 큰 시스코, 마이크로소프트 그리고 인텔의 움직임이 나스닥지수의 움직임을 결정한다고 보아도 된다. 나스닥의 거래방법으로는 MM(Market Maker) 시스템과 ECN(Electronic Communication Network)이 있다.

❺ 나스닥100지수

나스닥100지수는 나스닥지수를 간략히 줄인 것이다. 나스닥100지수는 컴퓨터 하드웨어·소프트웨어, 통신, 도·소매 무역, 생명과학 등 나스닥의 주요 종목 중 인텔, 마이크로소프트, 시스코 등 규모가 가장 큰 100개의 기업으로 만든다. 대형 기술주를 포함하고 있다.

나스닥100지수는 1985년에 처음 발표되었는데 나스닥의 상위종목들로 구성되어 있어 기술주의 움직임을 파악하는 데 유용하며, 하루의 주가 흐름을 파악하려고 할 때 스탠더드앤푸어스500선물과 함께 자주 활용된다. 나스닥지수와 94%의 상관관계를 가진다고 한다. 우리나라 코스닥과 지수 연관성이 높다. 보통 우리 투자자가 말하는 나스닥선물은 바로 CME(시카고 선물거래소) 나스닥100지수를 대상으로 한 선물이다.

❻ 스탠더드앤푸어스500지수

뉴스에는 주로 다우지수와 나스닥지수의 일일 변동에 대해 많이 보도하지만, 여기에 더해 빠지지 않는 지수가 스탠더드앤푸어스(S&P)500지수다.

미국 시장에는 워낙 많은 지수가 있어 스탠더드앤푸어스500지수도 미국 증시의 3대 지수에 포함된다는 것을 아는 사람이 드물다. 누가 그 많은 지수를 활용하나 의문이 들기도 한다.

스탠더드앤푸어스500지수는 세계적인 신용평가 회사인 스탠더드앤푸어스(Standard & Poor's)가 시가총액을 기준으로 대형주 500개를 업종별로 선정해서 구성한 지수다. 다우지수보다 많은 종목이 포함되어 있어 다우지수보다 미국 시장을 더 잘 나타내준다고 한다. 주로 광범위한 미국 주식시장 시세를 측정하는 기준으로 활용한다.

스탠더드앤푸어스500지수에 포함된 기업들의 주식은 뉴욕 증권거래소에서 거래되고 있으나, 정보통신 및 기술주 발달로 나스닥거래소에서 거래되는 주식 수가 점차 늘어나는 추세다.

스탠더드앤푸어스500지수보다 스탠더드앤푸어스500선물이 시장 상황을 더 잘 표현한다고 한다. 기관투자가와 전문투자자가 시장 판단 기준으로 스탠더드앤푸어스500선물을 많이 본다고 하니 미국 시장을 전망할 때 한 번 더 관심을 가질 만하다. 우리 시장과 비슷하게 스탠더드앤푸어스500선물이 스탠더드앤푸어스500지수보다 낮다면(백워데이션 상태가 되면) 향후 시장에 대해 비관적인 생각을 하는 기관투자가가 많다고 생각하면 된다. 지수 이름 뒤에 붙은 '500'은 '해당 지수에 포함되는 종목이 500개'라는 뜻이다. 이따금 지수 이름 뒤에 숫자가 등장하는데, KOSPI200처럼(KOSPI200은 거래소의 대표 종목 200개를 지수화한 것) 지수에 포함되는 종목 수를 뜻한다.

스탠더드앤푸어스100지수는 스탠더드앤푸어스500지수에 포함된 500종목 중 상위 100종목으로 구성한 지수다. 나스닥100지수와 함께 선물거래에 활용된다.

2 우리가 관심을 가져야 할 지수는?

❶ 필라델피아 반도체지수

3대 지수에 속하지 않지만 우리가 관심을 가져야 할 지수가 있다. 필라델피아 반도체지수다.

필라델피아 반도체지수는 필라델피아 증권거래소(PHLX)에서 거래되는 반도체의 설계, 유통, 제조, 판매와 관련된 미국의 16개 기업들로 구성되어 있다. 1993년 12월 1일을 기준 시점으로 200개로 시작해, 1995년 7월 24일 2 대 1의 분할을 실시했다. 우리나라 삼성전자를 비롯한 반도체 관련주의 상승과 하락에 영향을 주는 지수다. 다우와 나스닥이 동반 상승했다고 하더라도 필라델피아 반도체지수가 하락하면 우리나라 반도체 관련주는 맥을 못 춘다. 반도체산업은 어느 나라에 국한되지 않고 세계가 한 단위로 움직이기 때문이다. 특히 삼성전자의 D램 세계시장 점유율은 28%(2007년 기준)로 세계 1위 자리를 차지하고 있어 더욱 그러하다. 삼성전자뿐만 아니라 중소형 반도체 관련주 역시 영향을 받는다.

필라델피아 반도체지수의 움직임을 알면 우리 반도체 산업의 흐름을 이해하는 데 도움이 된다. 미국 시장이 하락했다고 하더라도 필라델피아 반도체지수가 상승했다면 "종합주가지수는 조금 하락할 것 같은데, 반도체주는 괜찮을 것 같다"고 기대할 수 있다.

그 외 반도체지수로는 편입 종목 31개로 가장 광범위하게 반도체 주가를 반영하고 있는 골드만삭스 반도체지수와 메릴린치 반도체홀더스(편입 종목 20개)가 있다.

❷ 러셀지수

'중소형주'를 중심으로 하는 지수가 따로 있다. 바로 러셀지수다. 러셀지수는 '러셀3000', '러셀2000', '러셀1000지수'로 나뉜다.

시가총액 1억 달러 이하인 중소형 주식들을 중심으로 하는 '러셀3000지수'가 있고, 이 러셀3000지수에 포함되는 종목 중 시가총액 89%를 차지하는 1,000대 기업을 선별해 지수화한 '러셀1000지수', 이 러셀1000지수의 시가총액 35%를 차지하는 800대 기업을 추려 만든 '러셀2000지수'가 있다. 그러니 러셀2000지수가 핵심 중소형주를 대표한다고 할 수 있다. 재미있는 사실은 러셀2000지수의 2000은 중소형 종목 800개를 대상으로 하므로 2000종목이 아니다. 러셀1000지수는 중소형 대표종목 1,000개를 대상으로 한 것인데, 러셀2000지수는 그것을 간추린 800종목으로 만든 지수다.

강세장일 경우 대형주와 고가 우량주는 상승률에서 아무래도 중소형주를 따라갈 수 없다. 특히 경기가 회복되는 과정에서는 일반적으로 실적호전이 예상되는 중소형주가 급격히 상승한다. 미국 시장에서도 상승으로 전환되는 시점에서는 러셀3000지수가 다우지수와 나스닥지수를 훨씬 앞지른다.

이외에도 미국 시장에는 아멕스종합지수, 골드만삭스 소프트웨어지수, 골드만삭스 인터넷지수, 모건스탠리 하이테크35지수, CBOE 게임 지수 등이 있다.

미국 시장에서 영향력 있는 경제지표에는 무엇이 있나?

❶ 예상 실적과 발표 실적의 차이가 주가를 변동시켜

'경제지표'와 '실적'이 미국 시장을 움직이는 주요 요소다. 월별, 분기별로 발표되는 경제지표의 내용에 따라 다우지수와 나스닥지수가 오르내리고, 각 기업의 실적으로 인해 주가가 춤을 춘다. 그리고 발표된 실적이 좋았다고 하더라도 예상 실적 기준에 미치지 못하면 주가는 하락한다.

이런 현상은 "실적이 좋아질 것이란 예상, 즉 추정 실적이 좋았다면 이미 주가가 상승했을 것이고, 그 예상에 실적이 미치지 못했다면 상승했던 주가는 거품이기 때문에 실제 현실화된 실적 가치만큼 다시 하락해야 한다"는 논리에 근거한다. 이런 식으로 미국 주가는 이유를 가지고 움직인다. 그냥 오르거나 내리는 법이 없다. '재료', 즉 수치화된 '경제지표'와 수치화된 '실적(예상 실적 대비)'에 빠르게 반응한다.

미국 시장에 참여하는 투자자는 기본적인 경제지식을 가지고 있어야 오래 버틸 수 있으며, 경제지표를 빨리 알아내야 시장의 변화에 대처할 수 있다. 우리나라도 점차 '지표'와 '실적'에 근거하여 투자하려는 경향이 있지만 아직은 대부분 육감이나 경험으로 판단하는 데 익숙해져 있다. 그에 비해 미국 투자자는 어떤 기준을 가지고 사물을 바라보려고 한다. 그들은 우리보다 한 단계 업그레이드된 주식투자를 하고 있는 셈이다. 그것이 틀린 말이라고 하더라도 주식 세계의 전반적인 흐름이다.

'경제지표'로는 경기회복 여부를 판단하고, '기업수익' 발표 내용으로는 기업의 실적호전 가능성 여부를 판단하여 투자하려는 미국식 투자방식을 받아들이려면 우리도 미국 경기에 영향을 주는 경제지표를 알아야 한다. 어떤 경제지표가 주식시장에 영향을 미치는지 알아두면 미국 시장에 대한 소식을 접할 때 좀더 쉽게 이해할 수 있다.

"미국 주식이 왜 오르고 내리는가?" 하는 이유를 알고 싶은 투자자라면 발표되는 경제지표의 내용이 무엇인지, 언제 발표하는지, 어떻게 시장에 반영되는지 천천히 그리고 세밀하게 살펴보면서 미국 시장을 분석하면 된다. 미국 시장을 한꺼번에 알려고 들지 말고 친구처럼 이해하고 친밀하게 느끼도록 말이다.

❷ 소비자 신뢰지수

미국 경제를 최장기 호황으로 이끌어온 주역인 전 연방준비제도이사회(FRB) 의장 그린스펀이 금리 등 통화정책을 결정할 때 가장 관심을 두는 경제지표 중 하나가 '소비자 신뢰지수(Consumer Confidence Index)'라고 한다.

소비자 신뢰지수는 미국의 대표적인 민간 경제연구소인 컨퍼런스 보드(Conference Board)에서 집계하는, 소비자가 보는 미국 경기에 대한 기대감을 나타낸 지표다. 설문자 자신 및 주변 사람의 과거와 현재의 고용상태, 수입과 소비지출에 대한 내용을 조사한 것이다.

소비자의 낙관 또는 비관은 직접적으로 지출과 경제에 영향을 미친다. 소비자 신뢰지수가 소비지출에 대한 선행지수 역할을 하기 때문인데 경기 변곡점에서 투자자들이 유의해서 봐야 할 지표다. 그러므로 소비자 신뢰지수는 선행지표라 할 수 있다.

　미국에서는 두 가지 소비자 신뢰지수가 발표된다. 하나는 미시간 대학의 소비자 신뢰지수이고, 다른 하나는 컨퍼런스 보드에서 발표하는 소비자 신뢰지수다. 컨퍼런스 보드에서 발표하는 소비자 신뢰지수는 발표한 달에 대한 소비자들의 경기 전망이 아닌 그 전달의 전망치를 나타내며, 선행지수로서의 의미는 그리 크지 않다. 관심 있게 봐야 할 지표는 미시간 대학의 소비자 신뢰지수다.

　그리고 미국의 소비자 신뢰지수는 우리나라 통계청에서 매달 18~20일에 발표하는 소비자 기대지수와 성격이 비슷하다. 우리나라의 소비자 기대지수는 6개월 후의 경기, 생활 형편, 소비지출 계획 등에 대한 인식을 조사한 것으로 앞으로의 소비 동향을 나타낸다.

　기업들에 대한 경기 전망을 보여주는 기업실사지수(BSI)와 함께 향후 경제 동향을 파악하는 데 유용한 지표이므로 기억해둬야 한다.

❸ 공급자관리협회의 제조업지수

　공급자관리협회(ISM) 제조업지수는 공급자관리협회에서 회원들에게 앞으로 제조업 경기가 좋아질 것인지 나빠질 것인지 의견을 묻는 제조업 경기의 예상 지표다. 응답자의 100%가 좋다고 말하면 100, 50%가 좋다고 말하면 50, 한 명도 좋아지지 않을 것이라고 답하면 0이 되는데 이 지수가 기준치(50)를 넘어서면 경기확장 국면, 50을 밑돌면 경기수축을 의미한다. 이 역시 경기선행지수다.

　그러나 발표된 수치를 단편적으로 판단해서는 안 된다. 50 이하이면 경기수축이 예상되므로 주가가 떨어지고, 50 이상이면 주가가 상승하는 것은 아니다. 50 이하라도 전달보다 높아졌거나, 월가의 예상보다 높은 경우 경기회복 기대감으로 시장에는 상승 쪽으로 반영된다. 단순 수치로 판단할 것이 아니라 예상치 또는 전달과 비교해서 상승하느냐 하락하느냐에 관심을 가져야 한다. ISM제조업지수는 소비자 신뢰지수보다 앞서 움직이는 선행지표다. 주식시장에 가장 민감하게 반영되는 중요한 지표이므로 꼭 알아둘 필요가 있다.

그리고 금융, 소매, 건설 경기를 말해주는 공급자관리협회 서비스업(비제조업)지수가 제조업지수와는 별도로 발표된다. ISM서비스업지수는 ISM비제조업지수라고도 하는데, 미국 내 소매업체 · 금융서비스산업 · 비제조업 기업들의 체감경기 정도를 나타낸다. 서비스산업은 미국 경제에서 가장 큰 규모를 차지하지만 제조업지수보다 경기 상황을 긴감하게 반영하지 못하고 제조업지수의 변동이 있고 난 이후에 변화하는 것이 보통이어서 ISM제조업지수가 ISM서비스지수보다 시장에 더 큰 영향을 미친다. 제조업지수와 서비스업지수를 혼동해서는 안 된다.

다만 고용지표의 악화와 금리 급등세 등 다른 요인이 더 크면, 경제지표가 호전되었다고 발표되더라도 시장에 미미한 영향을 미친다. 경제지표에 대해서도 단지 수치의 절대적 개선 여부가 아닌 시장의 기대치 충족 여부가 투자자들의 판단 기준이 된다.

❹ 노동시장 지표

미국 노동시장의 3대 지표에는 '비농업 급여대장'과 '실업률', '취업자 평균시간당 임금'이 있다. 비농업 급여대장은 새로 생겨나고 있는 비농업 분야의 직업 수와 없어지고 있는 직업 수를 기록한 보고서인데, 비농업 분야의 직업이 많이 생기면 그만큼 경제활동이 왕성하다는 의미다.

실업률은 직업을 구하려는 실업자를 계산한 수치를 전체 노동력 대비 퍼센트로 나타낸 것이다. 경기가 활성화되었다면 실업률이 낮아져야 정상이다. 취업자 평균시간당 임금은 평균시간당 임금의 수치 변화를 통해서, 임금 상승은 소비심리를 불러일으킬 수 있는 지표로 판단할 수 있다. 이러한 노동시장의 지표도 경기의 활황과 침체를 이해하는 데 도움이 된다. 미국 증시에 큰 영향을 미치고 있는 지표이므로 관심을 가질 필요가 있다.

그러나 노동시장 지표는 현재의 경제상황에 따라 고용시장 상황을 반영하기 때문에 경기순환에 다소 후행적이라는 성격을 가진다. 그런데도 주식시장에는 상당히 큰 영향을 준다. 왜 그럴까?

비록 이 지표가 경기후행지표이지만 '고용은 경제활동의 결과'라고 생각하면 이 지표가 왜 주식시장에 영향을 미치는지 금방 이해할 수 있다. '경기회복이 얼마나 현실적으로 되고 있느냐'는 실업률과 비농업 급여대장을 보고 판단할 수 있다. 고용 확대가 되지 않았다면 '경기가 더 확장하지 못하고 하강하고 있다'는 뜻이며, 이런 사실이 투자자로 하여금 경기에 대한 확신을 가지지 못하게 해서 주식시장에 나쁜 영향을 미치는 것이다. 매달 첫째 금요일에 노동통계부서에서 발표한다. 또 미국 노동부가 발표하는 주간 실업수당 청구건수가 있는데, 실업자가 늘어날 가능성이 있는지의 여부를 판단한다. 일반적으로 40만 건이 넘으면 노동시장이 경직됐다는 것을 의미한다.

⑤ 생산자 가격지수, 소비자 물가지수

생산자 판매가격을 기준으로 작성하는 물가지수가 상산자 가격지수(PPI, Producer Price Index)이다. 이는 제1차 도매상의 판매가격에 따라 작성되는 도매 물가지수와는 다른 것으로, 생산자 가격의 동향을 측정하는 동시에 현재의 물가를 과거와 비교할 수 있는 ㅈ수다. 생산자 가격지수는 곡물과 에너지를 빼고 산출하는데, 이들 항목은 계절·시간에 따라 크게 달라지기 때문이다. 생산자의 가격 변화는 소비자의 소비 성향에 의해 결정되므로 현재의 경기에 뒤처지는 후행지표가 된다. 노동통계부서에서 매달 중순경에 발표한다.

소비자 물가지수(CPI, Consumer Price Index)는 소비자가 구입하는 상품이나 서비스의 가격 변동을 나타내는 지수다. 도매 물가지수와 함께 일상생활에 직접 영향을 주는 물가 변동을 추적하는 지표 가운데 하나다. 소비자 물가지수는 가장 중요한 지표 중의 하나인데 급여, 사회 치안 비용, 기타 연금의 산정을 소비자 물가지수에 근거를 두고 있기 때문이다. 변동성이 큰 원유, 음식료품 가격을 제외한 소비자 물가지수를 핵심 소비자 물가지수라 하는데 보통 '코어지수'라고 한다. 노동통계부서에서 매달 중순경에 발표한다. 생산자 가격지수가 소비재 이외 기업 간에 거래되는 상품의 가격 변동에 초점을 맞춰 기업이 구입하는 재화를 모두 포함해 산출하는 지수라면, 소비자 물가지수는 소비자의 구매력 변화에 초점을 맞춰 가계의 소비지출 품목을 대상으로 한다는 점이 다르다.

생산자 물가와 소비자 물가의 상승은 기업들이 이윤을 확대할 수 있는 여건을 조성해주고 있다는 표시이므로 경기 침체기엔 경기회복 가능성을 알려주며, 경기확장 국면에서는 과열 및 냉각 정도를 알려주는 지표로 활용된다. 소비자 물가가 급등하면 본격적인 인플레 시대로 접어든다는 징후다.

❻ 국내총생산

국내총생산(GDP, Gross Domestic Product)은 국내에서 일정기간 내에 발생한 재화와 용역의 순가치를 생산 측면에서 파악한 총 합계액이다. 국내 경기가 활황인지 침체인지를 판가름하는 포괄적인 지표로 활용된다. 다만 현재와 같은 글로벌 경제를 평가하는 데에는 무리가 있다. 국내총생산에 의해 측정되는 경제 추세는 장기적인 성격을 띤다. 미국 통상부는 GDP를 매 분기마다 발표하며, 지난 3개월간의 누적분을 계산하는 후행지표다. 국내총생산이 높은 성장률을 기록하면 경기 회복이 가시화되고 있다는 표시다.

⑦ 내구재 수요보고서

내구재는 승용차·컴퓨터·에어컨·냉장고·무선전화기·가구 등을 말하며, 의류 등은 준내구재, 음식료품 등은 비내구재라고 한다.

내구재 수요보고서(Durable Goods Orders Report)는 기업의 설비투자 심리를 나타내는 것으로 소비자의 내구재 수요가 늘어나면 기업은 이에 따라 생산량을 늘린다. 그래서 내구재 수요가 늘어나면 경기회복이 진행되고 있다는 표시다. 미국의 제조업 경기 및 기업 투자와 관련해서 매우 중요하며 선행지표로 활용된다. 특히 자동차를 포함한 운수장비업종과 PC부품 등의 IT산업, 전기전자 업종의 회복을 기대할 때 참고하면 유용하다.

특히 내구재 수요 중에서 비국방자본재(non-defense capital goods)에 대한 수요가 중요하다. 국방에 필요한 내구재 수요는 직접적으로 경기 상황과 무관하기 때문이다. 미국 통상부에서 발표하는데 3개월 연속 상승해야 신뢰할 수 있다. 소비자 신뢰지수, 고용지표와 함께 주식시장에 영향을 주는 지표다.

나스닥선물은 어떻게 보나?

① 나스닥100선물과 스탠더드앤푸어스500선물

시카고 선물거래소에서 거래되는 것에는 스탠더드앤푸어스500 주가지수선물, 나스닥100 주가지수선물이 있다. 다우지수선물은 없으니 유의하자.

우리와 거래 시스템에서 차이가 나는데, 실시간 거래라 해서 오전 8시 30분부터 오후 3시 45분(미국 시간)까지는 장중에 나스닥100선물과 스탠더드앤푸어스500 주가지수선물이 거래된다. 장 마감 후에는 글로벡스2가 전자거래시스템으로 오후 3시 15분부터 오전 8시 15분(미국 시간)까지 다시 거래된다. 우리나라에서는 선물거래가 장중에만 가능하지만 미국에서는 장 종료 후에도 거래되는데 실제로는 24시간 내내 이뤄진다.

우리가 장중에 볼 수 있는 스탠더드앤푸어스500 주가지수선물과 나스닥선물은 미국에서 장 마감 후에 거래되고 있는 스탠더드앤푸어스500 주가지수선물과 나스닥100 주가지수선물이다.

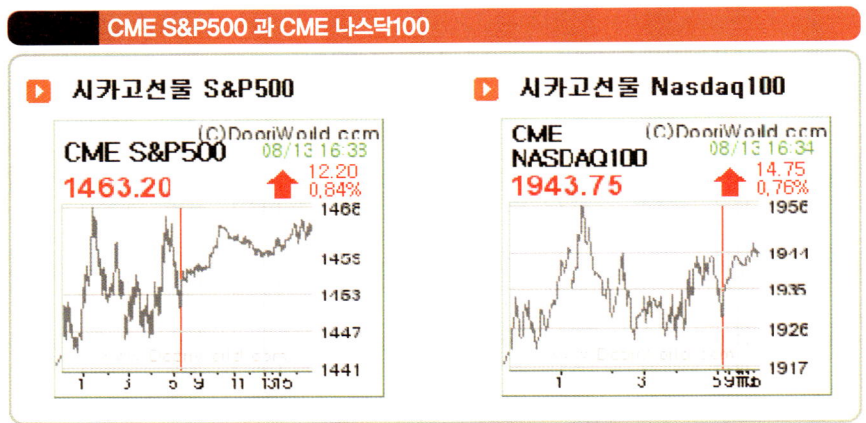

CME S&P500 과 CME 나스닥100

② 나스닥선물의 만기일

이들은 만기일이 3/6/9/12월 셋째 주 목요일로, 우리나라 3/6/9/12월 둘째 주 목요일과 차이가 난다. 거래 단위를 보면 스탠더드앤푸어스500 지수선물은 1계약에 250달러이며, 나스닥100 지수선물은 1계약에 100달러다. 나스닥100선물은 편입 종목의 51%가 컴퓨터 업종, 22%가 이동통신업체, 9%가 바이오테크 업종으로 전체 구성 종목의 82%가 첨단 기술주이며, 마이크로소프트·MCI·인텔·시스코·오라클·델 등 첨단기술 업종의 대표주를 모두 포함하고 있어 우리 시장과 관련성이 크지만 전체 시장의 흐름은 스탠더드앤푸어스500 주가지수선물로 파악하는 것이 낫다.

5 ｜ 중국의 주식시장

2007년 상반기를 정점으로 2008년 이후에는 급하게 올랐던 경제성장률이 다소 떨어질 것으로 예상한다. 그 이유는 중국 정부의 의지다. 정부는 9% 내외로 장기 경제성장을 유지해가고 싶어하는데 너무 과도한 성장을 하게 된다면 인플레이션과 물가 상승의 후유증으로 급작스러운 경기 침체가 발생할 수 있기 때문에 속도를 조절할 것으로 보인다. 베이징 올림픽 이슈로 인한 투자 수요도 경제성장률에 일정 부분 반영된 것으로 판단되므로 2008년 이후에는 성장 속도가 떨어질 것으로 보이며 주식시장도 급등락을 거듭하면서 서서히 상승할 것으로 예상할 수 있다.

올림픽 이후의 중국 경제에 대해서는 중국 투자자 모두가 관심을 가지고 있다. 일정 부분 우려가 있는 것도 사실이다. 다만 중국 경기의 경착륙 가능성은 크지 않다. 실제로 중국 경제는 정부의 정책이 강력하게 반영되기 때문에 정부가 어떻게 나오느냐에 촉각을 세워야 한다. 베이징 올림픽은 중국의 성장을 완성시키는 일종의 보너스다.

올림픽 이후 중국 경제성장률이 다소 둔화되겠지만 여전히 9~10%대의 성장이 향후 5년 이상 유지될 것으로 판단된다. 여기에서 가장 주의 깊게 살펴봐야 할 것은 자산가격 버블에 대한 가격 불안정성이다. 중국의 증시나 부동산 시장에 급격한 조정 양상이 나타난다면 이는 사회 전반 및 금융기관의 부실로 확대될 수 있는 부분이기 때문에 중국 정부 역시 가장 예의주시하고 관리하는 부분이다. 실제 급격한 가격 상승으로 인한 일정 정도의 가격 조정 리스크는 항상 내재되어 있으므로 지속적인 상승보다는 크게 박스권을 형성하면서 여러 차례 상승 시도를 할 것으로 보인다.

6 중국 시장의 구성

중국에는 상하이 증시와 심천 증시가 있다. 양쪽 모두 A시장과 B시장으로 구분돼 있다.

A시장은 중국 사람만이 거래할 수 있고, B시장은 외국인 전용 시장이다.

B시장에선 위안화가 아닌 달러(상하이 증시)나 홍콩달러(선전 증시)로 매매대금을 결제한다.

한국 개인투자자들이 인터넷으로 사고파는 중국 주식도 모두 B시장 종목들이다.

문제는 A시장과 B시장에 상장된 종목이 다르다는 점이다. 상하이 A시장에는 857개 종목이, 심천 A시장에는 644개 종목이 상장돼 있다. 그러나 B시장 상장 종목은 상하이가 54개, 심천이 55개다. A시장에는 중국의 우량 종목인 국영기업들이 상장돼 있지만 B시장은 민영기업이 대부분이다. 게다가 B시장은 상장주식 수도 적다. 그렇다고 외국인이 A주식을 사지 못하는 것은 아니다. 'QFII(Qualified Foreign Institutional Investor:적격 외국인 기관투자가)제도'를 도입하여 정부 허가를 받은 외국 기관투자가들은 A주식을 살 수 있도록 했다.

2007년 현재 52개 외국 기관투자가가 QFII 승인을 받았는데 이들이 살 수 있는 A주식의 총량은 100억 달러어치로 묶여 있다고 하니 외국인의 영향력은 아주 미미하다. 상하이 증시의 시가총액은 3조 6,000억 달러가 넘는다.

그렇기 때문에 어쩔 수 없이 외국인 투자자는 홍콩 증시를 통해서 중국 주식에 투자하게 되어 있다. 홍콩 증시에 상장되어 있는 중국 기업을 H주

	상하이거래소		심천거래소		홍콩거래소
	A주식	B주식	A주식	B주식	H주식
상장 종목 수	857	54	644	55	144
중국인 투자가능 여부	가능		가능		가능
외국인 투자가능 여부	불가(QFII 가능)	가능	불가(QFII 가능)	가능	가능

중국/홍콩 시장 분류

홍콩거래소	메인보드	937개 종목 상장
	H주	중국 본토 기업 중 기간산업 등 핵심 블루칩으로 구성됨. 84개 종목 상장. 메인보드에 포함
	레드칩	중국 본토 기업 중 첨단산업 등 핵심 블루칩으로 구성됨. 86개 종목 상장. 메인보드에 포함
	GEM	Growth Enterprise Market. 코스닥처럼 IT 등 벤처기업들이 대부분
상하이거래소	A	내국인 및 QFII만 거래 가능. 857개 종목 상장
	B	외국인 전용 시장. 54개 종목 상장
심천거래소	A	내국인 및 GFII만 거래 가능. 644개 종목 상장
	B	외국인 전용 시장. 55개 종목 상장

라고 한다. H주 시장이 따로 있는 것이 아니라 홍콩 시장의 메인보드에 포함된다. H주는 외국인의 투자금액에 제한이 없다. 따라서 대부분 외국인 투자자들은 홍콩 증시를 통해 중국 주식에 투자한다. 페트로차이나, 차이나모바일, 건설은행 등 중국을 대표하는 우량주들이 대부분이다. 국내 차이나펀드의 대부분이 홍콩 증시에서 H주식에 투자하고 있다. 아직까지 한국펀드는 QFII 자격을 취득한 곳이 없어 중국 증시에서 직접 주식을 사는 것이 불가능하기 때문에 A시장에 투자할 수 있는 펀드(예를 들어 양쯔펀드)에 재투자하는 형식으로 A시장에 투자하는 펀드도 생겼다.

새로운
ELW 투자

ELW는 특정 주식을 사전에 정해놓은 가격 및 만기일에 맞춰 거래할 수 있는 권리가 부여된 증권으로, 상품구조는 주식옵션과 동일한 구조이지만 매매는 주식처럼 투자할 수 있다. 유럽과 홍콩, 싱가포르 등 투자 선진국에서는 제3의 투자수단으로 폭발적인 인기를 누리고 있으며, 고가 우량주를 소액으로 투자할 수 있을 뿐만 아니라 상승장과 하락장 어디에나 수익의 기회가 존재한다. 주식워런트 증권시장에서는 콜주식워런트증권(Call ELW)은 콜옵션, 풋주식워런트증권(Put ELW)은 풋옵션과 동일한 구조를 가지고 있다.

코스피200 선물지수에 대한 옵션거래를 이해했다면 쉽게 ELW를 이해할 수 있다. 주식처럼 거래할 수 있으며 만기에 권리행사를 할 수 있지만 만기 전에도 매수하거나 매도할 수 있다. 만기에도 권리를 행사할 수 있다. 적은 금액으로 고수익을 실현할 수 있지만 손실 위험도 그만큼 크다.

옵션과는 달리 증거금 및 최소 증거금이 필요하지 않다. 주식 계좌로 매매가 가능하다. 옵션과 다른 점은 LP공급자가 원활한 거래를 위해 호가 제시를 하여 매매하기가 수월하지만 호가 공백이 있어 싼 가격에 매수하고 비싼 가격에 매도하기에는 쉽지 않다. 주가의 급등이나 급락이 있을 경우에만 수익을 창출하기 용이하다.

ELW 종목선정 방법

① 기초자산 주식을 선정
② 행사가격을 선택
- ITM(행사가격이 현재가격보다 낮은 경우) 워런트는 안정적이다.
- OTM(행사가격이 현재가격보다 높은 경우) 워런트는 레버리지가 큰 수익과 손실이 예상
③ 동일 기초자산에 대해 여러 개의 워런트가 존재할 경우 비교 분석
- 잔존 기간과 내재 변동성 비교
- 가장 낮은 내재 변동성을 가진 워런트의 투자가치가 가장 높다.
④ 유동성이 가장 큰 것을 선택
- 거래가 잘되고 많은 투자자들이 관심을 가지는 종목에 국한

콜워런트

기초자산을 권리행사 가격으로 발행자로부터 인수하거나 그 차액을 수령할 수 있는 권리가 부여된 워런트다. 기초자산의 가격 상승에 따라 이익이 발생한다.

풋워런트

기초자산을 권리행사 가격으로 발행자에게 인도하거나 그 차액을 수

령할 수 있는 권리가 부여된 워런트다. 기초자산의 가격 하락에 따라 이익이 발생한다.

선물, 옵션투자를 알아야 주식투자 성공한다

선물거래에 대해 선물거래소에서는 이렇게 정의하고 있다.

"표준화된 선물계약의 매매라고 할 수 있으며, 선물계약은 표준화된 특정상품을 공인된 선물거래소에서 미래 일정시점에 현재 합의된 가격으로 인수도할 것을 약속하는 법적 구속력을 갖는 계약을 의미한다."

간단히 설명하면 미래의 가격을 현재에도 사고팔 수 있도록 한 것이 선물거래다. 그런데 거래를 할 수 있는 상품은 다양하다. 표준화된 특정 상품으로 상품선물과 금융선물로 구별할 수 있으며 농산물, 에너지, 금속과 같은 것은 상품선물이고, 주가지수와 금리 그리고 통화 등은 금융선물이다. 모두 선물거래를 할 수 있는 대상이 된다. 이 책에서는 주식에 관한 내용을 다루고 있으므로 주가지수에 국한하기로 한다. 지수선물이라고 말하는데 주가지수 이외에 다른 특정 상품도 선물거래의 대상이 된다는 것을 알아두자. 가령 석유나 달러, 금, 곡물 등도 모두 선물거래의 대상이다.

1 | 선물투자

선물은 주식시장을 기본으로 하고 거기에서 새로운 거래를 만들었으므로 파생상품이라고 한다. 또 다른 주식시장에서의 파생상품으로 지수옵션, 주식옵션 등이 있다. 모두 주식을 기본으로 한 것으로 지수선물과 지수옵션은 코스피200이 기준이 되고, 주식옵션은 주식이 대상이 된다. 그런데 주식시장에서 코스피200이라는 종목은 따로 없다. 선물을 이해하려면 먼저 코스피200을 알아야 하는데, 종합주가지수가 전체 시장을 대변하는 수치지만 실제로 그 숫자를 놓고 거래하지는 않는 것과 마찬가지로 코스피200도 직접 거래되지 않는다. 수치로만 존재하는 거래대상일 뿐이다. 종합주가지수가 거래하기에는 수치가 너무 커서 그것을 간단하게 줄여서 지수선물이라는 가상의 현물을 만든 것이다.

선물거래의 대상은 지수가 아니라 코스피200이라는 별개의 지수다. 코스피200은 주식시장 내에 우리나라 주식시장을 대표하는 주식 200개 종목의 시가총액을 지수화한 것이다. 이들의 시가총액이 1990년 1월 3일 기준으로 얼마나 변동되었는지를 나타내는 것으로, 증권거래소가 1994년 6월에 도입하였다. 200개 종목은 시장 대표성, 유동성, 업종 대표성을 고려하여 선정하는데, 시가총액과 거래량 비중이 높은 종목들을 우선 선정한다. 연 1회 선물·옵션주가지수 운영위원회에서 정기심의를 거쳐 종목을 새로 구성하여 7월 1일부터 적용한다. 상장이 폐지되거나 관리종목으로 지정 또는 인수합병 등이 발생하면 대상에서 제외되고 미리 정해진 순서에 따라 새 종목이 자동으로 편입된다.

코스피200이 만들어진 이유는 전체 주식시장의 변동성을 가장 잘 반영하는 지수를 산정하기 위해서라지만 코스피200은 종합주가지수를 더욱 간편하게 만들어 지수선물의 상품으로 거래하기 위해서 탄생된 것으로 보면 된다.

　그런데 지수선물은 코스피200을 대상으로 하지만 선물가격과 코스피200과는 다소 차이가 난다. 그것은 미래의 가격을 두고 현재시점에서 거래를 하기 때문에 미래까지 남은 시간 동안의 주가 상승이나 하락의 기대심리를 포함하기 때문이다. 지수선물은 3, 6, 9, 12월 둘째 목요일에 코스피200의 종가로 정산하는데 이를 선물만기일이라고 한다. 선물투자는 기본적으로 미래가격을 예측해서 사고판다. 주식투자자는 선물투자를 하는 기관과 외국인 그리고 개인의 매매 성향을 보고, 오늘 혹은 가까운 미래와 먼 미래를 투자 주체들이 어떻게 보고 있는지 파악하며 참고할 수 있다. 때로는 선물시장이 현물시장을 쥐락펴락하는 현상도 발생하기 때문이다. 선물투자를 직접 하지 않는 일반투자자라고 하더라도 시장의 기본적인 흐름을 파악하기 위해서는 선물시장도 알아야 하는 이유가 여기에 있다.

옵션투자

　선물보다 레버리지가 더 큰 파생상품이 있다. 옵션이다. 선물과 마찬가지로 코스피200을 대상으로 하는 것은 같으나 약간의 개념 차이가 있다. 옵션의 정의는 "거래 당사자들이 미리 정한 가격(strike price, 행사가격)으로 장래의 특정 시점 또는 그 이전에 일정 자산을 팔거나 살 수 있는 권리를 매매하는 계약"이다. 매입 권리가 부여되는 콜옵션(call option)과 매도 권리가 부여되는 풋옵션(put option)으로 분류한다.

　지수옵션은 코스피200을 매매할 수 있는 권리를 말한다. 여기서 권리라는 의미는 코스피200을 만기일에 인도받을 수 있는 권리다. 보통 권리를 사고자 할 때는 권리를 가진 사람이 웃돈을 요구하는 것이 일반적이다. 상거래에서 공짜로 권리를 넘겨줄 리 만무하다. 그래서 사려는 사람은 웃돈을 주고 권리를 사게 되는데 이것을 프리미엄이라고 한다. 옵션을 매수한 사람은 권리를 가지게 되고, 옵션을 매도한 사람은 의무를 가진다. 그러나 옵션을 매수한 사람은 권리를 가지기 위해서 프리미엄을 더 줬지만 권리가 필요 없다고 판단되면 권리를 포기할 수 있다.

하지만 문제는 프리미엄이다. 권리야 포기하면 그만이지만 프리미엄은 휴지조각이 된다. 만약 프리미엄에 많은 돈을 투자했는데 권리가 별 볼일 없게 되면 프리미엄은 한 푼도 찾지 못하게 되는 원리다. 옵션을 매도한 사람은 프리미엄을 받고 팔았기 때문에 권리가 아무 가치가 없어져도 프리미엄만큼은 이익을 얻는다. 따라서 옵션을 매수한 사람은 이익이 무한할 수 있지만 손실은 프리미엄만큼만 부담하면 되고, 옵션을 매도한 사람은 이익은 프리미엄만큼만 얻고 손실은 무한할 수 있다. 언뜻 옵션을 매수하는 사람이 많은 혜택을 가질 수 있는 것처럼 이해할 수 있다. 그러나 옵션 매수자가 가질 수 있는 권리는 코스피200(권리행사 가격)이므로 '돈 될 만한 권리'를 싸게 프리미엄 주고 살 가능성은 희박하다. 대개 권리가 별 볼일 없게 될 가능성이 크면 프리미엄을 포기하는 경우가 많이 생기는데 이럴 때 옵션으로 깡통을 차게 된다.

정리하면 옵션을 매수한 사람은 옵션의 만기 내에 약정한 가격(권리행사)으로 코스피200을 구매할 수 있는 권리를 갖고 옵션을 매도한 사람은 그것을 매수한 사람에게 코스피200을 인도해야 할 의무를 가진다. 옵션은 매달 둘째 주 목요일이 만기일이다. 한 달에 한 번씩 정산을 하는 셈이다.

옵션거래는 이익을 볼 수 있을 때는 권리를 행사하고 손해 볼 가능성이 크면 권리를 포기하면 된다. 옵션거래에서 권리행사가 이루어지면 옵션의 매수자는 옵션의 매도자로부터 권리행사일의 주가지수와 권리행사

가격과의 차이에 상당하는 금액을 받는다. 예를 들면 코스피200지수가 250이고 1개월 뒤 이를 250(행사가격)에 매수할 권리가 있는 '콜옵션'을 프리미엄 2에 계약을 맺었다고 할 때, 만약 1개월 두 코스피200이 260으로 상승한다면 예정대로 권리를 행사하여 10만큼의 이익을 남기고, 지수가 240으로 떨어진다면 권리를 포기하면 된다. 다만 이익을 남긴 액수에서 프리미엄을 주고 산 금액 2만큼은 제해야 하기 때문에 실제로 얻은 이익은 8이 된다. 풋옵션을 프리미엄 2에 매수했다면 코스피200이 240으로 떨어지면 8만큼 이익을 보게 된다.

개별주식옵션

개별주식옵션이란 기본 자산이 주가지수가 아닌 개별 종목이라는 점이 다르다. 상품의 대상을 코스피200 대신에 삼성전자, 포스코, 국민은행 같은 종목을 대상으로 한 것이며 거래 원리는 지수옵션과 동일하다. 지수옵션과 마찬가지로 미래의 특정 시점에 미리 정해진 가격으로 해당 주식을 사거나 팔 수 있는 권리를 말한다.

예를 들어 삼성전자 옵션이라고 하면 앞으로 삼성전자 주가가 어떤 방향으로 움직일지를 예측해서 주가가 더 상승할 것 같다면 콜옵션을 매수하고, 하락할 것 같다면 풋옵션을 매수하는 식이다. 이때 옵션은 만기일에만 권리를 행사할 수 있는 유럽형 옵션이다.

1973년 미국에서 처음 도입한 것으로, 우리나라는 2002년 1월 28일부터 거래가 시작되었다. 만기일 다음 날에 거래 차익을 현금으로 주고받는 지수옵션에 비해 실제 주식을 주고받는 실물 인수도 방식을 채택한다.

펀드매니저
따라하는
주식투자

펀드가 사는 종목을 알려달라는 사람이 많다. 특히 시장을 주도하고 있는 미래에셋 펀드가 사는 종목에 관심이 많아졌다. 대형펀드어서 어떤 주식을 매수하면 막대한 자금력을 동원하여 주가 상승이 훨씬 쉬워진다. 이치로 보면 당연하다. 시장 지배력이 있는 '매수처가 있다'는 사실은 '그 종목의 발전 가능성에 대해 펀드매니저가 검증했다'는 뜻으로 해석할 수 있다. 일반투자자가 미처 알지 못하는 호재가 있거나, 깊은 사연이 있다고 생각해도 된다.

그렇다면 펀드매니저들은 어떻게 종목을 선정하고, 매수하고, 보유 여부를 결정하는지 알아두면 투자에 참고가 되지 않을까? 펀드매니저처럼 주식에 접근하는 습관을 가진다면 실패할 확률을 줄일 수 있을 것이다. 또 시대에 적합한 정석투자의 방법을 배운다고 생각하고 알아보자.

펀드매니저가 가장 좋아하는 종목은 무엇일까?

역시 '꿈이 있는 주식'이다. 그들은 '미래에 성장 가능성이 있는 주식'을 발굴하는 데 최대한의 노력을 다한다. 이런 '꿈' 얘기는 자꾸 얘기해도 지겹지 않다. 꿈은 투자자들을 미소 짓게 한다. '꿈'과 '미래'라는 말이 종목 선택의 첫 번째 잣대가 되면 매매할 때 조급해지거나 섣불리 행동하지 않게 된다. '꿈이 없는 주식'이나 '미래가 없는 주식'은 시시해 보이기 때문이다. 판매의 급증, 시장점유율 상승, 신상품 개발, 새로운 대형 프로젝트 계약 등 앞으로 뭐라도 잘될 것 같은 회사라야 '미래'가 있다.

펀드매니저는 어떤 방법으로든 '실적이 좋아지는 회사'를 찾아 가치에 비해 저평가된 종목을 싼 가격에 매수해서 물량을 확보해놓는 일을 가장 좋아한다. 또 저렴한 가격에 매수한 종목을 대량으로 확보한 이후에 주가가 올라야 펀드수익률이 높아진다.

어떤 투자자는 "대형펀드가 자신들이 많이 보유한 주식을 사서 주가를 끌어올리고 펀드수익률도 높여 주식시장을 왜곡시킨다."고 불평한다. 사실 맞는 말이다. 그러나 그들은 일반투자자처럼 주식을 한 번에 매수하고 매도하지 않는다. 꾸준히 매입하고 물량을 늘려간다는 차이가 있다. 꾸준히 저가에 매수하여 낮은 가격에 많은 물량을 가지고 있기 때문에 주가의 일일 변동 폭을 조절할 수 있는 것이다.

펀드 자금으로 주가를 올리면서 주식을 매수했다면 그 펀드수익률이 크게 좋아지지 않는다. 평균단가가 높아지기 때문이다. 펀드수익률은 보유 종목의 매수 단가가 낮아야 하고 물량이 확보되어야 한다. 그 후에 주가가 올라 높은 가격이 형성될 때 펀드수익률이 좋아진다. 그러므로 펀드매니저는 주가를 올려가면서 사는 것보다 낮고 저렴하게 물량을 확보하는 것에 중점 목표를 둔다. 펀드에서 찍어놓았는데 제대로 매수해놓지 못한 종목이 급등하는 것을 펀드매니저는 가장 경계한다.

펀드매니저는 매수하는 일뿐 아니라 종목 교체도 해야 한다. 가지고 있던 종목도 어느 정도 수익이 나면 팔아서 이익을 챙겨야 한다. 특히 리스크 관리에 중점을 둔다. 또 그들은 회사의 성장력이 떨어진다고 판단하면 보유하고 있는 종목을 매도한다. 펀드에는 장기간 보유했던 물량이 많기 때문에 가격 불문하고 일정 물량을 매도한다. 한 번에 다 팔아버릴 수 없기 때문에 나눠서 팔아야 하는데 그래도 많은 물량이 시장을 통해서 나온다.

"왜 잘 나가던 종목이 이렇게 갑자기 하락합니까?" 하고 질문하는 투자자가 많다. 이유를 알기 어려울 때 펀드매니저를 떠올리면 된다. 많은 물량을 내놓을 투자자는 대주주와 펀드매니저 두 그룹뿐이다. 아무런 나쁜 뉴스 없이 주가가 며칠째 폭락할 때 펀드가 교체매매에 나섰다고 보면 된다. 이익 실현을 하는 단계라 하락한 가격에도 매도 물량이 과감하게 나오는 것이다.

펀드가 보유한 매입 평균단가가 워낙 낮으면 단기간에 10% 이상 하락해도 과감하게 팔아치운다. 이런 매매 스타일은 외국인이 더 심하다. 외국인이나 기관이나 매도하려는 이유는 '이익 실현'이 가장 큰 목적이므로 일반투자자가 얼마에 매수했는지, 장이 며칠간 하락했는지는 관심이 없다. 오직 보유 종목의 이익 실현에만 관심을 가진다. 펀드매니저가 빨리 처분하고 싶은 종목일수록 단기 낙폭이 커진다고 보면 된다. 반대로 생각하면 펀드매니저가 많은 물량을 확보하고 싶은 종목일수록 단기 상승이 커진다.

펀드매니저 선호 종목

- 미래의 성장 가능성이 높은 주식 – 꿈이 있는 주식
- 실적이 전환되는 턴어라운드 주식
- 가치주와 성장주를 시대 상황에 맞게 탄력적으로 매집
- 회사의 본래가치(valuation, 밸류에이션)와 목표주가의 괴리율이 큰 종목

종목 선정기준

그렇다면 펀드매니저가 물량을 확보하고자 하는 주식이 있다면 어떤 기준으로 종목을 선택하는지 궁금하다. 펀드매니저가 펀드를 운용할 때는 운용 원칙이 있으며 종목을 선정할 때에도 기준이 있다. 종목을 찾는 기준을 알아보자.

먼저 'EPS'와 '영업이익 증가율'이다. 동일한 업종 내에서 다른 경쟁 회사보다 상대적으로 EPS가 높은 종목이나 중장기적으로 영업이익 증가율이 높은 종목에 가장 큰 관심을 가진다. 회계자료를 조작할 수 있는 당기순이익보다 좋은 제품을 많이 판매하고 수익이 커가는 영업이익률을 중시한다. 또 매출이 뒷받침되어야지 영업이익만 많이 나도 불안하다. 매출 상승과 적절한 이익이 나는 회사를 선호한다. 둘째로는 구조적으로 품질 개선이나 업종 전환 등으로 회사 자체가 좋아지는 턴어라운드 기업에 군침을 흘린다.

이렇게 종목을 여러 통로를 이용해서 찾았다고 하더라도 주식을 무조건 매수하지는 않는다.

반드시 검증 작업을 거쳐 실제 주가의 상승 가능성이 있는지를 검토하

는데, 반기 및 분기 보고서나 소문 등을 직접 확인하는 절차에서 더 확실한 의사결정을 한다.

종목 선택과 검증 방법

- 펀드매니저와 애널리스트가 함께 기업을 방문해 회사에 대한 실제 영업이익률과 손익 및 성장성에 대한 분석을 한다.
- 내부 수익모델을 이용해 목표 주가를 선정한다.
- 정기적으로 회사를 방문하고 지속적으로 펀더멘털에 대한 조사를 한다.
- 목표 주가가 맞는지 여부를 검토하고 탈락 종목은 교체한다.

펀드매니저의 리스크 관리

리스크 관리는 어떻게 할까? 두 가지 기준이 있다. 외국인이나 기관투자가나 비슷한 기준을 두지만 상황에 따라서 탄력적으로 운용한다. 특별한 법칙이 있는 것은 아니다. 다만 보편적으로 평균 매입단가 대비 현재가 시장 수익률과 비교해서 20퍼센트 이상 하락하거나, 절대 주가 기준으로 20퍼센트 이상 하락할 경우 손절매를 단행한다.

펀드의 리스크 관리 차원에서 손절매 물량이 나오면 주가는 급락한다. 우량 종목이 특별한 이유 없이 주변의 다른 종목보다 더 크게 하락할 경우에는 펀드의 손절매 물량이 나온 것으로 해석해도 무방하다. 또 매입단가보다 20퍼센트 내외로 하락한다면 손절매하지만, 회사 자체의 가치가 변함없는 상황에서 외부의 충격이나 시장 환경의 급격한 변화에 따른 것이라면 오히려 보유물량을 늘리는 적극적인 전략을 세우기도 한다.